Tillmann Prüfer

DER HEILIGE BRUNO
Die unglaubliche Geschichte
meines Urgroßvaters am Kilimandscharo

Rowohlt Taschenbuch Verlag

2. Auflage Juli 2015

Originalausgabe
Veröffentlicht im Rowohlt Taschenbuch Verlag,
Reinbek bei Hamburg, Mai 2015
Copyright © 2015 by Rowohlt Verlag GmbH, Reinbek bei Hamburg
Umschlaggestaltung ZERO Werbeagentur, München
Umschlagabbildung privat; FinePic, München
Satz Janson PostScript, InDesign,
bei Pinkuin Satz und Datentechnik, Berlin
Druck und Bindung CPI books GmbH, Leck, Germany
ISBN 978 3 499 63057 6

INHALT

- 7 Gott und Ich
- 19 Briefe aus Tansania
- 31 Nirgendwo in Afrika
- 42 Das Herz der Mission
- 53 Bruno im Wald
- 60 Begegnung mit einem Macha
- 69 Tante Frieda ist dabei
- 79 Afrika in London
- 93 Bruno in Deutsch-Ostafrika
- 112 Dr. Gelbfieber
- 121 Ankunft in Afrika
- 134 Die Kirche am Berg
- 141 Der Coca-Cola-Berg
- 152 Der Kidia-Komplex
- 166 Bruno der Täufer
- 180 Der Fluch von Kitimbirihu
- 187 Der Piff-Paff-Puff-Krieg
- 195 Der Garten von Masama
- 202 Das heilige Dorf

209 Zwei Millionen

222 Die Wiederkehr des Apostels

233 Essen mit dem Chef

239 Das ganz große Weihnachten

246 Auf Gottes Acker

254 Ringen mit den Jungen

260 Der Tag in der Gemeinde

269 Das ultimative Gebet

282 Auf Safari

290 Schuhplattler am Kilimandscharo

300 Monster und Luther

309 Wieder Weihnacht

314 Der Abschied

318 Danke!

GOTT UND ICH

Ich habe meine Kinder katholisch taufen lassen, aus Faulheit. Meine Frau sagte, wenn wir sie evangelisch taufen ließen, sollte ich mich auch um die religiöse Erziehung kümmern. Wenn sie hingegen Katholiken würden, würde sie das übernehmen. Nun war mir völlig schleierhaft, wie ich ein Kind religiös erziehen soll. Gehe ich dann jeden Sonntag in die Kirche? Beten wir vor dem Essen? Lesen wir gemeinsam im Neuen Testament? Im Alten? Diskutieren wir, ob es Dinosaurier gab? Ich bin mir gar nicht sicher, ob ich selbst eine «religiöse Erziehung» genossen habe. Ich kann kein Kirchenlied auswendig und könnte keine einzige Stelle aus der Bibel zitieren (außer den Anfang und ein bisschen Weihnachten). Mir war die Konfession meiner Kinder einfach egal.

Dabei habe ich kein schlechtes Verhältnis zu Gott. Ich nehme an, wäre Gott bei Facebook, wären wir befreundet. Allerdings haben ich und Gott wenig miteinander zu tun, wir haben praktisch keinen Kontakt. Ich lebe im Osten Berlins. Ostdeutschland ist angeblich das Gebiet mit der welthöchsten Atheistendichte. Gott ist hier wenig unterwegs.

Früher war mal mehr los zwischen Gott und mir. Aber, wenn ich ehrlich bin: So richtig prickelnd war unsere Beziehung nie. Ich erinnere mich noch an meine Konfirmationszeit. Meine Mutter hatte von mir verlangt, dass ich jeden Sonntag in die Kirche gehen sollte. Da saß also die Familie zum Frühstück, schlemmte Knack-&-Back-Croissants, die frisch aus dem Ofen kamen, strich sich fett Sardellenpaste auf den Buttertoast und schenkte sich noch einmal «Hohes C»-Orangensaft nach. Ich aber sollte auf der harten Kirchenbank sitzen – und singen. Für Jungen im Stimmbruch ist singen das Allerschlimmste. Als Konfirmand saß man in der Kirche ganz vorne und konnte sich keiner Sekunde der Aufmerksamkeit des Pfarrers entziehen. Dabei war es mir unmöglich, der Predigt zuzuhören. Ich versuchte immer wieder, den Worten unseres Pfarrers zu lauschen, aber ich konnte nicht. Es klappte einfach nicht. Immer wenn ich meine Gedanken nur einen Moment schweifen ließ, entwischten sie mir, waren bei irgendeinem hübschen Mädchen, dass ich mich nicht anzusprechen traute – aber eben nicht bei Gott. Ich glaube aber, es ging in der Predigt immer entweder um Hunger in Indien oder Hunger in Äthiopien. Nach spätestens einer halben Stunde kämpfte ich mit dem Sekundenschlaf. Ich höre immer wieder, dass Gott auf jeden Menschen schaue und alles sehen würde. Falls das stimmt, hat er mich vor allem dabei gesehen, wie mir bei ihm in der ersten Reihe ständig der Kopf auf die Brust sank. Es könnte aber sein, dass Gott selbst bei der Predigt eingenickt war. Die evangelische Kirche hätte die Texte als Narkotikum vermarkten können. Vielleicht weil ich nie zugehört habe, habe ich Grundlegendes in der Bibel nicht verstanden. Zum Beispiel ist es mir völlig schleierhaft, wer eigentlich der Heilige Geist ist. Was macht der? Er ist irgendwie nicht Gott und nicht Jesus und trotzdem beides. Er hat eine total unklare Jobdescription.

Meine Frau hat viel eher eine religiöse Erziehung genossen. Sie war in ihrer Jugend Ministrantin in einer katholischen Kirche in Hamm. Sie trug Kerzen, Kreuze und Weihrauchfässer, läutete die Altarschelle und pflegte außerdem die Pfarrbibliothek. Beim letzten Gottesdienst des Gemeindepfarrers – er sollte in Pension gehen – fiel dieser tot von der Kanzel. Sie war dabei. Der Pfarrer sagte «Das Wort Gottes war mein Leben» und starb. Das sind natürlich wirklich beeindruckende religiöse Erlebnisse. Wäre mein Pfarrer hingegen während der Predigt gestorben, hätte ich das womöglich überhaupt nicht bemerkt.

Mit meiner Konfirmation endete meine Karriere als Christ. Wir hatten alle schlechtsitzende Anzüge mit Lederschlipsen an. Ich bekam eine Armbanduhr geschenkt und ein in Bronze gegossenes Kreuz mit einem Jesus, der aussah, als ob er nicht nur Nägel in Händen und Füßen hätte, sondern auch noch eine Magenkrankheit. Auch das konnte ich in der protestantischen Kirche nicht nachvollziehen: diesen Hang zur Hässlichkeit.

Gott und ich haben bisher also nicht sehr viel miteinander zu tun gehabt. Meine Vorfahren aber hatten das ganz anders gehandhabt. Meine Großmutter Gertrud und ihr Bruder Hermann waren zur Nazi-Zeit Mitglieder der Bekennenden Kirche. Das waren Christen, die den Pakt der Kirchen mit den Nationalsozialisten abgelehnt hatten. Der noch viel größere Christ aber war mein Urgroßvater Bruno Gutmann. Er war Anfang des 20. Jahrhunderts sogar Missionar in Afrika, mehr als 30 Jahre hat er als Glaubensstifter bei den Eingeborenen verbracht.

Ich aber lies meine vier Töchter katholisch taufen. Ich wollte nicht verantwortlich dafür sein, an 200 Sonntagen meines Lebens die Kinder auf Kirchenbänke zu scheuchen. Dann sollten sie lieber Katholiken werden, so wäre es Sache meiner Frau und des Papstes. Ich wäre also fein raus.

Leider sieht das die Kirche nicht so. Aber das merke ich erst, als ich der Gemeindereferentin gegenübersitze. Meine Frau hat mich hergeschickt, ich soll unsere Tochter Lotta zur Kommunion anmelden. Die Gemeindereferentin erklärt mir, dass es sehr wichtig sei, dass beide Eltern die Kommunion des Kindes mitbegleiten. Sie schaut mich dabei entschlossen durch ihre eckigen Brillengläser an und sagt, dass das Christentum eine Familiensache sei. Ich nicke und nehme einen Zettel mit Terminen von Familiengottesdiensten mit anschließender Kommunionsschulung entgegen. Die Schulungen sollen jeweils mehrere Stunden dauern. Es wird also nichts aus Knack & Back und Orangensaft am Sonntag. In Berlin ist der Katholizismus im Rückzug, es gibt in der Stadt mittlerweile so viel Muslime wie Katholiken. In unserer Gemeinde empfangen nur eine Handvoll Kinder die heilige Kommunion. Offenbar möchte man die zu Superchristen machen. Mitsamt ihren Eltern. Es ist wohl wie im Islam: In der Diaspora denkt man radikaler.

Als wir an einem Sonntag schließlich zum Familiengottesdienst erscheinen, haben wir Häppchen dabei. Käsespießchen. So war es gewünscht. Wir werden in den kargen Gemeindesaal geführt, dann nehmen wir in einem Stuhlkreis Platz, in dem schon unser Pfarrer wartet. Bevor er nach Berlin kam, hat er in Anklam in Mecklenburg-Vorpommern Dienst getan, ihn kann nichts mehr erschüttern. Er hat einen gepflegten Bart, ist sehr höflich und spricht eher leise, dafür singt er umso lieber, während er sich auf der Ukulele begleitet.

Wir sollen der Reihe nach sagen, was wir mit dem Wort «Gottesdienst» verbinden. Ein Vater sagt «leidige Pflicht», ein anderer sagt «gähnende Langeweile». Der Pfarrer hält seine Mundwinkel mühevoll freundlich, das scheinen wohl die falschen Antworten zu sein. Ich sage «Gemeinschaft mit Gott». Das ist die richtige Antwort. Die anderen Väter schauen mich an, wie man in der Schule die rückgratlosen Streber angeschaut hat. Mir ist das egal. Jetzt wäre ich auch gerne Katholik, schade, dass man als Protestant von der katholischen Kirche nicht einmal als Mitglied einer Kirche anerkannt wird.

In den folgenden Kommunionsschulungen wird es um die Bedeutung der Sakramente gehen, dann um die Bedeutung der Bibel. Ich fühle mich ein wenig wie in der Christentums-Nachhilfe. Den letzten Familiengottesdienst verpasse ich leider. Meine Frau erzählt mir, der Pfarrer habe die heilige Monstranz präsentiert, einen Schrein, in dem der Leib Christi in Form einer Hostie steckt. Die Monstranz wird bei der Fronleichnamsprozession durch die Gemeinde getragen. Ich habe das allerdings noch nicht in Berlin gesehen. Vielleicht wird sie in Kreuzberg ganz schnell getragen, damit unterwegs nichts wegkommt. Der Pfarrer habe mit bedeutsamer Geste seinen Schal angelegt, dann hätten sich alle an den Händen genommen. Eltern und Kinder seien singend um die Monstranz getanzt. «Ihr habt einen Tanz um eine Hostie herum aufgeführt?», frage ich meine Frau. «Na ja, es war ja die heilige Monstranz. Um die herum haben wir getanzt.» Da bin ich nun doch ganz froh, kein Katholik zu sein. Tanzen kann ich noch schlechter als singen. Und nun wird mir auch wieder bewusst, warum ich mich schon länger nicht mehr bei Gott gemeldet habe.

Allerdings wird er sich schon bald bei mir melden.

Meine Mutter ruft bei mir an. Meine Oma ist gestorben. Sie wurde 97 Jahre alt und lebte in einem Altersheim am Rhein. Am Ende hatte sie dazu keine Lust mehr. Sie sagte, sie wolle nun zu Gott, verweigerte das Essen und starb.

Sie war die jüngste Tochter von Bruno Gutmann, dem Missionar. Er war bei ihr praktisch ständig anwesend. Immer wenn ich bei meiner Oma zu Besuch war, schaute er streng mit seinem dünnen Ziegenbart von einer Bleistiftzeichnung über dem Esstisch auf mich herunter.

Ich war meist in den Winterferien bei meiner Oma. Dort, in dem kleinen Dorf Ehingen in Mittelfranken, fiel der Schnee schon Mitte Dezember in dicken Flocken. Meine Oma wohnte am Dorfrand, direkt neben den Feldern, dahinter war der Wald. Manchmal strich der Fuchs umher, man konnte die Rehe sehen und ab und zu die Schüsse der Jäger hören.

Das Frankenland gehört nicht zu den pittoresken Gegenden Bayerns, es ist eher schroff und fad. Dorf, Felder, Wald, Felder, Dorf. Und dann im Winter eben Schnee, Schnee, Schnee. Ich verbrachte die Tage im Garten, stapelte Schneekugeln zu Schneemännern und fragte dann bei meiner Oma nach Kohlen und einer Mohrrübe. Aber sie hatte keine Kohlen. Es gab zwar einen Ofen, aber der wurde mit großen Briketts geheizt. Daraus hätte ich keinem Schneemann Augen machen können. Ich hätte ihm damit höchstens eines auswerfen können. Also half ich mir mit den Kieselsteinen, die auf dem Torweg lagen. Das allerdings war meiner Oma nicht wirklich recht. Sie sagte, die Kieselsteine würden im Frühling überall auf dem Rasen herumliegen und sie müsste sie dann wieder einsammeln. Es war ihr aber auch nicht recht, dass ich dem Schneemann eine Mohrrübennase verpasste, und schon gar nicht, dass ich ihm ihre Wollmütze aufsetzte. Ich maß dem nicht viel Bedeutung bei, denn meiner Oma war oft etwas nicht recht, aber sie verbot es auch nicht, sondern ließ mich mit sanfter Missbilligung gewähren.

Für Ausgelassenheit und Spielerei hatte Oma nicht viel übrig; sie war eher eine Expertin für Verzicht und Askese. Wenn sie kochte, dann stets ein bisschen zu wenig. Nicht viel zu wenig, sondern gerade so viel zu wenig, dass man satt, aber nicht pappsatt wurde. Im der Weihnachtszeit buk sie Plätzchen, aber sie nahm nicht Sternchen und Herzförmchen zum Ausstechen, sondern einen Eierbecher, sodass eine Art Butterplätzchen-Einkaufswagen-Chips entstanden. Sie schmeckten allerdings auch nicht sehr nach Plätzchen, was daran lag, dass meine Oma in ihrem Teig stets ein ganz kleines bisschen zu viel Salz und ein ganz kleines bisschen zu wenig Zucker verwendete. Sie trug fast immer das gleiche Kleid und hatte immer dieselbe Frisur, nämlich keine.

Das Haus meiner Oma allerdings war faszinierend. Dort gab es allerhand aus Afrika. Kram, den man nicht in den Häusern von Omas erwarten würde. Ebenholzschnitzereien, zwei mit Leder bespannte Schilde und die Lehne eines Holzstuhls mit Schnitzereien hingen an der Wand. Geschnitzte Elefantenherden trotteten über das Buffet, auf dem Flügel thronte eine Skulptur, die ineinandergewundene Geisterwesen zeigte. Und dann war da ein langer Speer, gefährlich genug, um ein Kind wie mich zu durchbohren.

Meine Oma war nämlich nicht in diesem Dorf in Mittelfranken geboren, sie kam aus Afrika. Am Fuß des Kilimandscharo war sie zur Welt gekommen. Das fand ich schon als Kind unglaublich.

Deswegen war es mir auch egal, dass sie nicht kochen konnte. Was sind schon Schupfnudeln gegen eine Einrichtung, die aussieht, als hätte sie Dr. Livingstone gespendet?

Ihr Vater war ein Mann aus ärmsten Verhältnissen gewesen, der sich davon aber auf seinem Lebensweg nicht hatte aufhalten lassen. Im Jahr 1902 hatte er einen Dampfer bestiegen und sich auf den Weg ins heutige Tansania gemacht, um dort beim Volk der Dschagga eine Kirche zu betreuen, ein Krankenhaus zu errichten und eine christliche Gemeinde aufzubauen. Und eben meine Oma nebst drei weiteren Kindern zu zeugen.

Jedem, der an diesem Esszimmertisch vor einem Teller dünner Suppe saß und in die zürnenden Augen des Mannes auf der Bleistiftzeichnung blickte, war klar: Bruno Gutmann muss ein wahrlich großer Mann gewesen sein. Und dann sprach mein Großvater die Losung des Tages, die er aus einem kleinen blauen Büchlein vorlas, und wir falteten die Hände zum Gebet: «Komm, Herr Jesu, sei Du unser Gast und segne, was Du uns bescheret hast. Amen.» Am Abend dann trank mein Großvater, ein gemütlicher Herr, der als Archäologe früher ein Museum in Mainz geleitet hatte, seinen Riesling. Und meine Oma sagte: «Ich trinke lieber etwas Gänsewein.» Das war Leitungswasser.

Wenn meine Großeltern bei Feiern eingeladen waren, wo der Wein nur so über die Tische schwappte, verlangte meine Oma nach einem Glas warmer Milch. Das war das höchste der Gefühle. Wenn mein Großvater sich eine Zigarre anzündete und allen das Glas nachschenkte, wenn also ein Hauch von Gemütlichkeit aufkam, räumte meine Oma eilig das Geschirr ab. Müßiggang war nicht ihr Thema. Eher Pflicht, Pflicht, Pflicht. Die Pflicht, sagte sie, ende mit dem Tod. Und was man im Leben gelitten habe, das werde einem im Himmelreich vergolten.

Bruno Gutmann hatte auch in Ehingen gewohnt und seinen Lebensabend in einem kleinen Haus am Kirchplatz verbracht. Auf dem Platz steht schon seit jeher ein Brunnen, ein typischer

Dorfbrunnen, aus dem abends die Rinder soffen. Der Brunnen ist allerdings gekrönt von einem komischen Gebilde, das aussieht wie ein liegendes Wagenrad. Es ist der Bruno-Gutmann-Brunnen. Vom Dorfplatz führt ein Sträßchen weg, in Richtung der Weiden. Früher wurde hier das Vieh entlanggetrieben, deshalb war der Weg immer gepflastert mit Kuhfladen: Die Dr.-Gutmann-Straße. An der Dr.-Gutmann-Straße steht auch die protestantische Kirche. Eine schöne Fachwerkkirche mit einem kleinen Friedhof. Auf diesem Friedhof ist ein Grab aus grobem Sandstein. Die Ruhestätte von Bruno Gutmann.

Ich konnte mir als Kind schwer vorstellen, was ein Missionar so machte. Im *Gong*, dem Fernsehmagazin, das meine Eltern abonniert hatten, waren manchmal Cartoons mit Kannibalen, die hatten immer Knochen im Haar und mächtige Kochlöffel. Und einen großen Kochtopf, der über einem Feuer köchelte. Der Typ im Topf hatte immer einen weißen Bart und einen neckischen Tropenhelm. Das sollte ein Missionar sein. Man konnte sie also essen.

Für meinen Urgroßvater interessierte ich mich eigentlich nur hin und wieder, weil meine Großmutter so tat, als sei er ein Heiliger gewesen. Sie hatte einen Zettel, auf den mein Urgroßvater etwas gekritzelt hatte, gerahmt und an die Wand gehängt: «Der Mensch lebt im Geiste, der Mensch ersteht im Geiste» stand darauf. Dabei war das Wort «im» energisch unterstrichen. Ich konnte mir nie erklären, warum. Was hatte Bruno damit zu betonen versucht? Dass der Mensch IM Geiste lebt? Und nicht etwa «am» Geiste oder gar «unter» dem Geiste? Auch das Wort «ersteht» konnte ich nicht verstehen. Was mochte damit wohl gemeint gewesen sein? «Erstehen» kommt ja bei uns nur in der Bedeutung von Erwerben vor. Oder umschrieben als «Auferstehung». Aber auf beides konnte ich mir keinen Reim machen. Meinte mein Urahn, dass der Mensch geistreich beim Erwerben sei? Oder dass er wiederaufersteht, wenn er versteht? Mein Urgroßvater soll ein besonderes Verhältnis zur deutschen Sprache gehabt und sein ganzes Leben versucht haben, kein amerikanisches Wort zu benutzen. Er nannte seine Schwiegertochter «Schnur», und bei ihm zu Hause wurde zum Braten nicht die Soße gereicht, sondern die «Tunke». Er war angeblich auch Mitglied im deutschen Sprachverein, einer Gesellschaft zur Reinhaltung der deutschen Sprache. Man versuchte, für Amerikanismen deutsche Wörter zu finden; statt Pistole sollte man etwa «Handpuffer» sagen (lustigerweise ist heute die einzige Internetseite, auf der sich das Wort «Hand Puffer» befindet, eine amerikanische, auf der bedruckte Baumwollbeutel verkauft werden).

Für meine Großmutter aber machte alles, was sie an ihrem Vater nicht verstand, ihn nur noch größer, unerreichbarer. Es wurden auch einige Reliquien gehortet, so zum Beispiel eine Holzfigur, die sich Bruno einmal hatte schnitzen lassen. Sie stellt einen alten Mann dar, der auf seinen Schultern ein Schäflein trägt. Begleitet wird er von einem Hund und einem Schafbock. Mein Opa hatte mir erklärt, das sei der Hirte Benedikt aus der Erzählung «Advent im Hochgebirge» des isländischen Schriftstellers Gunnar Gunnarson. Sie handelt von einem alten Hirten, der bei Wintereinbruch im Gebirge nach verlorenen Schafen sucht. Während er durch die Schneefelder stapft, wegen eines plötzlichen Unwetters in Lebensgefahr, hat er etliche Erkenntnisse über das Wesen der Menschen und der Religion: «Es ist die Aufgabe des Menschen, einen Ausweg zu suchen, vielleicht seine einzige», heißt es darin. «Und so wie Benedikt auszog, die verirrten Schafe im Winter zu suchen, zog auch der Vati aus, um die Seelen in Afrika zu retten», sagte meine Oma.

Meine Mutter meinte nur, sie habe sich als Kind immer vor ihrem Opa gefürchtet. Einmal soll er ihr, da war sie vielleicht sechs Jahre alt, gesagt haben: «Du bist ja noch gar kein Mensch.» Es kann also gar nicht so leicht gewesen sein, von diesem Mann überhaupt als menschliches Wesen anerkannt zu werden. Jedes

Vergnügen, wie es Kinder umtreibt, soll ihm ein Graus gewesen sein. In seiner Gegenwart wagte man nicht zu lachen oder zu scherzen. Er muss außerdem ein ziemlicher Minimalist gewesen sein, was leibliche Freuden anging. Nur für sein Brot gab er wirklich Geld aus. Es hieß, er kaufte es nicht beim Bäcker, sondern bestellte es. Es kam von der Marke «Das Vorverdaute».

Gutmann liebte Ehingen, das Dörfchen mit etwa zweitausend Einwohnern am Fuße des Hesselberges, der höchsten Erhebung in Mittelfranken. Dass der Hesselberg die höchste Erhebung in Mittelfranken ist, war mir schon bekannt, da wusste ich noch gar nicht, was eine höchste Erhebung ist. Mit meinen Eltern fuhr ich unzählige Male dorthin, stets die Welt vom Rücksitz eines BMW 528i betrachtend. Bei Neustädtlein von der A7 runter Richtung Dinkelsbühl, durch ein Stadttor, auf dem stets ein Storchenpaar nistete, durch Illenschwang, Wittelshofen, dann Ehingen. Irgendwann tauchte der Ort einfach zwischen den Auen auf. Aber schon lange vorher konnte man den Hesselberg sehen, auf seiner Spitze ein hoher Fernsehmast, dessen rote Markierungslichter bis weit ins Land leuchten. Es gab in Ehingen fast nichts Besonderes, nur fränkische Einfirst-Höfe mit ihren Misthaufen und Jauchegruben. Es gab den Bürgermeister Friedrich Bauereisen, der dort mehr als 30 Jahre residierte, er hatte das Amt von seinem Vater übernommen, der es seit dem Krieg innehatte. Es gab den Gasthof Kaiser und den Gasthof zur Sonne, den aber alle nur Gasthof Beck nannten, weil die Wirtin Frau Beck hieß. Für sie war die Gaststube gleichzeitig ihr Wohnzimmer. Die Veteranenvereine hatten dort ihre Gruppenbilder an die holzgetäfelte Wand genagelt, ein paar Pokale standen herum. Über der Theke hing ein Schild: «Gutmann-Bier». Ich habe das natürlich immer meinem Urgroßvater zugeordnet, aber Gutmann ist eine Hefeweizen-Brauerei aus Titting bei Ingolstadt. Bei Becks hatten sie eine hervorragende Hochzeitssuppe, also eine Rindsbrühe mit Eierstich, Semmel- und Leberknödeln. Außerdem gab es Schweinebraten, ebenfalls mit Knödeln. Auf das gute Essen freute sich mein Vater immer schon die ganze Hinfahrt. Es gab auch Salat, wobei der Salat stets aus sauer konserviertem Sellerie und Bohnen aus der Dose bestand. Auch das hielt ich für eine Spezialität von Becks.

Als ich das letzte Mal in Ehingen bin, stehe ich am Grab meiner Oma. Es ist frisch aufgehäuft, viele bunte Kränze liegen darauf, einige sind fast fröhlich – mit Sonnenblumen. An einem der Gebinde hängt eine Schleife, auf der auch mein Name steht. «Unserer Oma – Deine Enkel Annette, Tillmann, Benjamin».

Das Haus, in dem ihr Vater gelebt hat, ist nur hundert Meter entfernt. Keine fünf Meter weit liegt seine Grabstätte: ein roter Sandsteinblock, auf dem schmiedeeiserne Buchstaben aufgebracht sind. «Zwischen uns ist Gott» steht darauf und seine Geburts- und Sterbedaten: 4.07.1876–17.12.1966.

Meine Mutter steht etwas gebeugt am Grab, sie steckt noch eine Kerze zwischen die Kränze. Diese Kerze hat sie viele Jahre aufbewahrt und nun zum Grab gelegt; sie muss irgendeine tiefe Bedeutung haben. Mein Vater steht neben meiner Mutter, als wolle er jederzeit bereit sein, sie aufzufangen. Meine Schwester steht neben mir, mit ihrer Nikon, und fotografiert pausenlos. Ich glaube, sie mag Beerdigungen schon der vielen Schwarzweißmotive wegen. «So ein Begräbnis auf dem Dorf hat doch etwas besonders Schönes», raunt sie. Dicht bei ihr steht Anna, ihre Tochter. Anna ist schon so groß wie ihre Mutter – und so groß wie ich. Sie hat eine vorbildliche Körperhaltung.

Das Bild des Vater, auf dem er mit strengem Blick in die Ferne schaut, hing bis zuletzt über dem Bett meiner Großmutter. Sie war ihm immer sehr nahe, nun liegt sie ein paar Meter neben ihm.

Der Pfarrer spricht beim Trauergottesdienst davon, welche mühevollen Wege meine Oma in ihrem Leben gehen musste und das Ehingen für sie ein Ort der Unbeschwertheit war. Weswegen sie nirgendwo anders wohnen wollte als in Ehingen.

Der Gasthof Beck ist mittlerweile geschlossen, die Kinder wollten den Betrieb nicht weiterführen. In einem anderen Gasthof gibt es als Leichenschmaus Leberwurstbrote mit Gurke. Das letzte Mal war ich in diesem Gasthof bei einer Schlachtschüssel, einem Schlachtfest, bei dem die Bauern im großen Stil zu heißer Leberwurst und Blutwurst und Sauerkraut einluden. Nebenbei deckte sich dabei das ganze Dorf mit Dosenleberwurst ein. Ich war damals 14 Jahre alt, und man schenkte mir wie selbstverständlich Bier ein, sodass ich schon nach kurzem sturzbetrunken war und beim Pinkeln die Rinne nicht mehr traf. Es war ein großer Abend. Nun werde ich vermutlich nie mehr wiederkehren.

Das habe ich schon mal mit Gutmann gemeinsam. Dieses Ehingen war für uns der beste Ort der Welt.

Und so hätte alles bleiben können. Wenn meine Mutter mich nicht eines Abends angerufen hätte, um mir zu sagen, dass sie als Grundschullehrerin ja nun pensioniert sei und eine Menge Zeit haben werde. Und sie deswegen nach Afrika reisen wird. Nach Moschi, dem Ort, an dem Bruno Gutmann gewirkt habe. Um endlich einmal das Land zu sehen, von dem ihre Mutter ihr immer erzählt habe. Ich frage sie, ob sie sich denn so eine Reise wirklich zutraue. «Ich fahre ja gar nicht alleine», sagt meine Mutter. «Ihr kommt ja alle mit.»

BRIEFE AUS TANSANIA

Das stellt sich meine Mutter also so vor: Sie geht auf große Fahrt in die Steppe, und ihre Familie trottet hinterher. Sie will mit unserem Vater, meiner Schwester Annette, deren Tochter Anna und mir fahren. Wie soll das wohl gehen? Ich habe schließlich etwas zu tun. Ich arbeite bei einem Wochenmagazin und bin dort zumindest gefühlt unabkömmlich. Urlaub muss rasiermesserscharf berechnet werden, und ich verbringe ihn normalerweise mit meinen Kindern an einem Strand in Griechenland und nicht mit meinen Eltern im Busch. Ich kann schließlich nicht alles stehen- und liegenlassen, um am Äquator nach den Spuren eines alten Mannes zu suchen. Was habe ich mit dem zu tun? Der war schon lange tot, bevor ich auf die Welt kam. Er hat nie an mich gedacht, warum soll ich jetzt an ihn denken? Ich habe ja nicht einmal irgendein Andenken an ihn.

Mit diesen Gedanke schlurfe ich durch die Wohnung, als mir einfällt: Ich habe ja doch ein Andenken an ihn. Ich habe es mir nur noch nie angeschaut.

Eines seiner Bücher, das «Volksbuch der Wadschagga» von 1913, habe ich im Regal. Ein Buch, das ein Jahr vor dem Ersten Weltkrieg erschienen ist. In meiner Zeitrechnung also vor unglaublich langer Zeit. Meine Oma hat es mir als Kind einmal gegeben. Der Umschlag des Buches sieht großartig aus: Auf dem Buchrücken ist Frakturschrift, das Titelbild zeigt einen Wasserfall im Regenwald, umrankt von Jugendstilornamenten, aus denen wiederum Leopardenköpfe spicken. Das reichte mir als Junge vollkommen. Ich habe das Buch niemals aufgeschlagen. Ich muss etwas länger nach dem Band kramen, er ist in der zweiten Reihe des Regals gelandet, zwischen einem antiquarischen Band über Süßwasseraquarien und einem Biologiebuch, das ich mal in der Schule geklaut habe. Ich blättere hinein.

Das Buch empfängt mich mit einer Widmung: «Ihrer Durchlaucht Prinzessin Luise von Schönhausen-Waldenburg in Ehrerbietung gewidmet», der damaligen sächsischen Monarchin. Wow, denke ich – damals zollte man noch dem König Respekt.

Es beginnt: «Der Kilimandscharo ist ein stimmenreiches Gebirge. Die Kibogletscher krachen. Steinschläge gehen am Mawentsi nieder und manchmal stürzt ein zermürbter Turn herunter, dass die Donner durch die Menschentäler rings um seinen Fuß hallen.

Die Lavablöcke auf der Hochgebirgsheide klingen, umstrudelt von den Wogen des Windes. Die Erikawälder sausen und seufzen in nachtkaltem Sturme, unzählige Singvögel nisten in den Büschen und grüßen jeden jungen Tag mit lichtfrohen Weisen. Aber all' diese Stimmen: sie tönen und schweigen, sie tönen und schweigen. Nur eine Stimme durchklingt die Täler ohne Ruh: das stürzende Wasser. Erhaben und furchtbar tönt sie im wolkenschweren Tropenwinter, trostvoll sanft in der heißen, erdzerbröselnden Zeit.»

Schon ist mir, als stünde ich in einem Erikawald. Mir fällt ein, dass das Bild, das ich von meiner Oma geerbt habe, ebenfalls aus dem Haushalt von Bruno Gutmann stammen muss. Es zeigt eine Fichte. Eine sehr große Fichte. Man kann fast hören, wie der Wind in ihren Ästen rauscht. Unter ihren Zweigen ist es duster, der Baum ist Teil eines mächtigen Waldes. Das Bild hat mich als Kind immer sehr beeindruckt. Hätte Goya Bäume gemalt, sie hätten wohl so ausgesehen. Allerdings stammt das Bild von einem Malermeister aus Ehingen. Er konnte eben nicht nur Fassaden weißeln, sondern auch Kunstwerke anfertigen.

Was weiß ich überhaupt über Bruno Gutmann? Ich mache das, was jeder Mann heute tut, wenn ihn seine Unwissenheit zu sehr peinigt, wenn er ahnt, dass da draußen Wissensschätze warten, die er noch nicht erschlossen hat, die ihn herausfordern: Ich schaue bei Wikipedia nach. Und tatsächlich: Mein Urgroßvater hat einen Eintrag. Wie hat er das gemacht, frage ich mich.

«Bruno Gutmann (*4. Juli 1876 in Dresden; †17. Dezember 1966 in Ehingen am Hesselberg (Mittelfranken) war ein Missionar der Leipziger Mission in Tansania.»

Und:

«Gutmann gilt als einer der stärksten Verteidiger der Chagga-Kultur gegenüber den Einflüssen der europäischen Zivilisation v. a. durch die Kolonialmächte.» Mit großem Einsatz habe er versucht, das Christentum mit der traditionellen Eingeborenenkultur zu verbinden.

Gerade bin ich dabei, den Eintrag zu lesen, da ploppt eine E-Mail meiner Mutter auf. Meine Mutter ist sehr vertraut mit dem Internet. Sie bestellt Bücher bei Amazon, liest sie in wenigen Tagen und verkauft sie wieder über Amazon. Sie hat ihren gesamten Hausrat bei eBay ersteigert. Und sicher wird sie ihn eines Tages dort auch wieder versteigern. Bestimmt twittert sie auch.

Ich bin allerdings überrascht, als ich sehe, dass es gar keine Mail meiner Mutter ist, sondern eine meines Urgroßvaters. Meine Mutter hat die Handschrift ihres Großvaters abgetippt. Es ist ein Brief an seine beiden Söhne, die in Pflegefamilien in Mittelfranken untergebracht waren, während er und seine Frau Elisabeth am Kilimandscharo missionierten.

Meine lieben Buben!
Heute müsst Ihr mit einem gemeinsamen Brief zufrieden sein, die Zeit leidet nicht mehr. Seid froh, dass Ihr Eure Ferien nicht hier verlebt, sonst müsstet Ihr mit wachen helfen. Als ich gestern nach Schira hinkam und in ein Gewitter ging, fand ich den ganz jungen Mais schon aufgefressen, die ganz jungen Kolben haben ja eine besondere Süße.

Da haben die Meerkatzen den Sonntagsfrieden auf der Station genutzt und sich daran gütlich getan.
Vor acht Tagen musste ich sie ja aus dem Kaffee verjagen. Nun, das Jagen würde Euch sicher Spaß machen – aber auch das frühe Aufstehen?
Doch ich denke, Ihr seid jetzt in dem Alter, wo man den frühen Morgen zu würdigen wissen soll, sei es zum Lernen, fürs Wandern, zur Selbstbesinnung, zur Hingabe an Gott im Gebet.
Heute kommen meine Lehrer wieder zur Instruktionsstunde. Samstags kommen sie zur Vorbereitung auf die sonntägliche Verkündigung in den Bezirkskapellen zu mir. Aber sie brauchen auch Hilfe für den Unterricht. Jetzt sind wir bei den Grundlagen des Rechnens. Da habe ich ihnen erst einmal das Wesen der Ziffern und das Geheimnis darin klargemacht. Diese Ziffern 1 2 3 4 5 6 7 8 9 0 nennt man gewöhnlich arabische Ziffern. Aber die Araber haben sie nicht erfunden, sondern sie von den Indern übernommen. Und die Inder haben die Grundzüge dieser Ziffern höchstwahrscheinlich aus dem Norden mitgebracht, von wo sie ja nach Indien einwanderten ...

Fortan erzählt mein Urgroßvater, dass das Geheimnis der Zahlen die Ziffer «2» sei. Die Eins werde überall auf der Welt mit einem Strich oder durch eine Kerbe dargestellt. Bei der zwei aber teile sich der Weg in Abzählen oder Mathematik. Die Römer hätten einfach einen weiteren Strich daneben gemacht – und überhaupt zwischen eins und zehn nur die fünf als Zahl erfunden. Deshalb hätten die Römer zwar mächtige Zahlenreihen in ihre Denkmäler gemeißelt, aber seien nicht fähig gewesen, mit ihren Zahlen zu rechnen. «Sie waren nicht fähig vorauszudenken, passten sich den Schwierigkeiten zu rasch an, weil sie niemals umkehren wollten.» An den römischen Zahlen zeige sich die «die Armseligkeit eines hilflos von den sichtbaren Dingen abhängigen Denkens».

Bruno schließt:

«Gottes Schutz und Segen über Euch!
In herzlicher Liebe Euer Vater»

Wow. Schira, Meerkatzen, Römer. In nur einem Brief hat mein Urahn nicht nur die Affen vertrieben, sondern ist gleich quer durch die Geschichte geritten und hat daraus gleich noch eine moralische Botschaft abgeleitet: Man solle sich nicht an das halten, was man sehe, sondern an das Geistige. Ein Duktus, der mich fast umhaut. Mein Urgroßvater scheint ein Mann gewesen zu sein, der keinen Zweifel kannte und sogar die Römer zu belehren vermochte. Ich schreibe meiner Mutter zurück, ob ich das Original des Briefes haben könnte. Sie antwortet mir, das könne ich ohnehin nicht lesen, es sei ja in Sütterlin-Schrift. Oje, tatsächlich. In Sütterlin könnte ich kein einziges Wort lesen. Da rühmt man sich seiner bürgerlichen Bildung – und wäre vor hundert Jahren ein Analphabet gewesen.

Meine Mutter schreibt, sie hätte noch mehr als hundert Briefe. Alles Briefe von Gutmann und seiner Frau an seine Kinder. An Hermann, Gottfried, Ilse und Gertrud, meine Oma. Sie sind aus dem Nachlass meiner Großmutter. Meine Mutter will sie alle abschreiben. Sie habe nun ja Zeit, jetzt, da sie in Rente sei. Die Briefe, schreibt sie, stammten alle aus der Zeit nach dem Ersten Weltkrieg. Der Krieg wurde natürlich auch in den Kolonien geführt, und nachdem die Briten sich in Deutsch-Ostafrika durchgesetzt hatten, verwiesen sie alle Missionare des Landes. Erst 1925 durfte Gutmann mit seiner Frau zurückkehren. Sie gingen zunächst nicht nach Moschi, sondern nach Masama, das westlich von Moschi am Kilimandscharo liegt. In Moschi waren zu der Zeit noch amerikanische Missionare am Werk. Die vier Kinder hatte das Missionarspaar in Deutschland zurückgelassen. Das war damals üblich, schließlich glaubte man, den Kindern im Busch keine bürgerliche Bildung angedeihen lassen zu können. Man brachte sie bei Pfarrersfamilien in Franken unter, Jungen und Mädchen getrennt. Die Briefe, die meine Mutter hat, umfassen die Zeit in Masama bis zur Rückkehr nach Moschi, wo Bruno Gutmann bis zur Verbannung gearbeitet hatte. Es sind drei Jahre in Briefen, sie waren der einzige Kontakt, den die Eheleute Gutmann zu ihren Kindern hatten. Ein Brief brauchte etwa vier Wochen von Afrika nach Europa. Um auf eine Frage eine Antwort zu erhalten, musste man also zwei Monate warten. Unvorstellbar in heutigen Zeiten, wo es schon als Zumutung gilt, wenn man auf eine E-Mail nicht binnen zwei Tagen reagiert.

Ich entdecke auch etwas über Bruno Gutmann im Internet auf der Seite des Missionswerks Leipzig. Ich wusste nicht einmal, dass es noch eine Mission gibt. Sind immer noch Missionare in aller Welt unterwegs, um Menschen das Christentum zu lehren? Bruno Gutmann hat einen Eintrag in der Hall of Fame der Missionsseite. Es gibt sogar Bilder von ihm im Netz. Ein Foto von ihm als jungem Mann – mit einer Art Hipster-Bart entschlossen in die Ferne blickend. Es fehlt nur noch ein eigener Facebook-Account. Bei Amazon stoße ich sogar auf Bücher ÜBER Bruno Gutmann. Einige auf Englisch. Es beschämt mich ein bisschen, dass offenbar eine Menge Menschen etwas über meinen Urgroßvater wissen, ich selbst allerdings nicht. Ich lese bei Wikipedia, dass er selbst mehr als 20 Bücher geschrieben hat, darunter kleine Bändchen, aber auch solche mit einem Umfang von mehr als 600 Seiten. Ich kann mir kaum vorstellen, wie man das bewerkstelligen konnte, wenn man nicht einmal eine elektrische Schreibmaschine zur Verfügung hatte. Sein Bestseller war «Dichten und Denken der Dschagga-Neger». Aktueller Amazon-Rang: 4 217 957.

Was weiß ich schon? Ich bin jemand, der sich wie selbstverständlich dafür interessiert, welche Frisur Justin Bieber hatte, als er wegen Drogenkonsums verhaftet wurde, oder wie das aktuelle

Wetter in Phnom Penh ist. Ich hänge meine Nase gerne in den Datenwind, um zu erfahren, welche Impressionen von nebligen Landschaften aus fahrenden Zügen heraus meine Bekannten auf Instagram gerade veröffentlichen. Ich lasse Wissen wie eine lauwarme Dusche auf mein Gehirn plätschern. Und anschließend vergurgelt es im Abfluss des Vergessens. So einer bin ich. Aber jenseits meines akuten Aufmerksamkeitshorizontes wird es blass. Solche grundlegenden Sachen, wie etwa eine Ahnung davon, woher meine Familie stammt, wo die eigenen Wurzeln liegen – sorry, dazu gibt es aktuell keinen Hashtag. Ich weiß, wenn irgendwo in meinem Kiez ein neues Restaurant aufmacht oder ein Laden, in dem man Vintage-Möbel kaufen kann. Ich glaube wissen zu müssen, wer irgendwo in New York einen Film empfohlen hat oder ob ein neues Coffee-Table-Magazin erschienen ist. Mein Facebook-Account ist ein ganz guter Indikator dafür, was mich gerade zu interessieren hat. Und was genauso schnell wieder uninteressant wird. Nichts, was in der Timeline steht, ist am nächsten Tag noch von Belang. Meine ganze Welt besteht nur aus jetzt, jetzt, jetzt. Alle diese Reize scheinen mich zu formen. Sie erschaffen mich ständig neu, stelle ich mir vor. Das ist alles wahnsinnig relevant.

Doch über Dinge, die in meiner eigenen Familie in der Generation meiner Urgroßeltern passiert sind, weiß ich nichts. Es scheint mich nicht zu betreffen. Jetzt aber, da meine Mutter mich auf eine Reise in die Vergangenheit schicken will, sollte ich mich aber doch einmal dafür interessieren.

Ich blättere in einer Chronik, die ich mal im Bücherregal meiner Eltern gefunden hatte. Es ist die Geschichte des Dorfes Ehingen. Ich habe sie mir ausgeliehen, weil mein Großvater, der Archäologe, darin einen Text über Gräberfelder in Mittelfranken geschrieben hat. Es ist aber auch ein langer Artikel über Bruno Gutmann darin. Er ist schließlich der bekannteste Ehinger.

Darin steht: Die Vorfahren von Bruno Gutmann kommen aus

dem Erzgebirge. Seine Mutter stammt aus einer Bauernfamilie, sein Vater ist Handwerker. Die Familie lässt sich um 1860 herum in Dresden nieder. Brunos Vater plant, der Familie mit dem Bau eines Hauses eine Existenzgrundlage zu verschaffen. Die Mieteinnahmen sollen sie aus der täglichen Mühsal befreien. Vom Erbe kauft er ein Grundstück bei Trachau, ein Landstrich nordöstlich der Neustadt, und baut dort ein Haus. Es ist aber ein schlechter Plan. Der Bau lässt sich weder vermieten noch veräußern. Die Gegend ist zu weit weg von der Stadt. Heute ist es ein Viertel für Wohlhabende, eine Villengegend. Brunos Vater hat also Ende des 19. Jahrhunderts den richtigen Riecher, nur leider 130 Jahre zu früh. So hat die Familie nun eine fußkalte Schrottimmobilie zwischen Feldern am Hals. Sie muss selbst in das Haus einziehen. Die Mutter verdingt sich in der Stadt, sie kommt erst spät nach Hause. Bruno sitzt bis in die Nacht am Fenster in der Stube und schaut hinaus, auf die Heimkehr der Mutter wartend, die irgendwann zwischen den verschneiten Feldern auftauchen würde. So wird es aus seinen Kindheitserinnerungen zitiert. Der Schnee wirft das reflektierte Mondlicht in die Stube, und Bruno erschreckt sich unglaublich vor seinem eigenen Schatten an der Wand. Er rennt davon, überzeugt, der Schattenmann werde ihm folgen. Und das tut er auch tatsächlich. Er folgt ihm das ganze Leben lang.

Es ist ein hartes Leben. Aber es gibt auch große Freude: Weihnachten. Bruno Gutmann schreibt einmal: «Meine erste Kindheitserinnerung ist Weihnachten. Ein Reiterlein als Pfefferkuchen am Fichtenbaum hängend. Ich konnte mich nicht entschließen, es zu essen, so hing mein Herz daran. Ich bewahrte es im Schubfach des Schrankes auf, bis es die Mutter von Mäusen zerbröselt fand. Dies war mein erster seelischer Schmerz, von dem ich weiß.»

Es wird bald schlimmer, ziemlich schlimm. Brunos Mutter erkrankt schwer. Ihre Eltern geben ihren Hof im Erzgebirge in Bobritsch unweit von Freiberg auf und ziehen nach Trachau. Sie können der jungen Frau nicht mehr helfen. Sie stirbt, als ihr Sohn sechs Jahre alt ist.

Tödliche Infektionskrankheiten sind im 19. Jahrhundert in Deutschland verbreitet. Die Behandlungsmethoden sind überschaubar. Zwar werden schon Therapien gegen Milzbrand, Diphtherie, Tuberkulose, Lepra, Pest, Syphilis, Gonorrhö entwickelt, aber am unteren Rand der Gesellschaft sterben die Menschen an Tuberkulose. Es wird so viel gestorben, dass die durchschnittliche Lebenserwartung 1875 bei Männern 35 Jahre und bei Frauen 38 Jahre beträgt. Man lebt damals in den unteren Schichten erbarmungswürdig. In vielen Gegenden gibt es nur einen Brunnen auf dem Hof, von dem trinken Vieh und Mensch, es sickert dort auch der Dung und das Abwasser ein. Man trinkt also ein Wasser-Exkremente-Gemisch. Von dort, vom unteren Ende der Gesellschaft, kommt mein Urgroßvater. Dort sind also meine Wurzeln.

In der Stadt Dresden gibt es damals Arbeit, aber der Witwer verdient wenig. Die Großeltern führen den Haushalt. Die Not ist so groß, dass Sohn Bruno in der Fabrik arbeiten muss, im Alter von elf Jahren. Die Industrialisierung ist in vollem Gange. Der Einfluss der Monarchen schwindet. Es werden in der Stadt nicht mehr vornehmlich handwerkliche Luxusgüter für den Hof hergestellt, sondern immer mehr Konsumartikel. Die Fabrikhallen mit ihren schwarzen Schloten stechen überall hervor: Die Zuckersiederei des Heinrich Calberla, das Gaswerk, die Kaffee- und Schokoladenfabrik Jordan & Timaeus, die Maschinenbau-Aktiengesellschaft des Andreas Schubert. In der Fertigung damaliger Fabriken sind Maschinen am Werk – und oft auch viele kleine Hände, wie die von Bruno. Der Lohn beträgt umgerechnet wenige Euro im Monat, er liefert ihn bei seiner Großmutter ab. Das Sterben geht dabei weiter. Brunos Lieblingsonkel Alvin begeht

Selbstmord. Er hatte sich mit einer Witwe verlobt, seine Eltern waren dagegen. Die Großeltern erzählen Bruno, Alvin sei nach Amerika ausgewandert.

Die Gegenwelt zu all diesem Schlechten ist die Schule. Bruno ist der Klassenbeste. In der Schule werden nicht nur seine Hände gefragt, sondern auch sein Kopf. Und dann ist da noch Gott. Brunos Großmutter ist ein sehr frommer Mensch, und so erzieht sie den Enkel. Mein Urgroßvater hat also als Elfjähriger schon Ausbeutung, Elend, Krankheit, Tod und Gott erfahren. Und das Leben ist noch gar nicht richtig losgegangen.

Ich habe nur diese paar Zeilen in der Dorfchronik gelesen, fühle mich aber, als hätte mich ein Schwall kaltes Wasser getroffen. Solche Geschichten kennt man aus Romanen von Charles Dickens oder aus Fernsehserien, in denen Veronica Ferres die Hauptrolle spielt. Ich ahnte nicht, dass das auch meine eigene Familie betraf. Aber auch das zeigt nur meine Geschichtsblindheit: Was habe ich denn erwartet, wie meine Herkunft sein würde? Fürstlich? Wahrscheinlich stammen die allermeisten Menschen in Deutschland von Bauern, Handwerkern und kleinen Kaufleuten ab. Menschen, die eben später etwas aus ihrem Leben gemacht haben.

So wie mein Urgroßvater. Jeder hat etwas, das er besonders gut kann. Bei meinem Uropa ist es das Schreiben. Er kann schön schreiben, und dies ist zu seiner Zeit etwas wert: Er beginnt mit 14 Jahren eine Lehre in der kommunalen Verwaltung in Pieschen bei Dresden und wird dort bald als Protokollant eingesetzt. Dann tritt er dem Christlichen Verein Junger Männer bei. In den Männerrunden dort bekommt er eine für ihn großartige Perspektive eröffnet: ganz weit weg. Nach Ostafrika in die deutschen Kolonien. Als protestantischer Missionar.

Mein Urgroßvater hasst die Stadt und den Dreck, und er weiß gleichzeitig, dass nur noch in diesen Städten eine Zukunft zu finden ist. Mit diesem Land, das da heranwächst, will er nichts zu tun haben. Er will weg. Und dank der Mission ist diese Flucht keine Phantasie, sondern greifbar.

Das Fernweh verbindet ihn wiederum mit so manchem seiner Zeitgenossen: den armen Teufeln, den gebeutelten Kleinbürgern, die auf ein schöneres Leben in anderen Breiten hoffen. Schließlich werden die deutschen Kolonien damals besonders als neuer Lebensraum für benachteiligte Schichten propagiert. Auszuwandern ist keine Beschäftigung der Elite, sondern der unteren Schichten. Und somit sind auch die Missionare dieser Zeit oft keine Intellektuellen, sondern junge, streng religiöse Männer, denen das Leben nichts zu bieten hat außer Gott.

Meine Urgroßmutter soll mal gesagt haben, dass Bruno ein Mann mit solcher Würde gewesen sei, dass er sogar beim Kotzen elegant ausgesehen habe. Es ist erstaunlich, dass so jemand aus einer Familie kam, in der es kaum genug gab, um zu überleben. Wahrscheinlich muss der junge Bruno Gutmann damals all seine Würde zusammenkratzen, die ihm noch gelassen wurde.

Und was habe ich damit zu tun? Im Erzgebirge, der Wiege meiner Vorfahren, war ich zum ersten Mal im Jahr 2002, als ich als Reporter Hochwasserschäden dokumentierte. Mir kam es damals vor, als bestünde das Gebiet nur aus Schlamm und Geröll. Schließlich waren vor meiner Ankunft Gebirgsbäche zu vernichtenden Strömen geworden. Später war ich mal im Städtchen Glashütte, um eine Uhrenmanufaktur zu besichtigen. Da war es dort schon wieder aufgeräumt und geputzt – ich hatte trotzdem nicht das Gefühl, dass ich viel mit diesem Landstrich zu tun hätte.

Aber eine Sache fällt mir doch ein, die mich mit dem Erzgebirge verbindet. Diese ganzen Schnitzereien. Und die Weihnachtspyramiden und Nussknacker. Bei meinen Eltern stand immer eine Menge davon in der Adventszeit herum. Eine dreistöckige kerzengetriebene Pyramide, in der die Heiligen Drei Könige im Eiltempo an der Heiligen Familie vorbeizogen, ein Kamel im

Schlepptau, daran erinnere ich mich genau. Ein Stockwerk höher rotierten die Hirten mit ihren geschnitzten Schafen. Und ganz oben stießen Engel in ihre Hörner. Meiner Mutter war diese Pyramide heilig. Und mir natürlich auch. «Die ist aus dem Erzgebirge!», sagte sie immer, und es klang nach einem besonderen Ort. Und dann war da noch die Weihnachtskrippe mit den vielen Schafen, Hirten, Engeln und anderen Tieren. Alle standen in frischem Moos, das meine Eltern kurz zuvor im Wald gestochen hatten. Die Krippenkultur, sagten meine Eltern, komme aus dem Erzgebirge. Und mein Urgroßvater war berüchtigt dafür, wie sehr er seine Krippe pflegte. Diese Liebe behielt er sein ganzes Leben lang.

Meine Mutter barg einmal einen Karton vom Speicher meiner Großeltern. Er war voll mit Engeln aus dem Besitz meines Urgroßvaters. Es waren golden geflügelte Tonfiguren, nur mit einem Lendenschurz bekleidet und mit Lauten, Harfen und Gesangbüchern ausgestattet. Die Figuren waren zum Teil angeschlagen, es fehlten ihnen Flügel, Beine, Arme. Die Farben waren verblichen. Ich erinnere mich noch, wie meine Schwester und ich sich ihrer annahmen. Ich versuchte, ihnen aus Ton neue Glieder zu machen, meine Schwester bemalte sie. Damals war leider «Hautfarbe» in Malkästen noch nicht üblich. Deswegen hatten die Engel danach rosa Gesichter wie Miss Piggy, und ihre neuen Glieder waren so klobig, als seien ihnen Monsterarme wie dem «Hulk» gewachsen.

Aber auch ich pflege zu Weihnachten die Krippe sehr. Ich streife im Dezember durch die Baubrachen Berlins am ehemaligen Mauerstreifen entlang, um etwas Moos (meist mit Glassplittern und Kronkorken gemischt) für unsere Krippe zu finden. Vielleicht steckt in mir auch ein Erzgebirgler. Wenn ich daran denke, fühle ich mich dann doch ein bisschen als Urenkel meines Urgroßvaters. Und ein bisschen auf der Reise zu ihm.

NIRGENDWO IN AFRIKA

Mein Vater hat ein gutes Gemüt. Er würde nie so etwas sagen wie: Das geht nicht. Mein Vater kann nicht nur missliche Dinge ertragen, er kann ihnen sogar stets etwas Positives abgewinnen. Er sagt: Nichts ist so schlecht, als dass es nur schlecht ist. Einmal hatte meine Mutter das Weihnachtsmenü von Siebeck nachgekocht. Beim Nachtisch, dem Zitronensorbet, hatte sie allerdings den Zucker vergessen. Das Sorbet war so sauer, dass man es als militärischen Kampfstoff hätte listen müssen. Während wir Kinder betäubt unter den Tisch kugelten, löffelte mein Vater stoisch weiter und meinte dann: «Das Gute an diesem Sorbet ist, dass man davon gar nicht so viel essen muss.» So gutmütig ist mein Vater.

Und jetzt sitzt er kerzengerade auf seinem Sofa, mit einem Zug um den Mund, als hätte er gerade eine weitere Portion von Mutters Zitronensorbet gegessen, und sagt: «Das geht nicht. Das geht doch nicht. Afrika. Wie stellst du dir das denn vor!»

Er ist von der Idee seiner Frau kein bisschen begeistert. Wir sitzen im Wohnzimmer meiner Eltern, es ist der Geburtstag meiner Mutter. Wir haben zusammen Ente mit Rotkohl gegessen. Mein Vater hat einen Riesling aus dem Keller geholt, er mag gerne Spätlesen, die haben Restsüße, deswegen leider weniger Alkohol, und man muss mehr davon trinken. Es gibt im Wohnzimmer eine feste Sitzordnung. Vater im Schaukelstuhl (meine Eltern sind die letzten Menschen der Welt, die einen Schaukelstuhl besitzen), Mutter auf dem roten Ledersofa, ich im angeschrammten Biedermeiersessel. Die Katzen meiner Eltern haben daran ihre Krallen gewetzt, die Katzen meiner Eltern dürfen alles. Hätte ich als Jugendlicher meine Krallen am antiken

Mobiliar geschärft, hätten meine Eltern mich ins Internat gesteckt. Bei den Katzen aber finden sie das süß. Normalerweise wäre meine Schwester noch dabei, die auf einem Schaffell auf dem Boden hocken würde. Aber Annette musste heute nach Zürich, und mein Bruder wohnt seit Jahren in Kambodscha. Die beiden Katzen hängen sich über die Sofalehne, als wollten sie meine Geschwister ersetzen.

«Afrika, was soll ich denn da?», sagt mein Vater. Er ist pensionierter Zahnarzt.

Kein Zahnarzt, der Menschen Implantate und Schönheits-Bleachings verpasst hätte. Seine Praxis war in einem Teil der Stadt, in dem die Privatpatientenquote gen null geht, die Arbeitslosenquote aber hoch ist. Mein Vater hat etliche Gebisse geflickt, die nach Kneipenschlägereien in ihre Einzelteile zerlegt waren. Und solche, die noch nie Berührung mit einer Zahnbürste hatten. Er hat genug kaputte Sachen gesehen. Und dass Afrika nicht viel mehr zu bieten hat, daran hat er keine Zweifel. «Moschi – das ist doch keine Stadt, das ist eine Ansammlung von Blechhütten, warum sollen wir um die halbe Welt reisen, um uns Blechhütten anzugucken?»

Mein Vater hat als Junge seine Umwelt per Tretroller erforscht. Und irgendwie ist es heute noch so. Jedes Reiseziel, das in Tretroller-Distanz ist, ist ihm sehr recht. Alles andere geht ihn nichts an, glaubt er. Dort, wo die Menschen arm sind, hat er nichts zu suchen. Er kommt selber aus einer armen Familie. Er hat eine Lehre als Werkzeugmacher absolviert, später hat er auf dem zweiten Bildungsweg das Abitur nachgemacht und Medizin studiert. Mein Vater braucht keinen Bildungsbürger-Tourismus in die Dritte Welt. Er weiß selbst ganz gut, wie es ist, wenig zu haben. Weltgewandte Studiosus-Reisende, die gerne die Armut der Welt besichtigen, um zu erkennen, wie viel besser gelaunt die Menschen sind, wenn sie nicht über Besitz nachdenken müssen, sind ihm ein Graus. Er hat eine konservative Meinung über Urlaub. Urlaub ist zur Erholung da. Zur Erholung fährt man vielleicht nach Schweden, Italien, auch nach Irland. Vielleicht kann man auch nach Masuren reisen. Aber nicht nach Afrika. In Afrika erholt man sich nicht, man fängt sich höchstens schwere Krankheiten ein, wird von den Menschen ganz zu Recht ausgeraubt und bekommt eine Machete in den Schädel. Dass Afrikaner in Nussschalen über das Mittelmeer setzen, um bei uns zu leben, kann er nachvollziehen, dass man sich in umgekehrter Richtung auf nach Afrika macht, ist ihm nicht erklärlich. Und Elefanten, meint er, kann man auch im Zoo angucken. Genau einmal im Leben war er mit uns im Zoo, im Opel-Zoo im Taunus, da hat er Elefanten angeguckt. Damit hatte er eigentlich alles gesehen, was ihn an Afrika interessieren könnte.

Aber er ahnt, dass er gegen den Wunsch meiner Mutter keine große Chance hat. Meine Mutter hat eine unschlagbare Art, ihren Willen durchzusetzen. Sie kann so lange auf einem Standpunkt beharren, bis der Rest der Welt ihn auch annimmt. Meine Mutter ist eine kleine Frau, aber sie hat unglaublich viel Energie. Ich sage, dass Afrika ja vielleicht gar nicht so kaputt ist, wie man sich das aus der Ferne vorstellt. Und Tansania ja auch nicht Somalia ist. Und ich ja auch ein bisschen beim Reisen helfen könne. Ich selbst spüre, wie meine Opposition wegschmilzt. Mit den pensionierten Eltern durch die Savanne. Warum nicht. Und auch mein Vater ahnt – am Riesling nippend –, dass die Reise schon begonnen hat. Die Katzen stehen auf, strecken sich und schnüren Richtung Schlafzimmer. Das ist das Signal, ins Bett zu gehen.

Ein paar Tage später fällt mir eine E-Mail auf, die meine Schwester mir offenbar heute geschickt hat. Sie trägt den Betreff «Momella!»: «Guck mal, Bruder, das ist die Lodge, auf der der Film *Hatari!* gedreht wurde, da war John Wayne, und die hat später dem Schauspieler Hardy Krüger gehört!»

Meine Schwester ist großer Hardy-Krüger-Fan, ich glaube, seit sie in Hamburg einmal an der Supermarktkasse hinter ihm stand. Die Momella-Lodge ist im Nationalpark von Aruscha. Von dort kann man den Kilimandscharo am Horizont sehen. Es ist ein Link zu einem Reiseforum in der E-Mail, da haben Besucher ihre Eindrücke hinterlassen. «A spooky place», berichtet einer. Über die Betten würden Spinnen krabbeln, es gebe kein warmes Wasser und nachts würde das Personal zwischen den Häusern herumlaufen und versuchen, die Giftschlangen totzuschlagen. «Wenn man nur eine Nacht bleibt, sind die Überlebenschancen gut», meint einer, gibt aber volle Sternchenzahl für das Preis-Leistungs-Verhältnis, immerhin. Das schreckt mich – aber nicht meine Schwester: «Da will ich hin», schließt die E-Mail meiner Schwester.

In *Hatari!* geht es um eine wildromantische Liebesgeschichte auf einer Großwildfangstation, wo Tiere für Zoos und Zirkusse gefangen werden. In ihrer Vorstellung sitzt meine Schwester bestimmt schon in einem Landrover Defender, der sich durch den roten Sand wühlt, einer Herde von Giraffen hinterher, an ihrer Seite John Wayne.

Aber aus dem Rendezvous mit Wayne wird nichts. Meine Mutter hat nämlich schon Zimmer reserviert. In Moschi, am Fuße des Kilimandscharo-Massivs. Ein Ort, wo sich normalerweise Alpinisten treffen, um von dort aus zum Berg zu starten. Wir starten von dort aus zu Gott. Die Zimmer sind im Uhuru-Hotel, wie sie sagt: Empfehlung aus dem Internet. Das muss ja gut sein. Zwei Doppelzimmer, ein Einzelzimmer. Das Einzelzimmer ist für mich, hoffe ich. Ich setze mich an den Computer und tippe Uhuru ein. «Uhuru-Peak: Höchster Gipfel des Kibo im Kilimandscharo-Massiv, damit höchster Punkt Afrikas.» Was man heute Uhuru nennt, hat man zu Zeiten meines Urgroßvaters als «Kaiser-Wilhelm-Spitze» gekannt.

Ich habe überhaupt keine Ahnung, wie man in Afrika Urlaub macht. Ich vermutete immer, man habe die Wahl zwischen Pauschaltouristenbunkern an der Küste und Nobel-Lodges in den Safari-Parks. Aber wenn man die Spuren eines Missionars sucht, gibt es wahrscheinlich keinen Badestrand in der Nähe und vielleicht auch keinen Sundowner auf der Veranda, oder? Ich finde das Hotel im Internet, es hat eine eigene Homepage. Das beruhigt mich. Etwas, das es im Internet gibt, ist Teil der Zivilisation, stelle ich mir vor. Im Internet sieht das Hotel sehr ordentlich und professionell aus. Rotbraun verputzte Bungalows und eine sauber gemähte Wiese mit Palmenbeeten. Es gibt Dinner in einem Bambus-Pavillon – fast wirkt es wie ein Ressorthotel auf Capri. Die Anspannung in meinem Magen löst sich und macht einem leichten Urlaubsgefühl Platz. Ich sehe mich schon am Frühstücksbuffet ein Omelett mit Pilzen, Tomaten und extra Käse bestellen. Vielleicht gibt es sogar einen Pool, den sie nur nicht auf den Bildern zeigen, oder einen Wellness-Bereich mit Jacuzzi? Dann lese ich zu meinem Schrecken: «A hotel of the Lutheranian Mission». Und zu meinem noch größeren Schrecken: «No alcohol is served». Ich starre auf die Zeilen, als ob sie davon verschwinden könnten. Das ist also meine erste Berührung mit dem lebendigen Erbe meines Urahns. Er setzt mich trocken. Bruno Gutmann verabscheute den Rausch, er nannte Bars «Hofplätze des Teufels».

Wie konnte meine Mutter mir das antun? Habe ich überhaupt eine Woche im Leben ohne Alkohol verbracht? Ich kann mich nicht erinnern. In meiner Kindheit vielleicht. Für mich ist die Welt etwas, das sich am allerbesten mit einer leicht alkoholischen Hintergrundbeleuchtung betrachten lässt. Ich habe dem Alkohol unglaublich viel zu verdanken. Ohne Alkohol hätte ich bei jeder Studentenparty nur in der Ecke gestanden (mit Alkohol, glaube ich, auch – aber es ließ sich besser ertragen). Ohne Alkohol hätte ich niemals ein Mädchen angesprochen, und hätte das Mädchen keinen Alkohol getrunken, hätte es mich niemals geküsst. Das ist lange her. Aber im Alter, finde ich, braucht man eher mehr als weniger Alkohol. Ich könnte mir schwer vorstellen, einen Abend kein Bier zu trinken. Aber schon gar nicht kann ich mir vorstellen, einen ganzen URLAUB ohne Alkohol zu verbringen. Und überhauptschongarnicht einen Urlaub, den ich mit meinen Eltern, meiner Nichte und meiner Schwester verbringe. Da braucht man doch etwas zur Beruhigung!

Just klingelt da das Telefon. Meine Schwester ist dran. «Tillmann, kannst du meiner Tochter mal etwas zu Äpfeln in Afrika erzählen?»

«Wie? Äh ...»

Dann ist schon Anna dran. Meine Schwester lebt alleine mit ihr. Das kann bei einem Teenager schon zur Herausforderung werden. Und manche Wahrheit akzeptiert Anna schon deswegen nicht, weil sie aus dem Mund ihrer Mutter kommt. Dann schlägt die große Stunde der Onkelweisheiten. Falls der Onkel mit seiner Weisheit nicht schon gleich am Ende ist.

«Onkel Till, stimmt es, dass es in Afrika Äpfel gibt?» – O Gott, Äpfel? Afrika? «Öhhh, warum musst du das denn wissen?» Schon hat sich Annette unter dem zischenden Protest ihrer Tochter wieder den Hörer gegriffen. «Anna ist schon am Packen und will auf jeden Fall fünf Kilo Äpfel mitnehmen, weil sie glaubt, in Tansania gäbe es keine, würdest du ihr also bitte erklären, dass es in Afrika sehr wohl Äpfel gibt!»

Damit hat sie den Hörer wohl wieder an Anna gereicht. «Anna», sage ich auftragsgemäß und versuche mit getragenem Ton die Situation zu entspannen: «Du musst dir keine Sorgen machen, in Afrika gibt es fast alles ganz genauso wie bei uns. Es gibt da zum Beispiel auch Bananen, also Bananen auf jeden Fall.»

«Ich esse aber keine Bananen!»

«Meinetwegen – aber wenn du jetzt Äpfel einpackst, sind sie bis zum Oktober verfault. Es dauert noch Monate, bis wir fahren!»

Das überzeugt, halbwegs zumindest. Bei Annette und Anna gibt es dieser Tage kaum ein anderes Thema als die Afrikareise.

Und Anna nimmt das sehr ernst, vor allem Nahrungsfragen. Sie ist nämlich in ihrer Veganer-Phase. Wobei man ihr gegenüber den Begriff Veganer-PHASE nicht benutzen darf, ohne gehörigen Ärger zu bekommen. Schließlich hat Anna noch in keiner Phase Vermutungen gelten lassen, ihre Einstellung könnte sich irgendwann wieder ändern. Das war schon bei ihrer Hundephase so, als sie ihre Mutter an den Rand der Verzweiflung trieb, weil sie davon überzeugt war, sie sei ein Labrador. Anna verlangte sogar, ihr Abendessen in einem Napf serviert zu bekommen. Entspannter war dagegen die Pferdephase, da ernährte sie sich von Haferflocken.

Meine Schwester Annette ist schon in bester Reiselaune. Sie hat mir schon das Impfprogramm erklärt, das ich zu absolvieren habe: Diphtherie, Tetanus, Polio, Hepatitis A und B, Gelbfieber, Typhus, Meningitis, Pneumokokken, Influenza, Tollwut. Ich hatte etwas getrotzt und gesagt, ich hätte doch nicht vor, mit Hyänen zu kämpfen – aber Annette entgegnete, SIE habe keine Lust, sich die Reise dadurch versauen zu lassen, dass ihr kleiner Bruder mit Gelbfieber auf der Matratze bliebe. Das war eine deutliche Warnung. Ich erinnere mich noch an einen Urlaub, den unsere Familie auf einem Bauernhof im Tessin verbrachte, da war Annette 14. Ich fand den Hof großartig. Annette genoss den Aufenthalt zwischen Hühnern und Schweinen eher nicht. Ihre beste Freundin war nämlich an die Côte d'Azur gefahren und schrieb in einem Brief (ja, damals schickte man sich wirklich gegenseitig Briefe aus Papier an die Urlaubsorte), dass sie jetzt in einer «Gang» sei und total viel Spaß mit Jungs am Strand habe. Meine Schwester hatte nur ihren kleinen Bruder. Den Rest des Urlaubs äußerte sie sich nur noch in Zischlauten.

Mit diesen Bildern im Kopf habe ich mir die Gelbfieber-Symptome im Internet durchgelesen. Bei mildem Verlauf Fieber, Kopfschmerzen, Schüttelfrost, Rückenschmerzen, Appetitlosigkeit, Übelkeit und Erbrechen. Das ist schon unangenehm genug – in Verbindung mit einer übelgelaunten Schwester würde eine Grenzerfahrung daraus: Ich werde mich impfen lassen.

Wie sieht es in Afrika denn eigentlich aus? Meine erste Erinnerung an den Kontinent hat der Zeichner Janosch geliefert. Der schuf nämlich nicht nur das Buch «Oh wie schön ist Panama» – zu seinem Frühwerk zählt «Ferdinand im Löwenland». Darin heißt es: «Heute, sagt der Ferdinand, fahre ich ins Löwenland / Afrika ist wunderbar, weil ich dort noch niemals war». In Afrika rettet Ferdinand dann ein Löwenkind vor einem bösen Jäger Pichelstein, dafür bekommt er vom Löwenkönig Leonard eine Blumenkrone aufgesetzt. Wenn ich ehrlich bin, ist meine Vorstellung seither nicht weit gereift. Denke ich an Afrika, sehe ich weite Savannen mit Elefanten und Giraffen, die sich an Wasserstellen treffen – und darüber kreist eine Propellermaschine, in der Grzimek sitzt. Oder aber ich habe die Bilder von Krieg, Hunger und Elend im Kopf. Die Katastrophe und der Kitsch. In der Mitte zwischen diesen Extremen, dort, wo das ganz normale Afrika stattfinden müsste, ist bei mir nur ein Fragezeichen.

Meine Mutter bittet mich, die Leipziger Mission anzuschreiben, die Organisation, bei der mein Urgroßvater angestellt war. Es gibt dort heute noch einen Tansania-Referenten, dem schreibe ich, dass wir nach Moschi kommen und ob er uns einen Tipp geben kann, was man sich dort am besten anschaut.

Dann klicke ich mich etwas durch das Internet, um mich über Obst in Afrika zu bilden.

Später finde ich auch eine Information über Afrika und Äpfel. Äpfel sind in Europa und Asien heimisch. In Afrika nicht. Sie werden in Südafrika angebaut. In Ostafrika ist schon versucht worden, im Rahmen der Entwicklungshilfe, Äpfel zu kultivieren. Das Klima soll ideal sein. Angeblich scheiterte es daran, dass es den Bauern zu viel Arbeit war, die Äpfel nicht nur zu ernten, sondern auch die Bäume regelmäßig zu beschneiden, wenn sie gar keine Früchte tragen. Also gebe es in Afrika meist nur Importäpfel – wenn überhaupt. Ich werde es Anna nicht sagen. Sie wird es selbst herausfinden.

Urlaube mit der Familie bergen ja auch immer ein Risiko. Das letzte Mal, dass ich mit meinen Eltern in den Urlaub gefahren bin, ist 25 Jahre her. Es ging nach Schweden. Im Urlaub spielte die Familie jeden Abend Rommé, ein Kartenspiel mit einfachen Regeln, bei dem man etwas Glück braucht. Wenn man das nicht hatte, gab es natürlich Tränen. Es gab im Urlaub eigentlich jeden Abend Mirácoli zu essen, unsere Eltern hatten immer eine Kiste voller Essen eingepackt, das ging ja ganz gut, weil wir immer mit dem Auto im Urlaub waren. Mirácoli konnte man in großen Mengen mitführen, es wurde von uns Kindern in jedem Fall akzeptiert – und man bekam am Urlaubsort, bei uns meist Schweden oder Finnland, ohnehin nichts Anständiges zu essen. Wer sich davon überzeugen möchte, sollte mal ein Mittagessen bei Ikea einnehmen. Das ist eine durchaus realistische Erfahrung.

Im Urlaub streiften wir an den Stränden entlang und sammelten. Meine Eltern sammelten Muscheln und Steine – ich und mein Bruder sammelten Knochen. In der Ostsee ließen eine Menge Tiere ihr Leben, und viele von denen fanden ihre letzte Ruhe am Strand. Bis wir Jungs diese Ruhe störten und die Knochen von Fischen und Vögeln auseinanderzerrten und daraus neue Tiere montierten – wie aus Dinosaurierüberbleibseln. Unsere Eltern fanden das kreativ. Meine Schwester fand das eklig. Überhaupt meine Schwester: Sie war für mich der Unruhepol im Urlaub. Während wir Strandgut sammelten, sammelte Annette Sonnenstrahlen. Im Unterschied zu den Vogelknochen gab es davon allerdings nicht sehr viele in Schweden. Und nun, 25 Jahre später, würde es wieder so weit sein. Wenigstens war jetzt für Sonne gesorgt.

Meine Schwester wollte immer schon nach Afrika. Eigentlich

wurde sie nur durch ihre Tochter davon abgehalten, Fernreisen zu unternehmen. Meine Schwester arbeitet als Graphikdesignerin in Hamburg, sie wohnt mit ihrer Anna zusammen. Sie geht gerne mit ihrer Kamera durch die Städte spazieren, macht Urlaub mit dem Auge, ich wüsste von keinem einzigen Mal, dass sie in einem Hotel untergekommen wäre, eine Pauschalreise gebucht oder eine andere Art Urlaub gemacht hätte, wie es für die meisten Menschen selbstverständlich wäre. Sie ist ein sehr bescheidener Mensch. Sie braucht nicht viel zum Leben, hat eine kleine, schnuckelige Wohnung in Hamburg-Eimsbüttel, kein Auto, nicht einmal einen Flatscreen-Fernseher.

Dass meine Mutter so scharf auf eine Fernreise ist, wundert mich etwas. Meine Eltern verlassen zum Urlauben kaum noch das Land. In den vergangenen Jahren haben sie ihre Erholungstage gemeinsam mit den Enkeln auf einem kleinen Reiterhof in Mecklenburg-Vorpommern verbracht. Dort schlafen sie in Ferienwohnungen über dem Pferdestall.

Vielleicht rate ich Anna kurz vor Abflug doch noch, zwei Äpfel einzupacken, vielleicht keine schlechte Idee. Zwei Äpfel für Anna, zwei Dosen Bier für Tillmann. Für den Notfall. John Wayne soll gesagt haben: «Mut ist, wenn man Todesangst hat, aber sich trotzdem in den Sattel schwingt.»

Die Antwort von der Mission ist da. Geschrieben vom Tansania-Referenten Tobias Krüger. Er schreibt: «Bruno Gutmann ist am Kilimandscharo noch ein sehr bekannter Mann und Apostel.» Man könne unmöglich dort ohne Anmeldung anreisen, das würde als schwere Beleidigung aufgefasst. Nachkommen von Bruno Gutmann müssten einen offiziellen Besuch bei den Gemeinden machen, damit sie in Ehren empfangen werden können. Darunter ist eine Liste von Namen Geistlicher, die er schon verständigt habe.

Ich lasse die Zeilen vor meinen Augen verschwimmen. Das

wird also doch kein Urlaub. Wir machen offenbar einen Staatsbesuch. Wir besuchen einen Heiligen.

Ich frage mich: Was hat der dort unten gemacht? Oder auf den Kilimandscharo bezogen: dort oben?

DAS HERZ DER MISSION

Meine Mutter schickt mir einen weiteren Brief. Sie schreibt, es sei gar nicht einfach, Brunos Schrift zu entziffern. Auf manche Buchstaben könne sie sich keinen Reim machen. Sie verstehe gar nicht, wie er mal für seine schöne Schrift gelobt worden sein könne, die meisten Buchstaben könne sie gar nicht auseinanderhalten. Aber ich habe keinen Zweifel, dass sie nicht ruhen wird, bis sie auch das letzte Pünktchen versteht. So ist meine Mutter eben, sie gibt nicht auf. Niemals. Eine Löwin, sagt mein Vater. Der Brief wurde geschrieben, genau 48 Jahre bevor ich geboren wurde. Und eine Löwin kommt auch darin vor.

Meine liebe Ilse!
Mit der letzten Post kam nur ein Brief von Hermann. Aber die nächste bringt uns dafür hoffentlich von Euch allen Briefe, denn das muss dann die Post von Weihnachten sein. In der vergangenen Woche war ich wieder in Schira.
Zwischen Madschame und Schira führt der Weg durch eine einsame Gegend in der nur wenige Leute wohnen. In einem hübschen Tale am Kischangabach wohnt da direkt am Wege ein Schiramann, der von der Regierung nach Madschame verbannt worden ist, weil er Häuptling von Schira werden wollte. Bei dem Verbannten kehren wir gerne unterwegs ein. Das letzte Mal waren da zwei feine Esel zu sehen, die er sich gegen sein Maultier eingetauscht hatte. Das hatte ihn nämlich einmal abgeworfen und da hat er es vertauscht.
Der Mama gefiel besonders der schwarze Esel und sie hätte ihn gern als Reittier gehabt. Aber er war noch zu mager, weil sie in der vertrockneten Steppe kein Hälmlein Gras gehabt hatten.

Darum wollten wir mit dem Kaufe noch warten, bis er dicker geworden wäre und außerdem hatten wir kein Geld.
Nun denk dies nur, am anderen Tage ist zur selbigen Stunde früh um 10 Uhr eine Löwin gekommen und hat, hart neben dem Wege, die beiden Esel überfallen. Den einen hat sie sofort niedergerissen, während der andere entsprang. Aber offensichtlich hat die Löwin ihn auch noch erwischt, denn man hat ihn nicht wieder gefunden. Nun stellte man sofort eine Raubtierfalle auf und die Löwin ist auch in das Fangeisen hineingetreten, aber sie hat sich selber wieder frei machen können. Und als ich dort vorbeiritt sagte man mir, sie sei auf der Kaffeepflanzung des Häuptlings Schangali. Da habe ich freilich Sorge um die gute Fallada gehabt, aber wir sind ohne Schaden hin und wieder gekommen. In Schira selber streicht auch ein Löwe durchs Land, das ist nun eine andere Welt als im Ries oder am Hesselberg, wo nur noch Hasen über die Acker hüpfen, ab und zu auch ein Reh, das hab ich ja selbst gesehen.
Und nun leb wohl mein Ilselein, Ihr müsst Euch nun um andere Dinge als um Löwen oder Hasen sorgen, denn es geht auf den Schluss des Schuljahres zu. Gott segne Dein Lernen, vor allem aber Dein Herz, dass es lerne, sich in Scham und Zucht zu halten. Grüße Schwester Martha und Fräulein Bauer herzlich von uns. Bete treulich für Deine Geschwister und für uns. Mama grüßt Dich mit mir herzlich.
In herzlicher Liebe
Dein Vater

Dass es in Afrika Raubtiere gibt, überrascht mich nicht. Aber ich hatte mir noch nie Gedanken darüber gemacht, dass sie gefährlich für die Menschen sein könnten. Offenbar habe ich keine Ahnung von Afrika. Mein Wissen ist von Nichtwissen geprägt. Die Freistellen im Gehirn ersetze ich einfach durch Bilder des Kontinents, die ich glaube, irgendwo gesehen zu haben. Rote

Erde und Gnus. Menschen mit staubigen, nackten Füßen. Akazienbäume im Sonnenuntergang. Vielleicht war Afrika tatsächlich einmal so. Vielleicht sah es so aus, als mein Urgroßvater das Land erstmals betrat. Aber wahrscheinlich war schon damals das Bild, das man im Westen hatte, wesentlich wildromantischer als die Realität. In den Büchereien wurden Schinken offeriert, auf deren Buchcovern sich «Afrikas Entdecker» tief ins Steppengras ducken und wild mit ihren Hinterladern ballern müssen, weil sie von Eingeborenen angegriffen werden.

Dabei gab es ja keine wirkliche Entdeckung Afrikas. Es war umgekehrt: Afrika hat einst Europa entdeckt, schließlich ist der Homo sapiens vom dunklen Kontinent her eingewandert.

Als Bruno Gutmann sich auf seinen Afrika-Einsatz vorbereitet, ist der Kilimandscharo im westlichen Bewusstsein seit etwa 50 Jahren bekannt. Der Missionar Johannes Rebmann hatte von ihm berichtet und war immerhin taktvoll genug, sich nicht als sein Entdecker zu bezeichnen. Denn bewohnt wurde das Kilimandscharo-Gebirge schon lange. Vor einigen hundert Jahren sind die Menschen aus den Ebenen die Hänge des Kilimandscharo hinaufgezogen. Sie kommen damals aus allen Himmelsrichtungen, manche sind wohl von ihren Sippen vertrieben worden, andere versuchen ihr Vieh vor den Seuchen in der Ebene in Sicherheit zu bringen. Bantu-Angehörige sind in der Mehrheit, also werden die Dschagga ein Bantu-Stamm. Es ist offenbar die Not, die hier die Menschen zur Gemeinschaft werden lässt. In der fruchtbaren Vulkanerde lassen sich bestens Bananen anbauen, allerdings schießt das Bergwasser in den Bächen gen Tal, man muss es aufhalten und in Kanäle leiten, um es auf die Felder zu bringen. Diese Anlagen kann man nur gemeinsam unterhalten und muss sich ständig über die Ressource Wasser einig werden. Die Kanäle sind in einem komplizierten System angelegt, durch Schotten können Wasserläufe gesperrt werden, um das Wasser mal in die eine, mal in die andere Richtung zu lenken. Von der Gemeinschaft das Wasser abgedreht zu bekommen ist damals eine Katastrophe. Man ist also eher darauf bedacht, sich die Nachbarn gewogen zu halten, etwa indem man immer wieder einmal ein Tier schlachtet und damit die Gehöfte in der Umgebung bedenkt. Was ohnehin angezeigt ist, weil Fleisch schnell verdirbt. Man kann es nicht lagern. Manchmal entsteht Solidarität eben auch durch die Abwesenheit von Kühlschränken.

Die Dschagga leben im Wald, in ihren jeweiligen Bananenhainen. Hinter Palisadenzäunen wachsen Bananenstauden, oft gemeinsam mit Kaffeebeerensträuchern. Man durchquert den Hain und gelangt zu einer weiteren Palisade, versehen mit einem Tor, das sich von innen verrammeln lässt, oft ist auch ein Graben gegen Feinde ausgehoben. Das Leben am Kilimandscharo ist zu dieser Zeit gefährlich. Nicht nur wegen der Tiere, der Hyänen oder der Leoparden, die um die Häuser streichen, sondern vor allem wegen der anderen Menschen, die einem nach den Ressourcen oder manchmal auch nach dem Leben trachten. Kriege unter den insgesamt 31 Häuptlingsschaften am Kilimandscharo sind an der Tagesordnung. Manchmal genügt schon eine Respektlosigkeit untereinander, dass man mit einem Heer von Kämpfern über die Hänge stürmt. Oft aber sind es einfache Raubgänge zur Plünderung.

Ständig sind Wachen auf Ausschau, ob nicht Krieger mit Speeren im Anmarsch sind. Die Hänge um den Kilimandscharo sind fast vollständig bebaut, der Berg ist unterhalb der Baumgrenze ein riesiges Siedlungsgebiet. Aus Angst vor Überfällen vergräbt man sogar Kinder bei lebendigem Leib an den Stammesgrenzen. Der Geist des Kindes soll dann den Häuptling warnen, wenn Feinde anrücken.

Auch die Region um das Massiv herum ist zu dieser Zeit nicht friedlich, jenseits der fruchtbaren Hänge erstreckt sich die trockene Ebene in Richtung Aruscha. Dort ist das Streifgebiet der

Massai. Die Massai leben als Nomaden, die Männer ziehen den Viehherden hinterher. Und das Vieh zieht dem frischen Gras hinterher; wenn der Regen ausbleibt, wird es schlimm. Hungersnöte mit Hunderten Toten sind nicht selten, dazu genügt es schon, dass die kleine Zwischenregenzeit ausfällt, die normalerweise im späten Herbst einsetzt. Erst stirbt das Vieh, dann der Mensch. Und dort, wo noch etwas zu holen ist, raubt man das Vieh von den Dschagga am Berg. Die Massai haben da kein Unrechtsbewusstsein. Sie sind der Überzeugung, dass ohnehin alles Vieh der Welt ihnen gehört. Es sind die anderen, die es widerrechtlich in ihren Ställen halten.

Es ist auch für die ersten Missionare, die in dieses Gebiet kommen, alles andere als angenehm. Sie werden nämlich nicht immer mit ehrfurchtsamer Geste empfangen, mit der gehörigen Portion von Unterwürfigkeit, die der Weiße dem Schwarzen zur Kolonialzeit so gerne nachsagt. Im Gegenteil, oft werden die Gottesmänner gequält und ausgenutzt. Es waren nicht die Deutschen, die als Erste zu den Dschagga kamen, um das Evangelium zu verkünden. Zuvor sind schon Briten da gewesen, um die Schwarzen am Kilimandscharo als Mitglieder der Anglikanischen Kirche zu werben.

Ich habe mir ein Büchlein über die Anfänge der Mission in Afrika besorgt. Darin steht, dass schon 1885, 17 Jahre bevor Bruno Gutmann den afrikanischen Boden betreten sollte, eine englische Abordnung an den Kilimandscharo kommt. Es ist der britische Missionsbischof James Hannington mit seinen Missionaren Edmund Fitch und Joseph Wray. Sie errichten eine bescheidene Hütte auf einem Höhenzug, der von dem Sitz des damaligen Häuptlings Mandara durch eine tiefe Schlucht getrennt ist.

Hannington zieht bald weiter, um das Evangelium in Buganda zu verkündigen, das damals Teil des heutigen Ugandas ist. Eine schlechte Idee. Er kommt nur bis zur Grenze. In Kawirondo wird der 38 Jahre alte Glaubensmann von den Kriegern des Königs

Mwanga II gefangen genommen. Jener ist gerade erst 17 Jahre alt, aber äußerst skeptisch, was die Verbreitung des christlichen Glaubens in seinem Königreich angeht. Überhaupt sieht er das Vorrücken der Weißen vor allem als Bedrohung seiner Regentschaft an. Er lässt den britischen Missionsbischof kurzerhand zu Tode foltern.

Am Kilimandscharo wird der britische Missionar Edmund Fitch aber nach der Abreise des todgeweihten Bischofs bald auch von seinem Kollegen Wray verlassen, der sich anderen Missionsaufgaben widmen soll. Also sitzt er fortan alleine auf dem Berg. Der zuständige Häuptling Mandara hat allerdings kein sehr großes Interesse an der göttlichen Botschaft. Er sieht in der Missionsstation am Hang eher einen Import-Export-Betrieb. Er hat die Ansiedlung des Weißen vor allem befürwortet, weil er sich von ihm weltliche Güter verspricht, nämlich Schießpulver und Gewehre, die es ihm einfacher machen könnten, gegen seine Konkurrenten vorzugehen. Und dazu vertraut er lieber auf Feuerwaffen als auf Gottes Beistand.

Dass der Gottesmann nicht mit Schusswaffen vorstellig wird und sich auch nicht imstande sieht, solche zu besorgen, frustriert Mandara zutiefst. Er lässt dem armen Briten mal den Wasserkanal absperren, um ihn mehr zu Waffengeschäften zu motivieren, mal verbietet er allen Untertanen, dem Weißen Lebensmittel zu verkaufen. Die Laune wird nicht eben besser, als Mandara erleben muss, dass der Brite sich sogar außerstande sieht, ihm ein europäisches Bett zu besorgen. Fitch muss in seiner Hütte ängstlich ausharren, wenn die Moschi-Leute von fremden Eingeborenen angegriffen werden, selbst andere Siedlungen überfallen oder sich gemeinschaftlich mit Bananenbier besaufen und danach randalieren. Nach drei Jahren wird er endlich von seinem Martyrium erlöst und durch andere Missionare ersetzt. Von denen ist einer Arzt, weshalb die Sache mit dem Christentum langsam ins Rollen kommt. Schließlich sind die Vorteile christlicher

Nächstenliebe gleich verständlicher, wenn damit Kranke gesund gemacht werden können. So können 1892, also zehn Jahre bevor Bruno Gutmann in Mombasa vom Dampfer steigt, tatsächlich zwei Knaben getauft werden, in Anwesenheit des neuen Missionsbischofs Tucker.

Leider geraten die Zeiten dann ungünstig für die Mission, denn der Nachfolger des Häuptlings Mandara, Häuptling Mcli, ist den Weißen nun überhaupt nicht mehr wohlgesinnt. Ihm ist völlig klar, dass die deutschen Kolonialtruppen im Lande den Totalverlust seiner Macht bedeuten. Ist sein Vater noch versucht gewesen, seinen eigenen Vorteil zu suchen, hat Meli keine Illusionen mehr, was die weiße Herrschaft für die Macht der Häuptlinge bedeutet.

Er schließt sich mit anderen Dschagga-Häuptlingen zusammen, um gegen die Kolonialtruppen vorzugehen. Ein erstes Gefecht mit den völlig überforderten deutschen Truppen gewinnt Meli. Neben vielen schwarzen Hilfssoldaten werden auch zwei deutsche Offiziere getötet. Aber Meli, der Gefechte mit überschaubaren Mannstärken und spärlicher Bewaffnung gewohnt ist, ist gegen die neuen Machthaber letztlich chancenlos. Später wird sein Heer von deutschen Strafexpeditionen geschlagen. Es werden 19 Todesurteile gesprochen.

Die Dschagga-Häuptlinge haben damals allen Grund, gegen die Okkupatoren vorzugehen. Denn ihr Land hat sich schnell in wenigen Jahren von ihrer Perspektive her zum Schrecklichen verändert. Das Deutsche Reich will die Zone am Kilimandscharo wirtschaftlich entwickeln, was ungefähr bedeutet, dass man sie ausbeuten möchte. Es werden Plantagen angelegt, die Plantagenbesitzer aber brauchen Arbeitskräfte. Allerdings lassen sich die Dschagga schwer zur Arbeit motivieren. Das westliche Konzept der Lohnarbeit ist ihnen völlig fremd. Zwar sind es hilfsbereite, freundliche Menschen. Es ist ihnen aber nicht zu vermitteln, warum sie sich in den Plantagen verdingen sollen, anstatt sich um ihren eigenen Bananenhain zu kümmern, der ihnen doch alles zum Leben bietet. Die deutsche Art, sich jeden Morgen an einem Arbeitsplatz einzufinden und tatsächlich auch noch dann zur Arbeit zurückzukehren, wenn man seinen Lohn doch erhalten hat, ist ihnen völlig unverständlich.

Die Plantagenbesitzer wollen die Dschagga zur Arbeit bringen, und dafür sind alle Mittel recht. Die Verwaltung hilft gerne. Auf Geheiß der Plantagenbesitzer werden Dschagga aus ihren Gehöften in geschlossene Dörfer umgesiedelt, um sie besser kontrollieren zu können. Im Jahr 1897 wird die sogenannte Hüttensteuer erhoben, ein besonders perfides Instrument. Man hat sie sich einfallen lassen, um in Deutsch-Ostafrika Bedarf an Geld zu schaffen. Es werden Steuern ohne Gegenleistung erhoben. Jeder Dschagga muss nun für seine Hütte eine Abgabe zahlen. Das Kalkül ist, die Dschagga, die nun Geldnot haben, in Jobs als Plantagenarbeiter zu treiben. Die Hüttensteuer führt dazu, dass Familien verarmen. Zum Teil verkaufen sie ihr Vieh für einen Spottpreis an weiße Händler, zurück bleibt nur Hunger. Die Frauen, die in den Plantagen arbeiten müssen, werden zum Teil schwer misshandelt. Der Unmut ist immens.

Bei den Briten hatte man schon zuvor beschlossen, die Missionare abzuziehen. 1892 wird die Missionsstation an die Lutherische Mission in Leipzig übergeben.

Die Leipziger, die sich im Mai 1893 aufmachen, um die in ihre Hände gefallene Station zu übernehmen, kommen zunächst nicht weit. Nach der Schiffspassage wird ihnen geraten, zunächst in Mombasa zu verweilen, da die Lage in Moschi noch unberechenbar sei. Man wartet also in der kenianischen Inselstadt, bis Meli endgültig geschlagen ist. Dann machen sich die vier Missionare Theodor Päsler, Emil Müller, Gerhard Althaus und Robert Fassmann auf den Weg zum Kilimandscharo. Allerdings müssen sie die 300 Kilometer zu Fuß gehen. Zum Glück müssen sie dabei nicht viel schleppen. Ihre Missionarskarawane zählt fast 200 Köpfe, darunter allein 175 Träger. Sie schleppen alles, was man benötigt, um eine Religion zu gründen, acht bis zehn Kilometer am Tag durch die Savanne. Um Moschi machen sie lieber noch einen Bogen, sie gehen nach Madschame. Dort ist man den Deutschen offenbar freundlicher gesinnt. Man weist ihnen einen Platz an einem Höhenzug zu, direkt am Wald. Was man den Missionaren nicht sagt: Die Häuptlinge hoffen insgeheim, die Missionare würden dort einen guten Puffer gegen die Leoparden bilden.

Um 1904 gibt es in Deutschland 23 Missionsgesellschaften, die 995 Missionare und 117 Missionsschwestern im Einsatz haben. Damit ist man Spitzenreiter vor den Briten, die 19 Gesellschaften kennen, und den Amerikanern, die es auf 18 Verbände bringen (die allerdings zum Teil wesentlich mehr Umsatz machen).

Die Mission in Deutschland geht nicht von den Kirchen aus. Vielmehr sind begeisterte Privatleute und Pfarrer bestimmend. Man will die Sache mit dem Christentum unbedingt auf der Welt verbreiten, die sich gerade erst geöffnet hat. Genauso wie die Kolonialisierung der Ostküste Afrikas zunächst nicht durch Truppen, sondern durch Abenteurer geschieht, die von Stamm zu Stamm ziehen und die Häuptlinge Schutzverträge unterschreiben lassen, sind es auch bei der seelischen Landgewinnung begeisterte Privatleute, die vorpreschen.

Vor allem Geschäftsleute und Beamte im Deutschen Reich setzen sich dafür ein. Mission in ihrem Sinne heißt nicht etwa, in unterentwickelten Gegenden helfend im Sinne Gottes tätig zu werden. Vielmehr ist das Ziel, den christlichen Glauben überall dorthin zu bringen, wo er noch nicht ist. Etwa weil dort Muslime oder Hindus vorherrschen.

Für diesen Überschwang, der Tausende junge Männer dazu bringt, in entlegene Gegenden zu reisen und den Menschen vom wahren Glauben zu erzählen, ist sicherlich von Vorteil, dass die jungen Hirten wenig Ahnung hatten, worauf sie sich bei der Suche nach neuen Schäfchen einlassen. Sie wissen aber umso besser, von wo sie wegwollten. Häufig sind es Männer aus den ärmsten Familien, Tuchmacher, Klempner und Zimmerleute. Menschen, denen die Welt, in die sie geboren wurden, nichts bot. In der Mission hingegen kann man als kleiner Mann an etwas Großem teilhaben.

Und es ist zu dieser Zeit zweifellos etwas Großes. Die deutschen Missionen besitzen Anfang des 20. Jahrhunderts 598 Stationen und 2023 Schulen. Es werden 437 969 Getaufte gemeldet, darunter 186 770 Abendmahlfähige und 112 457 Schüler. Zwischen 1845 und 1890 kann allein die evangelische Mission die Beiträge von 12,5 Millionen Reichsmark auf 47,5 Millionen steigern. Die Zahl der evangelischen Missionare steigt in dieser Zeit um das Drei- bis Vierfache. Die Erfolgsgeschichten kommen vor allem aus Asien und Afrika. «Doch trotz der Fortschritte sind den 1050 Millionen Nichtchristen gegenüber die Aufgaben noch riesenhaft», informiert Meyers Konversations-Lexikon von 1908. Insbesondere stellen das muslimische Asien, Amerika und die Kulturreligionen in Ostindien die Mission vor große Probleme. Die Aufgabe ist klar: die christliche Weltherrschaft. Bevor sich die Nationen in den Weltkriegen schlachten, bekämpften sich Konfessionen.

Die Leipziger Mission, der Bruno Gutmann angehört, ist aus einem im Jahre 1819 gegründeten Dresdner Missions-Hilfsverein hervorgegangen. Man ist streng lutherisch ausgerichtet, wohl auch aus Feindschaft zu der katholisch geprägten Bayerisch-Österreichischen Deutschen Union, die mit Preußen und Sachsen um die Gründung eines Nationalstaates wetteifert. Die Landeskirche hält sich bei den Vorhaben zurück. Schon 1837 hat man am Seminar der Mission die ersten Missionare zur Aussendung bereit. Das erste Ziel ist Südaustralien. Dort sollen die Missionare die ausgewanderten Deutschen betreuen. Allerdings sind die Aussiedler wenig empfänglich für lutherische Botschaften aus der Heimat. Die australischen Ureinwohner lassen sich schon gar nicht missionieren. Ihre nomadische Lebensweise ist nicht für Kirchen gemacht. Einer der Missionare wird später einfach Landwirt und bekommt 14 Kinder. Der andere kümmert sich anschließend um deutsche Gemeinden. Das Vorhaben, ab 1848 das indianische Volk Anishinabe in Nordamerika zu missionieren, wird auch bald wieder abgebrochen. Wesentlich erfolgreicher sind die Missionare in Indien. Dort, wo sie auf aufstiegshungrige junge Leute treffen, die in ihre Missionsschulen strömen, verbreitet sich der christliche Glaube rasch. Die Tamilen-Mission ist ein Superhit. Später versucht man sich in Afrika. Dort ist die Mission quasi vaterländische Pflicht, als das Deutsche Reich dort Schutzmacht wird. Dies deckt sich zunächst keineswegs mit der Strategie des Kaiserreichs. Im Gegenteil: An den staatlichen Schulen wird der Koran gelehrt.

Aber gegen das große Hurra der missionsbegeisterten jungen Männer kommt kein Kaiser an.

BRUNO IM WALD

Der junge Bruno Gutmann ist ebenso ein armer Handwerkersohn wie viele andere angehende Missionare. Aber er ist vielseitig interessiert. Mit 18 Jahren meistert er am Seminar der Mission ein erstaunliches Bildungsprogramm. Er lernt Latein, Griechisch und Hebräisch und absolviert ein komplettes Theologiestudium. Dazu lernt er Tamilisch und Sanskrit, schließlich hat die Mission zunächst vor, ihn nach Indien zu schicken. Aber während seiner Ausbildung in Leipzig wird er auch stark von drei Männern beeinflusst: Friedrich Naumann, Wilhelm Wundt und Herbert Wilhelm Riehl. Naumann ist damals Pfarrer und Politiker und vor allem in der inneren Mission tätig. Gutmann liest fasziniert die Schriften, in denen Naumann dafür plädiert, vorgefundene soziale Strukturen mit christlichen Werten zu füllen, so wie man leere Gefäße mit Wein füllen kann. Wundt ist einer der Begründer der Psychologie und interessiert sich vor allem für die sozialbedingte Genese des Seelenlebens. Er begründet die Völkerpsychologie, die als Vorgängerin der Sozialpsychologie gilt. Demnach lassen sich psychische Prozesse nicht nur am Verhalten des Einzelnen beobachten, sondern auch in der Kultur nachvollziehen. Im Zentrum der Volkspsychologie steht die Sprache. In ihren Begriffen drückt sich das Denken und Handeln der Gemeinschaft aus. Nach der Volkspsychologie gibt es gar keine Gemeinschaft ohne Sprache. Und so, wie man an individueller Diagnose etwas über die individuelle Seele herausfinden kann, kann die Volksseele erkundet werden, indem man ihre kulturellen Äußerungen erforscht. Gutmann ist sich sicher: Die deutsche Volksseele ist krank.

Diese Lehre bildet im Kopf meines Großvaters ein ganz eigenes Weltbild. Zum einen wird er zum überzeugten Nationalisten, dem alles völkische, was uns heute so fremd erscheint, sehr wichtig ist, besonders die deutsche Sprache. Sie ist für ihn die Seele des Volkswesens. Und die Verwestlichung, die Amerikanisierung, die Industrialisierung sind ihm ein Gräuel, denn die töten die Volksseele ab.

Bruno Gutmann liest auch die Bücher des Autors und Soziologen Wilhelm Heinrich Riehl. Dessen berühmtestes Werk ist die «Naturgeschichte des deutschen Volkes als Grundlage einer deutschen Socialpolitik». In vier Bänden wird das Leben der einfachen Menschen beschrieben und in Bezug zur deutschen Kulturlandschaft gesetzt. So setzt Riehl in seinem ersten Band «Land und Leute» den Nationalcharakter der europäischen Völker in unmittelbare Beziehung zu der sie umgebenden Umwelt. Für die Briten und Franzosen sind geordnete Parklandschaften charakteristisch. Dem Deutschen entspricht die Wildnis des Waldes. Riehl war auch ein Vorreiter des Natur- und Landschaftsschutzes. In seinem Werk beschrieb er einfache Menschen, die in Einklang mit der Natur lebten.

Ein halbes Jahrhundert später, in einer Zeit, als Deutschland gerade aus einer Zwergstaatenansammlung zu einem Nationalstaat wird und sich von einer Agrargesellschaft in eine industrielle Gesellschaft wandelt und mit den ersten Schritten in den Imperialismus hineinrumpelt – in diesen verqueren, halbfertigen Zeiten zwischen Fortschritt und Dünkel, gestern und morgen müssen Riehls Beschreibungen einem jungen Menschen wie Bruno Gutmann wie ein verlorenes Paradies vorkommen. Und in dieses Paradies will er zurück.

Dafür muss man nicht gleich nach Afrika. Das Paradies kann man ja auch zu Hause suchen. Das Paradies ist nämlich überall dort, wo die Welt noch so ist, wie Gott sie geschaffen hat. Unwirtliche Wildnis also. Und Bruno hat den richtigen Begleiter dafür gefunden. Schon im Leipziger Seminar hat er einen Freund:

Paul Rother. Mit Paul verbringt er viel Zeit auf der Stube. Sie reden. Über Literatur etwa. Paul liest die Romantiker, Bruno die Klassiker. Goethe und Schiller. Er hält die Literatur von Paul für kitschigen Stumpfsinn, so wie er überhaupt oft meint, dass Paul falschliegt. Meist stimmt Paul ihm da sogar zu. Die beiden dichten. Es geht ihnen glänzend. Mit ein paar Studiengenossen gründen sie einen kleinen Club, in dem sie Verse austauschen. Sie nennen sich «Elite». Gutmann reimt etwa:

Prächtig blinkt des Geistes Schwert,
Das er wuchtig führte.
War es manchmal auch verkehrt,
Was sein Sinn erkürte,
Hat er doch den Sieg erlangt,
Und auf seiner Stirne prangt
Hohen Ruhmes Würde.

Bruno und Paul spazieren oft stundenlang zusammen in den Wäldern, durch das Leipziger Scheibenholz, an die Nonne und an der Elster entlang.

Die beiden werden fast das ganze Leben miteinander verbringen. Aber zunächst machen sie zusammen den ersten Urlaub. Sieben Wochen im Sommer. Sie wollen mit einigen anderen Burschen durch den Böhmerwald wandern – anfangs eine Gruppe von fünf Jungs, alle um die 19 Jahre alt, aber nur Bruno und Paul bleiben übrig.

Sie haben sich vorgenommen, in Heuschobern zu schlafen und im Wald zu campieren, packen sich den Rucksack voller Butterbrote und eine Cervelatwurst dazu. Als Reisekasse kalkulieren sie 25 Pfennige pro Tag. Für den ganzen Urlaub haben sie 25 Mark dabei. Bruno Gutmann hat schon damals einen schütteren schwarzen Vollbart und einen unbändigen Willen zur Askese. Er möchte die ganze Wanderung lang nur Butterbrote und etwas Wurst essen. Paul ist mit seinem Freund einer Meinung, dass jeder Luxus aus dem Leben verbannt gehört, weil Bequemlichkeit dekadent mache. Aber Bruno ist eindeutig der bessere Konsumfeind. Er ist ganz wild auf Entbehrung. Eigentlich ist das dem guten Paul ein bisschen unheimlich. Für ihn wäre normale Einfachheit schon genug. Er braucht nicht die absolute Armut, aber er will Bruno auch nicht den Spaß verderben. Die beiden stürzen sich auf Schusters Rappen in den Wald. Zwar haben sie einen Kompass, aber leider sind sie Nichtraucher, deswegen haben sie keine Streichhölzer dabei und können kein Licht im Dunklen machen. Und im Böhmerwald ist es schon am lichten Tag dunkel. Bald können sie den Kompass nicht mehr lesen. Der Waldpfad hört irgendwann auf, und sie sind da, wo sie eigentlich immer hinwollten. In der ursprünglichen Natur. Leider kann man von ihr nichts mehr sehen. Und es wird kalt. Nun ist eben kein Heuschober greifbar, und Paul schlägt in seiner Naivität vor, man werde sein Lager wohl in den Büschen aufschlagen müssen, er redet von einem Bett im Laub. Das wären normalerweise Worte ganz nach Brunos Geschmack. Jetzt aber, wo ihm die Nachtkälte die Hosenbeine hochkriecht, will er der Natur doch nicht mehr so nah kommen. Man muss mit ihr ja nicht gleich das Bett teilen. Schnell vergeht Gutmann die Laune. Er knurrt, dass er weiterwill. Aber wo weiter? Schließlich verlaufen sie sich immer mehr und bleiben fröstelnd mit dem Rücken gegen einen Baumstamm lehnend sitzen. Gutmann grimmt, Rother sucht noch nach den richtigen Worten, die beiden nun Trost spenden könnten. Da horcht er auf. Irgendwo bellt ein Hund. Wo ein Hund bellt, da muss auch ein Dorf sein. Sie folgen den Geräuschen und sitzen schon bald im Wirtshaus «Zum Roten Ochsen», einer Bauernschänke, so schäbig, wie sie noch keine gesehen haben.

Leider sprechen die Bauern nur Oberpfälzisch. Bruno grüßt: «Grüß Gott!» – «s ìGod» antworten sie. Endlich ist Bruno bei den ursprünglichen Bauernmenschen angekommen, die ihm so viel wahrhaftiger vorkommen als die Städter. Jetzt geht es ihm bestens. An einem Tisch sitzen drei Männer. Die beiden Wanderer setzen sich dazu. Und warten. Warten. Warten. Nach einer Weile steht einer von den drei Männern ungelenk auf und stellt sich schweigend vor die beiden Gäste. Gutmann fragt ihn: «Sind Sie der Wirt?» – «Han?», antwortet der. Der junge Mann wiederholt langsam und sehr deutlich: «Sie sind wohl der Wirt?» – «Han?», kommt wieder zurück. Rother wirft ein: «Können wir ein Nachtquartier bekommen?» – «Han?» – «Schlafen?» Der Mann sieht fragend zu den anderen Bauern hinüber. Aber keiner versteht, was die beiden Vögel da meinen. Da fällt Gutmann das erlösende Wort ein, das überall verstanden wird. Nicht Jesus. Er sagt «Bier!». Das funktioniert. Sie bekommen zwei Bier, und kurze Zeit später ist auch der Dorflehrer da. Der kann dolmetschen und macht den beiden ein Bett im Wirtshaus klar. Als die anderen Gäste fort sind, kommt der Wirt schweigend mit einem Öllämpchen, er führt die beiden zu dem einzigen weiteren Zimmer. Drin steht ein breites Bett, offenbar ist es das Ehebett der Wirtsleute. Peinlich berührt legen sich die beiden jungen Männer in die nach erdigem Schweiß riechenden, klebrigen Laken. Das Federbett ist nicht groß genug für beide. Die Wirtin schnarcht auf der harten Bank in der Gaststube, wo der Wirt die Nacht verbringt, wollen sich die beiden gar nicht ausmalen. Am nächsten Tag waschen sie sich mit einem Maßkrug voll Wasser. Für die Übernachtung nimmt der Wirt nur einen Groschen. Bruno ist bester Laune. Denn hier ist er sicher, jenem Menschen nah zu sein, der Riehl vorschwebt. Der im Einklang mit der Natur lebt und völlig unverdorben ist. So unverdorben, dass er sein eigenes Bett für einen Groschen hergibt.

Am nächsten Morgen wandern sie weiter. Wenn sie wandern, singen sie:

Wohlauf, die Luft geht frisch und rein,
Wer lange sitzt, muss rosten.
Den allerschönsten Sonnenschein
Lässt uns der Herrgott kosten.
Von Bamberg bis zum Grabfeldgau
Umrahmen Berg und Hügel
Die weite stromdurchglänzte Au.
Ich wollt, mir wüchsen Flügel.
Valleri, vallera, valleri, vallera,
Ich wollt, mir wüchsen Flügel.

Sie kennen unendlich viele Lieder. Sie sind nicht alle so tugendhaft. So stimmt Rother etwa Ludwig Uhlands Metzelsuppenlied an:

So säumet denn, ihr Freunde, nicht,
Die Würste zu verspeisen,
Und lasst zum würzigen Gericht
Die Becher fleißig kreisen!
Es reimt sich trefflich: Wein und Schwein,
Und passt sich köstlich: Wurst und Durst,
Bei Würsten gilt's zu bürsten.

Auch unser edles Sauerkraut,
Wir sollen's nicht vergessen;
Ein Deutscher hat's zuerst gebaut,
Drum ist's ein deutsches Essen.
Wenn solch ein Fleischlein, weiß und mild,
Im Kraute liegt, das ist ein Bild
Wie Venus in den Rosen.

Rother schmettert aus vollem Halse. Gutmann wird immer stiller und grimmiger. Rother hat den Verdacht, dass das Bild von der Venus in den Rosen zu wollüstig für den Freund ist. Er findet das übertrieben. Gedanken an nackte Weiber – das mag eine Sünde sein. Aber eine Venus in den Rosen? Rother weiß, dass man mit dem Freund nicht diskutieren kann. Also schweigt er nun auch grimmig. Er ahnt ja nicht, dass Gutmann deswegen grollt, weil er den Gedanken an Fleisch nicht ertragen kann. Die ranzigen Butterbrote machen ihn fast wahnsinnig. Aber er will es sich nicht eingestehen.

Von Hunger gepeinigt, konzentrieren sich Paul und Bruno auf die Schönheit der Natur. In der Oberpfalz sind Berge und Wälder noch so, wie sie aus der Schöpferhand hervorgegangen waren, Busch und Felsen und wilder Baumbestand. Waldbäche plätschern, Teppiche von Beeren und ganze Kolonien von Pilzen. Die Pilze würden sie gerne essen. Aber sie haben keine Ahnung, welche giftig sind. Sie wären gerne Naturwesen, aber sie sind es nicht.

Einmal kehren sie bei einer Wirtin ein, die Hochdeutsch spricht. Sie fragt die Gäste, was sie am Morgen «genießen» wollten, das ist schon verdammt hochdeutsch. Begeistert sagt Bruno: «Ja, können wir eine Tasse Kaffee bekommen?» – «Kaffee haben wir hier nicht.» – «Aber was trinken Sie denn am Morgen?» Die Wirtin zieht die Stirn kraus: «Wenn wir durstig sind, dann trinken wir halt a Bier.»

Da zweifelt Gutmann kurz daran, ob die urwüchsige Natur dem Menschen immer guttut. Aber sein Zweifel hält nicht einmal eine Nacht, denn am Morgen bringt die Wirtin dann doch zwei Tassen duftenden Kaffees an den Tisch. Der Kaffee ist noch heiß, und die Wanderer versuchen ihn abzukühlen, indem sie ihn wie heiße Brühe vom Kaffeelöffel tropfen lassen. Da kommt der Wirt und schaut verwundert auf das Tun. «Frau», sagt er, «die Herren aus der Stadt trinken den Kaffee mit den Löffeln, gib ihnen halt große!»

BEGEGNUNG MIT EINEM MACHA

Nun sind sich also alle einig, dass wir nach Tansania reisen werden. Im frühen Herbst. Meine Mutter möchte, dass ich die Korrespondenz übernehme. Sie hat wohl die Vorstellung, ich könne das besser, weil ich als Journalist ja immer wieder internationale Kontakte knüpfen muss. Aber ich schreibe ja über Mode, meine Kontakte sitzen in Büros in Paris und London, nicht in einer völlig anderen Welt. Herr Krüger, der Tansania-Referent des Lutherischen Missionswerks in Leipzig, gibt mir eine Adresse, die ich anschreiben kann. Die E-Mail von Reverend Saria. Ich habe mich kaum zu fragen gewagt, ob man denn als Geistlicher in Tansania einen E-Mail-Account hat.

Ich weiß nicht, wie man sich an einen afrikanischen Lutheraner wenden muss. Vermutlich hilft es, ständig Gott zu loben. Diese Begeisterung ist uns Deutschen ja nicht so in die Wiege gelegt. Wenn ich einen Gospelchor sehe, wirken die immer sehr viel euphorischer als ein heimischer Kirchenchor. Sie wirken, als ob sie sich wirklich freuen würden. Ein heimischer Kirchenchor ist dagegen ja eher eine Versehrtenversammlung. Wenn Deutsche in der Kirche singen, klingt es so, als würden sie in den Kehlkopf hineinmurmeln. Würde jemand im Gottesdienst jauchzen, würde man sich Sorgen machen, ob er vielleicht komplett durchgedreht sei. Wir sind wohl irgendwie der Meinung, die Gegenwart Gottes allein sei noch kein Grund, in Begeisterungsstürme auszubrechen. Für uns sind überschäumende Emotionen eher eine Zumutung für die Umwelt und für den Allerhöchsten sowieso. Kein protestantischer Priester würde in der Kirche angesichts der Tatsache, dass Jesus auferstanden ist, in offene Verzückung geraten. Das ewige Leben ist offenbar durchaus zu begrüßen.

Aber so wahnsinnig geil, dass man deswegen ausflippen müsste, ist es halt auch nicht.

Ich erinnere mich, dass ich als Kind – wie mein Urgroßvater Bruno auch – Mitglied im CVJM war. Dem Christlichen Verein Junger Menschen. Er hatte sein Vereinsheim nicht weit von unserem Haus und war samstags einfach *the place to be* für kleine Jungs. Der CVJM veranstaltete Geländespiele. Man robbte etwa durch den Wald und musste Fahnen von Gegnern erobern. Oder man baute Hütten oder Dämme. Es war so etwas wie die FDJ, nur mit Jesus statt Honecker. Manchmal spielte man einfach Spiele – und irgendwann kam das Gespräch auf den Herrscher über Himmel und Erde. Es gab eine kleine Andacht, bei der unsere Gruppenleiter Gerold und Andi etwas sagten. So in der Art, dass es jetzt super sei, dass Jesus uns schon wieder einen Tag im Wald geschenkt habe. Und dass wir auch an die denken wollen, die heute keinen Tag im Wald haben und so weiter. Danach wurde gesungen, aus einem kleinen Büchlein, das «Die Mundorgel» hieß. Andi nahm die Gitarre, klampfte und sang: «Es geht ohne Gott in die Dunkelheit / aber mit ihm gehen wir ans Licht. / Sind wir ohne Gott, macht die Angst sich breit / aber mit ihm fürchten wir uns nicht.» Andi konzentrierte sich immer auf die Akkorde. Es griff stoisch in die Saiten und schaute ernst. Aber Gerold war anders. Er verdrehte die Augen beim Singen gen Himmel und reckte die Arme nach oben. Ich war als Junge überzeugt, dass Gerold nicht mehr alle Tassen im Schrank hatte. Sorry, aber wenn man schon Gerold heißt, ist das ja schon eine gewisse Hypothek. Außerdem hatte Gerold immer viele Pickel im Gesicht, das macht das Leben nicht leichter. Und er hatte stets rötliche Haut, und seine dunkelbraunen Haare waren strähnig, obgleich sie ziemlich kurz waren. Er wusch sie wohl eher selten. Er kannte auch kein Deo, was natürlich auffiel, wenn er die Arme gen Himmel streckte. Gerold war also jemand, der Gottes Hilfe gut gebrauchen konnte. Vor allem bei den Mädels. Ich wusste damals von Mädels natürlich nicht viel. Nur so viel, dass ich schon ahnte, dass die Chancen auf ein romantisches Treffen nicht ins Unermessliche gesteigert werden, wenn man mit ungewaschenen Haaren debil nach oben lächelt. Für mich war klar, dass Gerold ein Loser sein musste. Und Beten also ein Hobby für Verlierer war. Ich habe von Gerold später nie wieder etwas gehört. Aber nun, da ich so eine E-Mail an einen afrikanischen Pastor verfassen muss, könnte ich seinen Rat gut gebrauchen. Gott in so einem Text über alle Maßen zu loben würde Gerold leichtfallen. Er würde sich dabei nicht komisch vorkommen. Ich aber schon. Ich formuliere also:

Dear Mr. Saria,
hello, please let me introduce myself. My name is Tillmann
Pruefer. Mr. Tobias Krueger from the «Missionswerk Leipzig»
gave me your e-mail.
Please let me explain, why I write to you. My honourable mother
Mrs. Ruth Pruefer is the granddaughter of Dr. Bruno Gutmann, who worked as a missionary in Moshi at the beginning of
the 20th century. She is the daughter of Mrs. Gertrud Böhner,
who you might know.
We feel great respect for the work of Dr. Gutmann, so we would
like to come to Moshi to see his church and to visit the Christian
congregation. It would be a great honor for us to meet you and
other people, who continue the work that my great grandfather
once begun.
We would like to come at the beginning of October to Moshi. I
suppose we will stay for one week in the town.
The people who travel are my mother Ruth Pruefer, her husband
Volker Pruefer, her daughter Annette Pruefer, her granddaughter Anna Pruefer and me.
It would be a pleasure for us to visit a service in Moshi. And it
would be good for us to know if we can bring anything useful

from Germany with us what could help the Christian congregation.
With kindest regards
Tillmann Pruefer

Auf meine E-Mail kommt keine Antwort. Eine Woche später schreibe ich eine zweite Mail gleichen Inhalts. Sie bleibt unbeantwortet. Langsam habe ich meine Zweifel, dass Bruno Gutmann am Kilimandscharo so eine große Nummer sein soll. Bei großen Nummern schreibt man doch mal zurück, oder? Ich melde mich wieder bei Krüger. Er meint, ich solle nicht nervös werden. Keine Antwort sei in Afrika keineswegs eine unhöfliche Antwort. Es sei nun einmal Afrika. Da könne es manchmal etwas länger dauern, darauf sollte ich mich einstellen.

Der Mann hat recht. Ich habe wirklich keine Ahnung von Tansania. Mein Urgroßvater würde meine Arroganz tadeln. Ostafrika ist eine Region, mit der Europa seit Jahrtausenden Handel treibt. Tansania war einmal größtenteils deutsches Staatsgebiet. Und doch weiß ich fast nichts darüber. Sicher, ich weiß auch nichts über die Elfenbeinküste, über den Senegal und über Burkina Faso. Aber Tansania ist nun einmal nach Südafrika und Namibia das von den Deutschen am meisten bereiste afrikanische Land. Die Deutschen sind in Tansania die größte Gruppe von Touristen. Das liegt vielleicht nicht nur am ausgeglichenen Klima. Die Deutschen verbinden mit dem Land etwas Besonderes. Es ist die Ausformung des Traumes von Afrika, den wir haben. Wenn wir an Tansania denken, denken wir an wilde Tiere, an Ursprünglichkeit, wir denken an die Abendsonne über der Steppe, an Büffel, die an Wasserlöchern lagern. Wir haben so ähnliche Vorstellungen von diesem Land, die man auch schon vor hundert Jahren hatte, als es galt, dem Deutschen Reich einen Platz an der Sonne zu verschaffen. Es sind wohl alte historische Bande, die noch wirksam sind und Tansania für uns zu einem der Lieblingsstaaten Afrikas machen. Wir buchen Reisen dorthin und erwarten dann dort, an Orte von Ursprünglichkeit geführt zu werden, die wir in unserem eigenen Kulturkreis nicht mehr kennen.

Ich versuche also, meine Wissenslücken zu schließen. Tansania hat 41 Millionen Einwohner, 33,23 Milliarden Dollar Bruttoinlandsprodukt und 945 000 Quadratkilometer Ausdehnung. So versuche ich es mir klarzumachen: dreimal so viel Platz wie in Deutschland für halb so viele Leute. Und ein Wirtschaftsertrag, der nicht einmal ein Hundertstel von dem der Bundesrepublik ausmacht. Das Land wird vor allem von Schwarzafrikanern bewohnt, die zu 95 Prozent den Bantu angehören, die sich wiederum auf 130 Ethnien ausdehnen.

Dabei stellen die nomadischen Massai, die in Deutschland am populärsten sind, nur drei Prozent, die Dschagga, zu denen wir reisen werden, immerhin sechs Prozent. Zwischen 30 und 40 Prozent der Bevölkerung sind Muslime, die Insel Sansibar ist komplett muslimisch. Der Anteil der Christen liegt ebenfalls bei 30 Prozent, die meisten davon katholisch. Allerdings sind auch Lutheraner stark vertreten und Mitglieder der Anglikanischen Kirche.

Die durchschnittliche Lebenserwartung liegt bei 60 Jahren, die Säuglingssterblichkeit liegt bei 7,5 Prozent. Nicht einmal die Hälfte der Geburten kann medizinisch betreut werden. Im Land sterben immer noch 60 000 Menschen im Jahr an Malaria.

Während ich noch versuche, das richtige innere Verhältnis zu Afrika zu finden, sind andere schon weiter. Im Privatfernsehen gibt es eine neue Sendung, sie heißt *Reality Queens* und spielt in Tansania. Ich schaue sie also gewissermaßen als Reisevorbereitung. Es geht darum, wie sich verwöhnte Frauen in der Wildnis zurechtfinden. Die «Reality Queens» sind ein Dutzend Frauen, an denen eigentlich gar nicht so viel Reality ist, dafür umso mehr

Silikon. Darunter sind das Nacktmodel Micaela Schäfer, das YouTube-Model Sexy Julia, Germany's-Next-Topmodel-Teilnehmerin Tessa Bergmeier und einige weitere Damen, die offenbar ihr ganzes Leben im Bikini verbringen. Es ist eine großartige deutsche Delegation, um in anderen Ländern schlimmste Vorurteile über uns zu bestätigen. Der Sender feiert die Frauen als «It-Girls» und «Society-Girls», was jenen offenbar gut gefällt. Sie kommen am Flughafen proseccobesoffen zusammen wie zu einem Junggesellinnenausflug. Pro 7 aber schickt die Gruppe knallhart ans Ende der Welt – oder dorthin, wo man es bei den Senderchefs wohl vermutet. An den Kilimandscharo. Die Sendung ist ähnlich gedacht wie das Dschungel-Camp. Halbprominente, die nicht viel zu verlieren haben, schon gar nicht viele Kleider, kratzen sich gegenseitig zum Gaudium der Zuschauer die Augen aus. Die Mädchen sollen mit High Heels durch den Staub stöckeln und Strohhütten mit Elefantendung verputzen. Bestimmt gibt es in Afrika auch etwas Ekelhaftes zu essen.

In der ersten Folge landet die Girl-Band am Kilimandscharo Airport und wundert sich in ihren knallengen Leoparden-Kostümen, dass die Taxifahrer sie seltsam anschauen. Danach arbeitet sich das Format an allerlei Klischees entlang. Auf einem Landeplatz in der Steppe begrüßt sie ein Reiseleiter mit den Worten «Na, alles Gucci und Bling?», und dann geht es schon in den «Busch», wo man einen echten «Buschmann» besucht, der ihnen zeigt, wie man Feuer macht. Der Buschmann macht sie auch mit seinen beiden Frauen bekannt. Micaela Schäfer möchte ihnen sogleich ihr Kleid schenken, was bei den Gastgebern nicht sehr gut ankommt, sie sind eher besorgt, dass die Schreckschrauben aus Deutschland Krankheiten einschleppen könnten. Anschließend werden allerlei Näschen gerümpft und Stirnen gekräuselt, klar, in der Welt der Champagnerduschen ist man von all dieser Armut hier doch etwas mitgenommen. In der nächsten Sendung beschließt Frau Schäfer dann, sich von dem Kontinent zurückzuziehen. Man hatte die Massai besucht, und auch deren Frauen waren nicht begeistert von den bloßen Brüsten der Frau aus Deutschland. Die zeigt sich sehr enttäuscht und schmollt, sie habe sich die Afrikaner nicht so verstockt vorgestellt, sie sei davon ausgegangen, hier würden alle nackt herumlaufen.

Die Sendung ist schon erstaunlich, ich hätte nicht geglaubt, dass sich das Afrika-Bild der Kolonialzeit so reibungslos in ein Fernsehprogramm hieven lässt. Afrika, der Kontinent, wo die Wilden nackt herumlaufen, wo man im Busch lebt und als zivilisierter Mensch fürchterlich erschaudert. Es ist ein Wunder, dass bei dieser Völkerschau nicht das Wort Neger gefallen ist. So fern ist uns also Ostafrika, wir wissen so wenig davon, dass man ohne weiteres die schlimmsten Vorurteile auf den Schirm bringen kann. Aber weiß ich denn so viel mehr? In einer Szene sollen die Mädels die Höhe des Kilimandscharo schätzen – und verschätzen sich fast alle nur um ein paar Meter. Nur Micaela Schäfer ist mit ihrer Einschätzung des Kilimandscharo als 8000er katastrophal daneben – und ich hatte ähnlich geschätzt. Ich habe die 5895 Meter dann bei Wikipedia nachgeguckt. Vielleicht liegt zwischen der Nacktdarstellerin und mir weniger, als mir lieb ist. Mein Trost ist, dass der Berg offenbar wirklich schwer zu schätzen ist. Johannes Rebmann berichtete von 3000 Metern. *Reality Queens* wird übrigens kurze Zeit später abgesetzt. Das Zuschauerinteresse ist zu gering.

Ich aber interessiere mich umso mehr. In diesem fremden Land ist mein Urgroßvater eine historische Figur. Ich finde in einem alten Zeitungsartikel einen Satz, den Anaeli Macha, ein bekannter Prediger aus Daressalam, über Gutmann gesagt hat: «Er ist ganz einer der unseren geworden.» Früher habe es noch keine Kaufläden gegeben, in denen sich Europäer hätten versorgen können. Gutmann habe sich ganz auf das Eingeborenenleben eingelassen. In geduldiger Kleinarbeit habe er das Evangelium vorgelebt und auch Machas Vater für den christlichen Glauben gewonnen. Der habe immerhin zehn Frauen gehabt. Um der Einehe willen hatte er sich von neun trennen müssen. Der Brief schließt: «Du bist unser Altvater geworden, Gesandter Gottes.» Ich google «Anaeli Macha». Und finde einen Enkel von ihm: Freddy Macha. Er lebt als Dichter und Musiker in London.

Ich schreibe ihm, dass wir eine Verbindung haben, die weit zurückliegt: Sein Urgroßvater sei einst von meinem Urgroßvater getauft worden. Ich erzähle von dem Artikel aus dem Jahr 1966, den ich wiedergefunden habe. Ein paar Tage später schreibt Freddy Macha tatsächlich zurück.

Meinen Urgroßvater kennt Freddy nicht, dafür erzählt er mir von seinem eigenen Großvater Anaeli, dem Sohn des getauften Häuptlingsberaters Abraham Macha. Er sei ein Mann «unglaublicher Talente» gewesen und habe die Gabe des Schreibens in seiner Familie weitergegeben. So sei er, Freddy, Autor geworden. Sein Bruder, Ndesanjo Macha, sei einer der Pioniere des Suaheli-Bloggings. Schon vor zehn Jahren habe er angefangen, über die politische Lage Tansanias im Internet zu schreiben. Über die religiösen Konflikte, die regionalen Streitigkeiten, die Korruption.

Sein Großvater Anaeli sei so bekannt, man kenne ihn sogar in Deutschland. 1986 sei er, Freddy, einmal länger als Musiker in Deutschland gewesen. Da sei ein Politiker von der SPD auf ihn zugekommen und habe ihn gefragt, ob er tatsächlich ein Enkel des großen Macha sei, der Legende der evangelischen Kirche in Afrika. Anaeli habe keinen einzigen Feind gehabt. «Einmal hat ein Dieb versucht, ihn auszurauben. Aber Babu hatte keine Angst, er hielt seine Hand, sprach freundlich mit ihm und ging mit ihm zu seinem Haus, wo er Großmutter bat, Tee und Essen für ihn zu machen.» Das finde ich nun wirklich beindruckend. Ob mein Urgroßvater da mithalten könnte? Esseneinladungen für Straßenräuber? Der heilige Bruno, der heilige Anaeli, Moschi, Bielefeld. Langsam verliere ich den Überblick.

Freddy schreibt auch, dass Moschi eine super Stadt sei. Die

sauberste in Tansania. Es sei dort aber auch gefährlich wegen all der Diebe. «Aber wo in der Welt ist es nicht gefährlich?»
 Na dann – nichts wie hin.

TANTE FRIEDA IST DABEI

Ein neuer Brief von meiner Mutter. Sie sagt, sie werde immer besser im Abschreiben.

Mein lieber Gottfried!
gestern hab ich also meinen fünfzigsten Geburtstag gefeiert, recht schön in der Stille. Onkel Paul und Tante Frieda hatten nicht kommen können, weil Frieda krank geworden ist. So kam unsere Karre, die wir bis an den Lassopass entgegengeschickt hatten, leer zurück. Nun will ich morgen früh um 4 Uhr nach Marangu reiten, um am Abend wieder daheim zu sein, denn ich muss mich einmal nach meinem Schwesterlein umschauen, da heißt es zehn Stunden im Sattel sitzen. Hättest Du Lust dabei mitzutun? Gelt ja! Die gute Mama hat ein wirklich feines Geburtstagsgeschenk zusammengestellt, nämlich ein Album aller Eurer Zeichnungen und Bilder, die Ihr vier uns gemacht habt, und sie selber hat ein kleines Gedicht dazu gemacht, in dem sie Euch reden lässt und als die eigentlichen Stifter einführt, und unter diesen Bildern ist mir wieder bewusst geworden, wie Du die Gäule liebst. Und die sind ja auch meine Liebe. Von dem ersten Gaule, der mein erstes Weihnachtsgeschenk war und den die Mäuse fraßen, bis zu Fallada II, die mich morgen nach Marangu tragen soll. Aber wenn Du einmal mitreiten wirst, brauchen wir schon ein anderes Exemplar. Da müsstest Du Dir den dicken Gaul vom Moorbauern mitbringen. Wie wir freilich mit einem solchen Halbelefanten durch die Narungaschlucht kommen sollen, kann ich mir kaum vorstellen. An ihrer steilsten Stelle war es turmtief. Da ist der Weg nur zwanzig Zentimeter breit stehen geblieben. Aber ohne Zögern hat mich Fallada

darüber getragen. Ein etwas banges Gefühl beschleicht einen da doch, wenn man im Sattel über der Tiefe hängt. Eure Briefe vom 29.5. haben uns sehr gefreut, besonders die Nachricht, dass die liebe Tante nun in Feucht einziehen konnte. Gott segne den Einzug und helfe auch Euch, dass Ihr dort ihr recht viel Freude macht.
In herzlicher Liebe
Dein Vater

Dass man sich zehn Stunden in den Sattel setzt, um unter der sengenden Sonne nach Marangu zu Frieda zu reiten, weil sie krank ist, ist für Bruno Gutmann eine Selbstverständlichkeit. Denn Frieda ist ihm das Allerwertvollste nach Gott. Sie ist seine Schwester. Und sein größtes Glück ist, dass seine Schwester in Afrika in Eselreitnähe wohnt.

Als Bruno Gutmann noch gar nicht in Afrika angekommen ist, ist sein Freund Paul Rother schon dort stationiert. Sein Haus ist etwa 80 Kilometer entfernt vom Kilimandscharo am Fuße des Paregebirges.

Obgleich sie so verschieden sind, schätzen sie einander sehr. Es gibt nur ein Problem – und das ist Brunos Schwester Frieda. Es beginnt schon zu Studienzeiten, als Bruno und Paul in einer Stube untergebracht sind. Auf Brunos Schreibtisch steht zu dieser Zeit ein Bild der Schwester. Mit züchtiger Schönheit blickt sie den Betrachter an. Weder Bruno noch Paul haben in dieser Zeit viel Kontakt zu Frauen. Sie sind beide nicht die besten Kommunikatoren – und es ist ja auch nicht so, dass angehende Pfarrer eine Zielgruppe wären, die von jungen Damen als sehr attraktiv wahrgenommen würde. Für Paul Rother ist das Bild der schönen Frieda gewissermaßen die gesamte Frauenwelt. Dass sein Freund jede Gelegenheit nutzt, vor dem Rähmchen zu stehen, hat Bruno schon lange bemerkt. Und es gefällt ihm damals gar nicht. Er hat einen ungewöhnlich engen Kontakt zu seiner Schwester.

Sie sind fast wie ein Paar. Mit ihr wechselt Gutmann zweimal in der Woche Briefe. Sie hat ihm schon angeboten, mit ihm zusammen nach Indien zu ziehen, um ihm auf der Missionsstation den Haushalt zu führen. Frieda ist das Einzige, was Bruno aus der Zeit geblieben ist, als seine Mutter noch lebte. Sie ist seine einzige echte Schwester. Zu der Frau, die sein Vater später heiratete, hat er keinen engen Bezug. Frieda ist für ihn das Wertvollste auf der Welt. Und deswegen wacht er eifersüchtig über sie. Jeden Kontakt zwischen seiner Schwester und Rother unterbindet er in seiner Leipziger Zeit. Sogar als sie zu Besuch in der Stadt ist und sie einen Ausflug zur Rudelburg machen wollen, sagt er seinem Freund ab: Man wolle im kleinsten Kreise bleiben. Doch das alles macht Frieda für Paul nur noch begehrenswerter.

Als sein Freund schon am Pareberg weilt, er selbst aber noch in Leipzig seines Einsatzes harrt, erhält Bruno einen Brief. Er ist von Paul, mit einer ungewöhnlichen Bitte. Er fragt nach der Erlaubnis, seiner Schwester Briefe schreiben zu dürfen. Das Ansinnen schockiert Bruno offenbar tief. Dass sein Freund Paul davon träumt, die Unberührbare zu berühren, kann er schwer ertragen. Andererseits weiß er, dass Frieda irgendwann einen Mann haben wird und ihm selbst kein geeigneterer als der redliche Paul einfiele. Und außerdem würde es ja bedeuten, dass seine Schwester nahe bei ihm bliebe. Es dauert Wochen, bis er zurückschreibt, dass er akzeptiert. Anschließend schreiben sich Rother und Brunos Schwester regelmäßig – und recht intim. Es dauert nicht lange, da träumen die beiden davon, gemeinsam ein Leben in Afrika zu führen. Ohne sich nur einmal gesehen zu haben.

Gutmann kommt sieben Monate nach Rother nach Ostafrika. Schon beim ersten Treffen am Kilimandscharo eröffnet Bruno seinem Freund, dass vor Ablauf von anderthalb oder zwei Jahren nicht an eine offizielle Verlobung zu denken sei. Doch nach einem Jahr des Briefwechsels ist klar, dass Rother und Frieda ein

Paar sein wollen, obwohl sie kein einziges Mal persönlich miteinander gesprochen haben Der Verlobungstag wird auf den Reformationstag, den 31.10., festgesetzt. In Dresden lädt Frieda eine Freundin ein, und das Bild des Bräutigams steht auf dem Tisch. Und am Kilimandscharo sitzen Rother und ein Kollege auch an einem Tisch, auf dem ein Bild der Braut steht. Sie stoßen mit Sekt an. Gutmann ist nicht dabei, er findet, dass Sekt auf einer Missionsstation nichts zu suchen hat.

Als die Schwester schließlich ankommen soll in Afrika, reist Gutmann zu Rother, um alles für den Empfang zu bereiten. Rother ist eifrig dabei, alles herzurichten, baut sogar einen Herd, denn bisher wurde nur auf drei Steinen gekocht. Rother weiß, eine Frau freut sich sicher darüber, nicht derart primitiv kochen zu müssen. Gutmann tritt in das Häuschen. Sein Kinnbart zittert: In den Fenstern ist noch kein Glas. Als Einrichtung gibt es nur einen Tisch, einen Armstuhl und einige Kisten. Gutmann ist außer sich, dass dies die neue Wohnstatt seiner Schwester sein soll. Würde Gutmann nur ein einziges Schimpfwort kennen, er würde es seinem Freund nun um die Ohren hauen. Aber so bleibt ihm nur das größtmögliche Beleidigtsein. Er beruhigt sich erst etwas, als er den Vorrat an Lebensmitteln sieht, den Rother für einige hundert Mark aus Europa hat kommen lassen. Rother entschließt sich, seinem Freund nicht zu sagen, dass er die Ware noch nicht bezahlt hat. Er bittet Gott um Verzeihung, und Gott hat Verständnis.

Gutmann hat für die Wanderung zur Bahnstation ein paar Träger von Madschame mitgebracht, Rother hat Eingeborene vom Pareberg dabei, dem Gebirge, wo seine Station ist. Die Pare-Leute sind sehr munter und immer zu Scherz und gegenseitigem Spott aufgelegt. Die Dschagga von Madschame sind dagegen eher schwerfällig, findet Rother. Aber er sagt nichts. Auf dem Weg zur Bahnstation macht sich die Pare-Mannschaft dauernd über die trüben Dschagga lustig. Gutmann fühlt sich mit seinen Dschagga solidarisch, und er macht seinem künftigen Schwager schwere Vorwürfe.

Die Stimmung in der Reisegruppe wird nicht besser, als Rother in der Steppe etwas Fleisch schießen will. Als er mit der Schrotflinte auf eine Gazelle anlegt, klatscht Gutmann in die Hände, das Tier flieht. Die Pare-Männer protestieren heftig dagegen, dass ihr Abendessen soeben im Steppengras verschwunden ist. Doch Gutmann kennt keine Reue – in Gegenteil: Er nennt Rother einen «Barbaren» und sagt, die «Ziegen der Steppe» dürfe man nicht schießen. Diese Meinung hat er freilich exklusiv, denn auch die Dschagga hätten gerne Fleisch gehabt und haben von «Ziegen der Steppe» noch nie etwas gehört. Immerhin kommt es nicht zu Handgreiflichkeiten.

Im Ort Korogwe endlich angekommen, schicken Gutmann und Rother die Träger zurück und steigen in die Eisenbahn nach Tanga. Dort sehen sie überall in dem blitzblanken Küstenstädtchen mit seinen schmucken weißen Häusern die Europäer. Alle tragen tadelloses Weiß von den Schuhen bis zum Tropenhelm. Dagegen sehen die beiden Pfarrer in ihren ungewaschenen Joppen wie Wilde aus. Ein Missionar, bei dem sie unterkommen, hat Erbarmen und führt sie in die Läden, damit sie sich auch in Weiß einkleiden können. Es wäre für Frieda wohl ein Schock, wenn der einzige Lumpenmann am Kai ausgerechnet ihr Bräutigam sein sollte. Nach zwei Tagen endlich erschallt das Trommelsignal der Ostafrikanischen Gesellschaft, das Zeichen, dass ein Schiff in den Hafen einbiegt. Der Dampfer mit Frieda an Bord. Die beiden stehen erwartungsvoll am Landungssteg, während eine Prozession seekranker, grüngesichtiger Angereister an ihnen vorbeizieht. Aber Frieda erscheint nicht. Sie gehen besorgt an Deck. Dort erfahren sie, dass das Fräulein Gutmann noch in der Kabine ist. Sie wartet dort auf Paul Rother. Im ersten Moment mit ihrem künftigen Mann möchte sie mit ihm allein sein. Ohne ihren Bruder. Bruno muss draußen warten. Er trägt es mit Fassung.

Wenige Tage später traut Gutmann die beiden in der Missionskapelle in Tanga. Ein paar eingeborene Jungen streuen Blumen, einer trägt die Schleppe der Braut. Gutmann mahnt, das Paar solle nicht ein idyllisches Glück im afrikanischen Gebirgsland suchen, sondern ein Leben gemeinsamer «ernster Arbeit im Dienst des Evangeliums» führen. Es ist einer der Momente, wo er sein großes Talent zum Spaßverderben und seine grandiose Humorlosigkeit unter Beweis stellt. Danach speisen sie im Hotel zum Deutschen Kaiser in Tanga. Auch Wirt und Wirtin sind geladen. Die Missionare trinken fröhlich – zum Groll von Gutmann. Zwei Tage später geht es mit dem Zug zurück Richtung Pare.

Dort angekommen, fasst Frieda die Einrichtung von Rothers Hütte treffend zusammen: «Ein Tisch und ein Stuhl und Fensterlöcher!» Rother bringt einen zweiten Stuhl herbei und sagt: «Sorg dich nicht! Einer für dich. Einer für einen der Gäste. Ich sitze nach meiner Gewohnheit auf einer Kiste, und der bescheidenste von meinen Gästen auch.» Sein naiver Optimismus hat etwas Rührendes. Er zeigt ihr den Vorratsraum mit den schönen Konserven. Konserven, das ist etwas ganz Feines. Da wird die junge Frau Rother wieder froher und reicht ihrem Mann die Hand. Rother beschließt, ihr auch nicht zu sagen, dass er die Dosen noch nicht bezahlt hat. Er will den Moment jetzt nicht verderben. Für Bruno Gutmann ist es das Zeichen, dass er gehen kann.

Gutmann ist sich nicht sicher, ob seine Schwester beim Freund in guten Händen ist. Aber immerhin hat er nun alles hier, was er Deutsch-Ostafrika braucht. Und trotzdem ist die Welt ihm nicht immer geheuer. Denn auch wenn Bruno Tausende Kilometer gereist ist, um der Zivilisation zu entfliehen – die Zivilisation reist ihm hinterher. In der nahen Stadt Moschi, das ist das Gebiet oben in den Bergen, von dem immer der Rauch der Bananenblätterfeuer aufsteigt, planen sie eine Bahnstation. Die Bahn baut man von Tanga her, um den Kaffee von den Plantagen abtransportieren zu können. Bald wird es ein Wartehäuschen und ein Gleis geben. Dann wird immer mehr hinzukommen. Häuser mit Wellblechdächern, dann Kneipen, eine Moschee. Und Kino. Das Kino kann Gutmann noch weniger leiden als die Bierausschänke. Er wird später einmal an seine Kinder schreiben: «Das Kino nimmt dich mit auf eine Teufelsfahrt und die Phantasie wird dabei totgeschlagen. Und das Schlimmste ist, dass alles nur aus Schein und Schwindel aufgebaut ist mit tausend Tricken und Hinterlisten und die Seele zwischen Möglichem und Unmöglichem nicht mehr unterscheiden kann. Hütet euch vor dem Kino überhaupt, besseres kann ich euch nicht raten. Der Teufel hätte nichts Besseres erfinden können, um unserem Volk Leib und Seele zu verderben.»

Gutmann geht gegen alles an, was aus der westlichen Welt kommt. Er weiß um seine äußerliche Wirkung und pflegt sie entsprechend. Ein großer weißer Mann mit Bart. Das sieht man hier nicht oft. Wenn man in Gottes Auftrag unterwegs ist, ist kein Müßiggang angesagt, dann muss eine gewisse Strenge herrschen, die Worte sollen gut gewählt sein, die Schultern gerade und der Blick nach vorne gerichtet. Der Mensch, ob schwarz oder weiß, ist für Gutmann mit Sünde besetzt. Der Europäer wie der Afrikaner. Dass die Dschagga von ihrer Sünde nichts wissen, weil sie ja von der Existenz Jesu gerade erst erfahren haben, hilft ihnen wenig. Man versündigt sich allein schon, indem man existiert. Und ein Leben lang muss man dagegen angehen. Immer wieder, jeden Tag.

Er sieht, dass die Traditionen mit der Ankunft der westlichen Zivilisation verblassen. Dafür steht etwa die Geschichte des Brummbogens. Der Bogen ist eigentlich der ständige Begleiter des Dschagga. Und er ist damals auch noch eine Waffe. Mit dem Bogen verteidigt der Dschagga sein Land, mit dem Bogen schießt er im Wald die Vögel vom Baum. Kein Mann kann überleben ohne einen solchen Bogen. Ohne Bogen ist man eigentlich kein

Mann. In Deutschland sind Pfeil und Bogen damals schon längst nur noch Kinderspielzeug. Was man daran erkennt, wie man dort den Pfeil nimmt, nämlich zwischen Daumen und Zeigefinger. So kann man weder gut zielen, noch die Sehne richtig spannen. Der Dschagga hingegen nimmt den Pfeil locker zwischen die Kuppen von Mittel- und Ringfinger. Mit Mittelfinger, kleinem Finger und Zeigefinger spannt er die Sehne. So kann der Pfeil präzise und mit voller Wucht in sein Ziel geschleudert werden.

Der Bogen ist aber nicht nur eine Waffe, er ist auch ein Musikinstrument. Die jungen Dschagga nutzen ihn wie eine Zupfgeige. Man nimmt die Sehne zischen die Zähne und zupft daran. Der ganze Kopf vibriert, und durch Mitbrummen lässt sich der Klang noch verstärken, ähnlich wie bei der Maultrommel.

Einen guten Brummbogenspieler weiß man zu schätzen. Der beste aller Zeiten soll Kimamia Tescha gewesen sein. Er war ein armer Mann, hatte keine Kuh, nicht einmal eine Ziege, also musste er in den Wald zur Jagd, um etwas zu essen zu bekommen. So verbrachte er viel Zeit mit seinem Bogen, und wenn es ihm langweilig wurde – und in Afrika ist es einem eigentlich immer langweilig –, dann spielte er auf seinem Bogen. Er fügte eigene Töne hinzu, runde Flötentöne, die er nachahmte, oder Vogelgezwitscher. Bald war man in der ganzen Umgebung begeistert von dem Bogenschläger. Kimamia wurde vor den Häuptling gebracht und musste vor ihm singen. Der Herrscher war hingerissen. Am Häuptlingshof wusste man Männer, die phantasievolle Lieder singen konnten, zu schätzen, denn sie hielten mit ihrem Gesang die Wachen wach. Kimamia wurde vom Häuptling deswegen auch «Hündchen, das für den Häuptling wacht» getauft. Kimamia soll sogar auf Tournee gegangen sein. Er spielte für andere Häuptlinge. Wenn er an einem anderen Hofe auftrat, bekam er als Lohn eine Ziege oder sogar ein Rind. So wurde er mit der Zeit zu einem wohlhabenden Mann.

Bruno Gutmann kennt ihn nicht – Kimamia ist schon tot, als

er zu den Dschagga stößt. Aber seine Geschichte ist lebendig geblieben. Sogar das erste Lied, das er jedem Häuptling sang, in dessen Dienst er war:

> Armut war's. Sie wies mir den Anfang!
> Nicht der Reichtum war's,
> Der mich den Bogenschlag lehrte
> und wohlgefällig euch machte.
> Die Trübsal trieb mich nachts aufzusitzen,
> im leeren Haus, zu spielen den Bogenschlag.
> Die Not lehrte mich erdenken
> Und machte all meine Lieder.
> Auch wenn der Leopard mich beschlich
> Und wollte mich fressen –
> Vernahm er mein Lied, so sprach er zu sich selber:
> Sollte ich mich an solch einen Armen machen?
> Und streckte sich zur Seite ins Gebüsch,
> Und mir blieb ein qualloser Schlaf.

Dieses Lied wird auch lange nach Kimamias Tod noch gesungen. Es wird einfach weitergegeben, niemand schrieb es je auf. Und doch ahnt Bruno Gutmann, dass es bald vergessen werden wird. In früheren Zeiten stand der Bogen im Mittelpunkt. Er war nicht nur ein Unterhaltungsinstrument, sondern hatte rituelle Bedeutung. Wenn der Klang durch Mark und Bein ging, versprach man sich allerlei Wirkungen davon. Zum einen, dass er heilsam sei – oder auch die Ernte verbesserte. Die Väter hatten nämlich geglaubt, mit dem richtigen Klang könnten sie das Wachstum der Feldfrüchte beschleunigen.

Doch Anfang des 20. Jahrhunderts gerät der Bogen in den Hintergrund. Die Stämme brauchen ihn nicht mehr für ihre Scharmützel. Die werden nun von der kolonialen Bezirksregierung geregelt. Aus Kriegern werden Zivilbürger. Und dass der

Bogenklang nichts mit dem Ernte-Erfolg zu tun hat, wissen die Dschagga von ihren Missionaren. Zur Ernte braucht man gutes Wetter, Fleiß und Können. Kein einsaitiges Instrument.

Aber wenn man einen Bogen nicht zum Jagen und nicht zum Ernten braucht – wofür dann? Schon als Bruno Gutmann seine ersten Schritte auf afrikanischem Boden tut, wandelt sich der Bogen zum Kinderspielzeug. Das kann Gutmann nicht recht sein. Die Bogen-Kultur hat ihre Magie verloren, liegt im Sterben. Und der Missionar mit seiner Aufklärung trägt Mitschuld daran. Er ist eben auch Teil eines Problems. Bruno Gutmann setzt sich an den Tisch in seiner Stube in Madschame. Er schreibt das Lied von Kimamia auf.

AFRIKA IN LONDON

Ich bin in London, zusammen mit meiner ältesten Tochter. Wir machen Urlaub, aber ich will auch Freddy Macha besuchen. Er wohnt nun in Hackney, einem der Stadtteile Londons, in denen großenteils Schwarze leben, in kleinen Backsteinhäusern an Straßen, die aussehen, als ob sie sich auflösen. Es ist das London der armen Leute. Hier gibt es noch Bandenkriege und Drogenkriminalität. Aber natürlich auch Hipster, die als Speerspitze der Gentrifizierung vegane Restaurants eröffnen. In Freddys Straße ist die Hipness noch nicht angekommen. An der Tür seines Hauses ist kein Namensschild, nur ein Zettel: «Please knock, the bell is broken». Doch bevor wir klopfen können, ist Freddy schon an der Tür.

«Hi, come in. Karibu!» Er lächelt uns an. Das Lächeln ist das Erste, was einem an Freddy auffällt. Und auch das, was man nie mehr vergisst. Ein Lächeln, das sofort den Eindruck vermittelt, auf der Welt gäbe es keine Probleme. Jedenfalls keine dringlichen, die diesen wunderbaren Augenblick überschatten könnten.

Freddy wohnt in einem kleinen Haus mit seiner Frau, seinem Sohn und seiner Tochter. Er hat noch eine ältere Tochter, die fast 30 ist, sie wohnt in Berlin. Freddy selbst ist fast 60. Aber er sieht aus, als hätte er ebenfalls gerade seinen 30. Geburtstag gefeiert. Er ist ein kleiner, grazilier Mann mit perfekter Haltung. Man kann in seinem Gesicht lange nach Spuren des Alters suchen. Man findet aber nur Lachfältchen, die sein jungenhaftes Aussehen unterstützen. Ich frage ihn, was das Geheimnis seiner Jugend ist und ob alle in seiner Familie sich so gut halten. Er lacht. Man müsse eben ein bisschen auf seinen Körper achten und auf das Leben im Allgemeinen. Wenn man das nicht tue, gehe es einem schlecht. Von seinen Onkeln lebe schon keiner mehr, sein Vater sei auch mit 75 Jahren gestorben. «Er hätte noch länger leben können – aber sie haben eine Prostata-Operation versaut.» Die Dschagga-Männer, erklärt Freddy, trinken viel. «Wenn du bei einem Dschagga bist, ist dort immer auch was zu saufen, und wenn er nichts zum Saufen im Haus hat, dann ist es kein Dschagga. Wenn ich Menschen in meinem Alter zu Besuch habe, dann muss ich ihnen in den Stuhl helfen, deshalb hänge ich lieber mit Jüngeren ab.» Freddy lacht schon wieder. Er hat schon jetzt mehr gelacht, als die Menschen, die in meinem Büro arbeiten, es an einem ganzen Tag tun.

Freddy ist der erste Dschagga, den ich bewusst kennenlerne. Erst als ich ihn sehe, fällt mir auf, dass ich keine Schwarzen in meinem Bekanntenkreis habe. Ich persönlich hätte eine viel größere Distanz zu einem fremden Menschen. Aber Freddy lädt uns in sein Haus ein, als wären wir alte Freunde, die sich seit langem nicht mehr gesehen haben. Dabei haben sich nur unsere Urgroßväter gekannt. Sein Urgroßvater Abraham Macha, Berater des Häuptlings, ist von meinem Urgroßvater einst getauft worden.

Es ist gar nicht so einfach, in Freddys Haus einen Sitzplatz zu finden. Das Wohnzimmer ist ein Raum, der mit einem alten Ledersofa, einer mit Kissen bestückten Holzbank, einem Fernseher und einer Zimmerpflanze schon völlig ausgefüllt ist. Aber dazwischen passt noch eine Menge. Der Raum sieht auf den ersten Blick aus, als würde ein Messie darin hausen. Doch bei näherer Betrachtung sieht man, dass es einfach nur eine Menge Zeug ist, mit dem Freddy zu tun hat.

Hinter der Holzbank stapeln sich Instrumente, Bongos, Marimbas, ein E-Bass, eine Akustikgitarre – alles, mit dem man Musik machen kann, ist dort verstaut. Neben der Tür ein Zeitungsstapel, in dem all die Ausgaben der *Times* zu finden sind, in denen etwas stand, das Freddy interessant fand. In einem Regal Bücher – alles von Charles Dickens bis zu Science-Fiction-Romanen, ein anderes Regal beheimatet eine große Sammlung von VHS-Kassetten. Die Titel sind alle auf Suaheli – es ist davon auszugehen, dass es tatsächlich keine DVDs von diesen Filmen gibt. Und dann sind da Sportgeräte. Zwischen den Regalen an der Decke klemmt ein Gymnastikball. Überhaupt liegen verschiedenste Bälle auf dem Boden; dazu allerlei Hometraining-Apparate, jene seltsam geformten Schaumstoffteile, mit denen man verschiedene Übungen machen kann, die dann eine bestimmte Körperregion auf wundersame Art wohl formen, entspannen oder entfetten. Es ist Zeug dieser Art, das meist in Single-Haushalten herumliegt und vom nicht überwundenen schlechten Gewissen seines Besitzers bezüglich seines körperlichen Verfalls zeugt. Aber bei Freddy hat es eine andere Funktion. «Ich unterrichte», sagt er. Er gibt Fitness-Unterricht an Schulen. Er greift einen Ball, der mit Noppen besetzt ist, und geht in die Hocke. Er lässt den Ball unter dem Hintern kreisen. «Die meisten Menschen haben Verspannungen im Po, im Po kommen eine Menge Muskeln zusammen.» So wie er mit seinen Pobacken über den Ball rollt, sieht es keineswegs lächerlich aus oder ungelenk. Es wirkt wie eine natürliche Bewegung, als müssten eigentlich alle Menschen mehrmals am Tag ihren Hintern trainieren und hätten das nur vergessen. «You know», sagt Freddy und richtet sich wieder auf. «Wir hatten, bevor wir Menschen wurden, einmal Schwänze. Und die Schwänze schlugen hin und her.» Freddy wackelt mit dem Hintern. «Doch nun ist der Schwanz weg, und die Verspannungen bleiben in unserem Hintern.» Da müssen sie nun wieder heraus. Freddy erklärt mir, dass Menschen in Großbritannien ein schlechtes Verhältnis zu ihrem Hintern haben. Die Verspannungen setzten sich fort, von unten nach oben, durch den gesamten Körper in die Organe. Und dann würden die Briten auch noch zu viel Weißmehl essen. Deswegen bekämen sie alle «congestion».

«Was heißt das auf Deutsch, wenn man kein Poo-Poo mehr machen kann?»

«Hm – Verstopfung!»

«VERSTOPFUNG! Das Wort musst du mir aufschreiben!» Freddy geht weg und kommt mit einem Block wieder. «Ich schreibe mir immer neue Wörter auf!»

Ich krakele VERSTOPFUNG auf seinem Block und weiß nicht, ob ich irgendwann in meinem Leben das Wort «Verstopfung» überhaupt schon einmal aufgeschrieben habe. Wow, denke ich, alle Problematiken des Alltags in einem Körperteil erklärt, das es schon gar nicht mehr gibt. In Deutschland hätte man daraus jetzt schon einen Fitness-Ratgeber gemacht: «Liebe deinen Schweif» oder so. Man würde Schwanzwedel-Seminare in Berlin-Prenzlauer Berg geben und dort predigen, das Schwanzwedeln entspanne die Organe, die Seele, den Rücken – alles. Es wäre eine perfekte Vorlage, um daraus etwas ganz Großes zu machen. So denke ich – während Freddy zufrieden wiederholt: «V E R S T O P F U N G – what a wonderful word!»

Die jüngste CD, die er aufgenommen habe, habe den Titel «Congestion», sagt er.

Im Hauptberuf ist er Musiker und Poet. «Ich dichte am meisten in Blogs. Aber natürlich auch auf Papier, hey, ich habe auch mal auf Deutsch gedichtet.» Er verschwindet und kommt mit einem kleinen Gedichtband wieder. Darauf steht «Paper, Paper, Paper – Papierkrieg». Das Heftchen ist bestimmt 40 Jahre alt, die Bindung hat sich schon aufgelöst, die Seiten fallen auseinander. Es sind Gedichte über Liebe, über Hunde, über den Hessischen Rundfunk. Den Hessischen Rundfunk? «Das war in der Zeit, als ich in Deutschland lebte – ich habe auch mit einer Deutschen zusammen ein Kind.»

«Mit einer Deutschen?»

«Ja, mit Ilse.»

Zwar ist Freddy der erste Tansanier, mit dem ich zu tun habe. Aber ich bin bei weitem nicht der erste Deutsche, den er trifft. Unser Treffen ist voller Neuigkeiten für mich. Aber nicht für ihn.

Ich bin hier, weil ich ahnen will, was mich am Kilimandscharo erwarten könnte. Für Freddy ist Deutschland Teil seiner eigenen Vergangenheit.

Er hat das Leben eines echten Weltbürgers geführt. Er lebte, bis er zwölf war, in Mori, einem Dorf in der Region Old Moschi. Dann zog er nach Aruscha, wo er von einer Tante aufgezogen wurde. Sie waren nämlich zu viele Kinder im Haus. Freddy weiß nicht mehr, wie viele. Er habe allein 14 Brüder – die Schwestern hat er nie gezählt. Wenn man zu viele Kinder hatte, wurden sie in der Verwandtschaft verteilt. Da war es schwer, den Überblick über die Geschwisterschaft zu behalten. Später ging er in die Hauptstadt Daressalam. Er wollte als Reporter arbeiten, und Zeitungen gab es nur dort. Freddy wandelte sich zum Marxisten, war aber keineswegs sehr konform mit der Sozialistischen Partei, was ihn in Regierungskreisen nicht wohlgelitten machte, zumal er bald eine eigene Kolumne hatte, die sehr beliebt war. Ein ehemaliger Schulfreund, der beim Geheimdienst arbeitete, gab ihm den Tipp, besser zu verschwinden. Es könnte ihm sonst etwas zustoßen. Freddy hatte zu dieser Zeit schon eine Band, mit der er regelmäßig spielte. Mit der zog er los. Sie spielten in vielen nordafrikanischen Staaten. Später kamen sie auch nach Europa, drei Jahre lang lebte er in Köln. Dort kam er mit Ilse zusammen. Ilse konnte sich dem Mann mit den tollen Rasta-Locken und den schönen Worten nicht entziehen. Aber Köln kam ihm zu kalt vor und zu hart. Er zog mit Ilse nach Brasilien. Dort aber trennten sie sich. Sie zog nach Kanada, er blieb. Später tourte er weiter durch Südamerika, lebte in Paraguay, schließlich kehrte er zurück nach Europa, seit 20 Jahren lebt er nun in London.

Er lebt mit einer weißen Frau zusammen, das hat ihm Ärger mit der Familie eingebracht. Bei den Machas wird es lieber gesehen, dass man sich in der Region vermählt.

Ich sage, dass ich gar nicht gewusst habe, dass Tansania einmal ein sozialistischer Staat war.

«Das hast du nicht gewusst?»

«Nein, ich wusste gar nicht, dass es einen afrikanischen Sozialismus gab ...»

«Julius Nyerere – den kennst du nicht?»

Im Tonfall von Freddy glaube ich zu erkennen, dass wir uns nun auf ein Wissensgebiet bewegen, wo man nicht so ohne weiteres völlig blank sein sollte.

«Ah, doch, schon mal gehört ...», sage ich schnell. Aber Freddy versteht völlig richtig, dass mir der Name noch nie begegnet ist. Er sieht mich eine Sekunde durchdringend, fast mitleidig an.

«Julius Kambarage Nyerere ist unser Freiheitsheld. Er hat Tansania aus dem Kolonialismus der Engländer befreit und die verschiedenen Völker vereint. Er hat Tansania geschaffen.»

Ich versuche zu lächeln und zustimmend zu nicken, ahne aber, dass ich einfach nur belämmert aussehe.

«Weißt du, wie die Nationalbewegung begann?»

Jetzt verneine ich debil lächelnd.

«Du hast noch nichts vom Maji-Maji-Aufstand gehört?»

Ich weiß ganz sicher, dass ich noch nie in meinem Leben davon gehört habe. Ich versuche, die Initiative zu ergreifen. «Erzähl doch mal», sage ich. Freddy schaut stellvertretend für mich beschämt zu Boden. Er atmet einmal tief ein und aus.

«Maji-Maji war ein Zauberwasser, das ein Hexendoktor namens Kinjikitile gemischt hatte. Er sagte, es würde unverwundbar machen gegen die Kugeln der Deutschen.»

«Das war ein Aufstand gegen die Deutschen?», frage ich steindummbescheuert. Freddy nickt: «Ja, Mann, das war ein Krieg gegen die Deutschen. Das war der größte Krieg, der in einer Kolonie je geführt wurde. Davon hast du nie gehört?»

Ich würde nun gerne zu Staub zerfallen. «Nein, bitte erzähl es mir.»

«Die Völker hatten sich verbrüdert, um die Deutschen zu vertreiben, das war 1905. Die Krieger glaubten, wenn sie sich mit dem Maji-Maji-Wasser benetzten, wären sie unverwundbar. Das waren sie aber nicht. Wir hatten nur Pfeile und Speere, die Deutschen hatten Maschinengewehre. Am Schluss waren 300 000 Schwarze tot.» Ich schlucke. Es ist, wie wenn ein Israeli mich darüber aufklären würde, dass es den Holocaust gab.

«300 000?», sage ich leise. «Das tut mir leid.»

Freddy lacht laut auf. «Das hast du nicht gewusst, ich dachte, ihr habt so gute Schulen.»

Ich schäme mich fast zu Tode. Die Deutschen haben Hunderttausende getötet, und ich wusste es nicht. Alles, was ich bisher über mich gedacht habe, über mein Geschichtsbewusstsein und meine humanistische Bildung, bricht in sich zusammen. Ich sitze auf dem Sofa eines Dschagga – und bin nackt. Der letzte Idiot.

«Aber es war gut», sagt Freddy. «Es war das erste Mal, dass die Völker zusammengearbeitet haben. Dass sie gesehen haben, dass sie zusammengehören. Das war die Geburt unserer Nation.» Er legt die Hand auf meine Schulter, grinst: «Dafür müssen wir euch dankbar sein.» Er lacht noch einmal, fast mitleidig über mein Entsetzen. Dann ist es offenbar für ihn erledigt. Ich bin auch erledigt.

Ich weiß nichts über das gemeinsame Schicksal von Tansania und Deutschland. Woher auch, in der Schule haben wir die Kolonialpolitik tatsächlich nur gestreift. Es wurde nicht als wichtige Epoche gewertet. Ich habe nichts über das Unheil gelernt, das kaiserliche Truppen in den Kolonien mitunter ausgelöst haben. Ich habe kein koloniales Schuldbewusstsein erworben. Unseren europäischen Nachbarn, den USA und Israel stehen wir ganz anders gegenüber, als es noch unsere Großeltern taten. Weltkriege und Holocaust haben sich in unser Bewusstsein eingebrannt. Aber hat sich unsere Haltung zum afrikanischen Kontinent auch geändert? Ich glaube nicht. Wir empfinden wohl die gleiche Mischung aus exotischer Neugierde, Ignoranz und Grusel, die man schon vor hundert Jahren gefühlt haben mag.

Freddy springt auf und verschwindet kurz im ersten Stock des Hauses, dann kommt er wieder, er hat einige Hefte mit blauem Umschlag in der Hand, es sind die Schulhefte seines Großvaters. Auf dem Umschlag steht «Exercise Book Government of Tansania». Der Namen «Anael Macha» ist sorgfältig auf das Namensschild gemalt. Man sieht, dass der kleine Anaeli sich besondere Mühe gegeben hat. Wenn man in die Hefte hineinblättert, bekommt man eine Ahnung davon, wie man an einer Schule in Tansania gelernt hat. Auf einer Seite steht: «Seven Rules for God's Helpers»:

1. Gottes Helfer vergeben anderen.
2. Gottes Helfer sind freundlich und höflich.
3. Gottes Helfer ermutigen andere, die richtigen Dinge zu tun.
4. Gottes Helfer beten jeden Tag.
5. Gottes Helfer geben auf die Welt acht.
6. Gottes Helfer achten die Regeln der Gesundheit.
7. Gottes Helfer sind weise und nachsichtig.

Und so geht es weiter.

Freddy ist sehr stolz auf seinen Großvater, dabei war er selbst für jenen eine große Enttäuschung. Anaeli hätte gerne gesehen, dass Freddy auch Pastor geworden wäre. So wie er. Freddy ist der älteste Enkel, und außerdem ist er künstlerisch begabt. Er kann singen und hat ein Sprachtalent. Dass sein Lieblingsenkel Linksradikaler wurde, war ein schwerer Schlag, eine Katastrophe. Später, als Freddy als Schriftsteller arbeitete und in Europa lebte, war der Großvater dann wieder stolz, schickte Bücher und Briefe. Und Freddy selbst kann sich gar nicht anders sehen denn als Nachfahre des großen Anaeli, der Nachfahre des großen Abraham Macha war.

Auf einer Fensterbank stehen Ebenholz-Figuren. Es sind Schnitzereien des Makonde-Stammes aus dem Süden Tansanias.

Die Dschagga selbst schnitzen wenig. Doch das Volk der Makonde hat fast das gesamte Schnitzhandwerk des Landes inne. Das meiste, was wir an afrikanischen Schnitzereien kennen, all die sogenannte Airport-Art, kommt von dort. Auf Freddys Fensterband stehen langbeinige Frauen, die Wassertöpfe auf dem Kopf balancieren. Und eine Schildkröte und ein Nashorn. Es ist derselbe Kram, den auch Touristen kaufen. Aber bei Freddy haben sie eine andere Ausstrahlung. Hier gehören sie hin. Am Fenster steht auch eine große Pflanze, eine Art Drachenbaum. «Das ist eine Isala, so nennen wir sie.» Das sei eine sehr wichtige Pflanze für die Dschagga, erklärt er. Wenn ein Dschagga begraben werde, würden Masale, so der Plural, um sein Grab herumgepflanzt, damit der Geist einen Garten hat.

«Der Geist?»

«Ja, die Ahnen sind sehr wichtig für uns, für uns leben sie weiter. Ich spreche jeden Tag mit meinen Ahnen, sie leben – ich weiß es.»

Ich schaue Freddy ungläubig an. «Als ich das letzte Mal am Kilimandscharo war, waren wir mit einem Land Cruiser unterwegs. Plötzlich fiel der Motor aus. Und es war zufällig direkt neben dem Friedhof, auf dem Abraham Macha begraben liegt. Er war einfach sauer, dass wir nicht sein Grab besuchen wollten, und hat uns deswegen gestoppt.» Ich schaue Freddy immer noch an wie ein schockiertes Schaf. «Und kaum bin ich wieder zu Hause, bekomme ich die E-Mail von dir, in der du von meinem Urahn Abraham Macha schreibst – denkst du, das ist etwas anderes als die Fügung der Geister? Abraham hat dich geschickt, er wollte, dass wir uns kennenlernen!»

In Freddys Augen bin ich also eine Figur in einem Geisterplot. Wenn er mich nicht freundlich behandeln würde, bekäme er Ärger mit dem Geist seines Urgroßvaters. Ich beschließe, mich da rauszuhalten.

In einem Album sind Fotos zu sehen. Fotos von früher. Ich

kann mich gar nicht erinnern, wann ich das letzte Mal ein echtes Fotoalbum durchgesehen habe. Es muss ewig her sein. In Freddys Album sind Bilder seines Großvaters. Er sieht aus wie Miles Davis. Und dann sind da Bilder von Freddy selbst. Freddy, als er 16 war. Darauf sieht er aus wie ein junger Bob Marley. Ein ausnehmend hübscher Junge. «Ich war anders als die anderen Jungs, ich war kleiner, zierlicher», sagt er. «Das war ein Problem. Die anderen Jungs auf der Schule wollten mich immer vergewaltigen.»

Das kann ich kaum glauben – Jungs vergewaltigen Jungs? Freddy meint, das sei recht üblich gewesen. Er habe deshalb früh lernen müssen, sich zu wehren.

«Seit ich 14 bin, beschäftige ich mich mit Kampfkunst.»

Freddy hat Karate gemacht, Kung-Fu und ist jetzt Trainer für «Systema». Er zeigt auf ein Plakat an der Wand. Darauf sind stiernackige Männer zu sehen, die sich aus fahrenden Autos werfen, mit Messern kämpfen und mit Pistolen hantieren. Systema, so informiert mich Freddy, sei eine Kampfsportart, die für den russischen Geheimdienst entwickelt worden war. Man versucht damit, den Gegner unschädlich – oder tot – zu machen, ohne dafür zu viel Kraft aufwenden zu müssen. Erst letzte Woche habe er einen Türsteher trainiert. «A huge man.» Für Türsteher seien die Zeiten besonders schwer. Überall Kameras today. Man könne kaum noch jemanden zusammenschlagen, ohne dass es aufgezeichnet würde. Mit Systema hingegen kann man sparsame Schläge in die Magengegend geben, ohne dass es auf einer Kameraaufzeichnung weiter auffallen würde.

In der Folge erklärt mir Freddy, wie man mit einem iPhone, einer Kreditkarte oder einem Kugelschreiber Selbstverteidigung üben beziehungsweise auch jemanden umbringen könne. Er erzählt mir, wie oft er sich in seinem Leben schon hat prügeln müssen. Einmal, als Reporter in Dar-es-Salam, musste er drei Straßenräubern mit dem Tschako, einer Keule, die an einer Kette geschwungen wird, die Schienbeine brechen. Ein anderes Mal wurde er bei einem Konzert in einer englischen Kleinstadt von Rassisten angegriffen. Anschließend war alles voller Blut, nicht Freddys Blut. In Freddys Erzählungen werden menschliche Körper zu einer weichen Masse, die man in sich zusammenfallen lassen kann, wenn man nur den richtigen Punkt trifft. Eben noch sprachen wir von den Ahnen, jetzt darüber, wie man Menschen möglichst schnell ins Jenseits befördern könne. Und das alles tut Freddy in derselben, freundlichen Art und Weise, als spreche er über das Wetter.

«Lasst uns etwas essen», sagt der Gastgeber. Es gibt Kochbananen mit Hühnerschenkeln und Salat. Ein typisches Dschagga-Gericht, die gesündeste Diät der Welt. Man gibt alles in eine Schüssel und isst es dann mit den Händen. Meine Tochter ist sofort eine große Freundin der afrikanischen Küche.

«Das ist übrigens Biohühnchen», sagt Freddy zu mir: «Möchtest du das Tischgebet sprechen?» Er sagt das so selbstverständlich. Schließlich bin ich Urenkel eines Missionars. Aber für mich ist es nicht selbstverständlich. Ich habe noch nie ein Tischgebet gesprochen. Aber nun muss ich es tun. Es ist ja offensichtlich – wie kann ich hier unterwegs sein, um etwas über meinen frommen Urgroßvater erfahren zu wollen, aber selber nicht einmal die Hände falten? Für Bruno Gutmann war das Tischgebet wichtig. Er beschrieb es nicht nur als Weg, sich selbst immer wieder bewusst zu machen, dass die tägliche Mahlzeit keineswegs eine Selbstverständlichkeit ist. Dass es eine Gnade ist, nicht hungern zu müssen. Für ihn war das Tischgebet auch eine Art Wurmloch zu Jesus. Dadurch wiederhole man im Kreise der Familie das Abendmahl, welches Jesus mit seinen Jüngern gefeiert hat. Man bricht gemeinsam das Brot. Die Familie wird zur Jüngerschaft. Ich erinnere mich an einen Gebetsspruch meines Großvaters und spreche bemüht getragen: «Komm, Herr Jesu, sei Du unser Gast und segne, was Du uns bescheret hast.»

«Amen», ergänzt Freddy.

Das Essen schmeckt herrlich. Es schürt meine Vorfreude auf Afrika. Ich wundere mich, warum bei allen Kochshows, die es im Fernsehen gibt, noch keine sich der afrikanischen Küche angenommen hat. Warum wir Südfrüchte einfliegen, aber keine Kochbananen. Die Kochbananen sind das, was die Kartoffel hätte werden können. Nahrhaft und nicht langweilig. Freddy erzählt, wie schwer es ist, in London richtige Kochbananen zu bekommen. «Bananas are a problem, most bananas are no good for cooking.»

Freddy serviert mir ein Bier, ich selbst habe ihm Rotwein mitgebracht – den besten, den ich im Supermarkt neben unserem Hotel finden konnte. Freddy meint, er könne leider nicht mit uns anstoßen, denn er mische nie die Geschmäcker. Essen ist essen, trinken ist trinken. Als er fertig gegessen hat, schüttet er sich ein großes Glas Rotwein ein – und füllt das Glas dann mit Cranberrysaft auf. Das nenne ich Geschmäcker mischen. Ich werde mich aber hüten, etwas zu sagen. Freddy ist offenbar kompliziert in Nahrungsangelegenheiten.

Meine Tochter Liza sagt kaum etwas, sie ist 14 Jahre alt, das viele Englisch ist anstrengend für sie. Sie legt sich auf die Holzbank und schläft ein. Das wird ihr später unangenehm sein, dabei macht sie Freddy eine Freude. «Ich mag es, wenn Kinder entspannt sind, Entspannung ist so wichtig. Du kannst dir nicht vorstellen, wie wichtig es ist, im Leben entspannt zu sein, ich war früher wütend, ich habe mich ständig geprügelt. Jetzt bin ich entspannt.»

Mir fällt ein, dass wir ja über meinen Urgroßvater sprechen wollen. Freddy weiß aber nicht viel über ihn. «Aber meine Tante hat mir erzählt, dass Anaeli ständig von ihm gesprochen hat – Gutmann, Gutmann, Gutmann! Weißt du was? Wir rufen einfach mal meine Tante an.»

Sekunden später ist er am Telefon und wählt eine lange, lange

Nummer, dann hat er tatsächlich seine 90-jährige Tante in Tansania am Apparat. Sie klönen etwas, dann reicht er mir das Telefon. Ich höre nur etwas Wortreiches, eine akustische Umarmung und Lobpreisung. Die alte Frau sagt, was für eine große Respektsperson Gutmann sei. Ihr Vater habe ihn immer gelobt, immer wieder habe er Gutmann zitiert. Sie verspricht mir, in alten Büchern ihre Vaters nach Gutmann zu suchen, ihrem Sohn werde sie es dann erzählen, er wird es mir erzählen. Sie beendet das Gespräch mit einer weiteren wortreichen Umarmung. Vermutlich vergisst sie es im selben Augenblick wieder.

Ich frage Freddy, wie es eigentlich war, mit einer Deutschen zusammen zu sein, und warum es nicht gehalten hat. «Culture», sagt Freddy. Die deutschen Frauen seien emanzipiert, sie lebten in einer ganz anderen Welt als die Afrikaner. Die Dschagga seien eine sehr patriarchalische Gesellschaft. Die Männer haben viele Frauen, die Männer saufen, jagen, fischen. Die Männer arbeiten nicht. Mit ihm sei es etwas leichter gewesen, er habe ja schon die europäische Kultur gekannt. «Ich koche gerne – aber normalerweise wäre das für einen Dschagga-Mann entwürdigend. Er würde sein Gesicht verlieren, wenn es sich an einen Herd stellen würde.»

Und dann sei da die Sache mit der Beschneidung. Frauen hätten kein Verständnis dafür, dass ein Dschagga-Junge beschnitten werden müsse. Ein Freund von ihm sei gerade heimlich mit seinem Sohn nach Kenia gereist, um ihn dort beschneiden zu lassen. Beschneidung tue weh, natürlich. Mit einer Klinge wird die Vorhaut abgetrennt. Aber der Schmerz sei wichtig. Das mache ein Kind hart. Wer diesen Schmerz gespürt habe, der habe vor Schmerzen nachher keine Angst mehr. «Und außerdem ist da die Sache mit der Erektion», grinst er: «Es tut einfach weh, wenn man eine Erektion als Jugendlicher hat und nicht beschnitten ist.»

Ich versuche mich zu erinnern, ob irgendeiner meiner vermutlich sämtlich unbeschnittenen Bekannten einmal über Vorhautschmerzen während der Erektion geklagt hat. Mir ist das Problem gänzlich unbekannt. Gerade will ich nachfragen, da sehe ich, dass Freddy die Problem-Erektion mit seinem Unterarm andeutet. Dann frage ich lieber doch nicht.

BRUNO IN DEUTSCH-OSTAFRIKA

An einem Montagmorgen setze ich mich in einen Zug, um nach Leipzig zu fahren. Zum Missionswerk. Ich will wissen, was eine Mission heute ist. Und verstehen, was sie früher war. Ich steige in Leipzig am Bayerischen Bahnhof aus, angeblich bis zu seiner teilweisen Stilllegung 2001 der älteste Kopfbahnhof des Landes. Nun ist das Gebäude lieblich, fast allzu lieblich, restauriert, wie so vieles in Leipzig. So sauber wie der Bahnhof dasteht, war er bestimmt nicht einmal zu seiner Eröffnung. Es gab ihn schon, als mein Urgroßvater zum Missionsseminar ging. Zur Mission sind es nur fünf Minuten zu Fuß. Das Missionswerk logiert noch immer in dem Gebäude, in dem auch schon Bruno Gutmann für seinen Dienst in Afrika ausgebildet wurde. Ein dreistöckiger Bau mit einem Kreuz auf dem Giebel. Es ist deutlich zu sehen, dass die Erbauer wollten, dass das Haus Würde ausstrahlt, ohne pompös zu wirken. Im Vorgarten sind einige Bäume so hoch geschossen, dass man das Motto, das an der Fassade prangt, nur noch schwer lesen kann. Eine Stelle aus dem Neuen Testament, Matthäus 28,19: «Gehet hin in alle Welt und predigt das Evangelium.»

Wer auf das Klingelschild schaut, bekommt leicht den Eindruck, dass die Mission im eigenen Haus nur noch Untermieter ist. Allerlei Büros sind darin, die Telefonseelsorge, ein christliches Institut – und sogar ein Versand für veganes Leben. Das Büro von Tobias Krüger ist im Erdgeschoss. Man geht durch einen Gang, der kürzlich renoviert worden ist, allerdings in dem Sinne, nur das Notwendigste zu erneuern. Auf dem Boden knarren neue Dielen, die merkwürdig disharmonisch zu den alten Türen wirken. Die gefürchtete Anti-Ästhetik, die besonders im protestantischen Kirchen-Institutionen gepflegt wird, ist hier perfekt umgesetzt: helles Holz und willkürlich angemischte fröhliche Farben. Handbemalte Wimpel an den Wänden und geistliche Plakate mit Sinnsprüchen.

Krügers Büro ist das letzte auf der linken Seite. Er kommt gerade aus der Teepause. «Die Teepause haben wir von unseren Partnern in Tansania gelernt», sagt er, nachdem er mich begrüßt hat. Um zehn Uhr kommen alle Mitarbeiter, auch der Geschäftsführer, zusammen und trinken gemeinsam eine Tasse Tee. Nur eine Viertelstunde lang. Nun ist die Teepause vorbei und Krüger wieder am Schreibtisch. Er ist seit vier Jahren Tansania-Referent des Missionswerkes Leipzig. Davor war er Pfarrer in Sachsen-Anhalt. Sein Vater sei auch schon Pfarrer gewesen, sagt er. Auf dem Land habe es in der DDR noch eine starke Kirchenkultur gegeben, neben Freiwilliger Feuerwehr und Fußball. Er war bei der Jugendkirche seines Dorfes dabei. Einmal wurde im Gemeindehaus ein Film über Albert Schweitzer gezeigt. Das habe ihn nicht mehr losgelassen, dieser Mann und der Busch. Anschließend habe er sich um Briefwechsel mit Tansania gekümmert. Tansania, sagt er, war damals ja ein sozialistischer Bruderstaat. Da konnte die Partei wenig gegen sagen, dass man sich mit sozialistischen Brüdern auf kirchlicher Ebene austauschte. Und es war natürlich auch eine Möglichkeit, im Geiste über eine Mauer zu springen. Die Füße standen auf der Anhalter Scholle, der Kopf war schon in Afrika. Man durfte natürlich nicht dorthin reisen, aber die Afrikaner konnten manchmal nach Sachsen kommen. Hin und wieder gab es im Pfarrhaus Gäste aus Tansania. Eigene Gäste! Das war ein Stück Freiheit. Später wurde Krüger selbst Pfarrer, predigte in kleinen Gemeinden, ein echter Dorfpfarrer. Dann, mit Ende vierzig, schließlich wurde er gefragt, ob er sich um die Tansania-Arbeit des Missionswerkes kümmern möchte. Er habe ja schon so viel Erfahrung damit. Nun ist er seit vier Jahren bei der Mission – aber sein Büro sieht aus, als sei er gestern eingezogen. Ein

Holzfurniertisch mit Stahlbeinen steht mitten im Raum, an den Wänden Geschenke aus Afrika, Bilder und bunte Tücher. Das einzige bewusst dekorative Element ist eine aufgeschlagene Bibel in Suaheli, auf einem roten Tuch, das mit Luther-Rosen bedruckt ist. Warum die Bibel offen ist, frage ich. «Die offene Bibel steht für das lebendige Wort Gottes», antwortet Krüger, «sie zeigt, dass Gott hier zu Hause ist.» Noch ein Untermieter also, denke ich mir im Stillen. Ich vermeide, mit Krüger über Gott zu reden, das würde wahrscheinlich zu nichts führen.

Neben der Bibel steht eine Schnitzerei des Makonde-Stammes. In einem Stiftebecher steckt ein Brieföffner aus Ebenholz, eine geschnitzte Schildkröte. Ein Souvenir, das man in Tansania überall kaufen kann. Auf dem Fußboden Ordner. Die Regale im Büro sind wohl noch aus DDR-Zeiten oder den Zeiten davor. Warum muss das Christentum immer so ungemütlich sein? Krüger dagegen ist sehr gemütlich, ein untersetzter Mann mit grauem Kinnbart. Eigentlich eher ein Gemeindemensch, in der Ecke seines Büros lehnt eine Gitarre, «für die Verkündigung», meint er. Aber zu verkünden hat er nicht mehr viel. Er ist jetzt Manager.

Krüger erklärt mir, wie die Arbeit der Mission heute ist. Er kommt morgens ins Büro, macht seinen Computer an, und dann betreut er Projekte. Er telefoniert und schreibt E-Mails. Früher wurden in diesem Haus jungen Männern in Seminarräumen die Theologie gelehrt, es wurde ihnen in Werkstätten gezeigt, wie man ein Haus selbst baut. Die Burschen haben in dem Missionsgebäude auch gewohnt, ihre Stuben waren im dritten Stock. Heute wird nicht mehr gelehrt, eher gemailt. Die Mission begreift sich nicht mehr als Mission, es gibt in Tansania niemanden mehr zu bekehren. Das Land ist christlich gefestigt, ausmissioniert. «Heute sprechen wir von Partnerschaften», sagt Krüger, «wir sind Co-Worker.»

Krüger spricht vom Oben-Unten, das man nicht mehr haben

wollte, dass man nicht mehr vormachen wollte, was andere tun sollten, kein Sendungsbewusstsein mehr ausstrahlen wolle. Die Gemeinden sagen heute, was sie haben wollen, und die Mission in Leipzig versucht dann zu liefern, was man liefern kann. Material, Menschen. Es ist ein Gleichauf. Und was sollte man den Menschen in Tansania auch schon vormachen? Dort sind die Gemeinden intakt, die Kirchen sind voll, 30 Prozent der Menschen sind Lutheraner. Ostdeutschland hingegen ist entchristianisiert. Im Grunde müssten die Tansanier heute Missionsteams in den Norden schicken, um die Heiden in Ostdeutschland zu bekehren. Vereinzelt geschieht das auch. Allerdings ist der gottlose Deutsche nicht mehr vergleichbar mit den Ungläubigen, die man in Afrika damals antraf. Manchmal kommen Christen aus Tansania hierher, sagt Krüger. Die würden daran verzweifeln, das die Menschen hier an gar nichts glauben würden, an keinen Gott, an keinen Geist – nichts. Die Gäste würden dann erstaunt in die spirituelle Trostlosigkeit unserer Seelen schauen und in großes Bedauern ausbrechen. In Tansania gebe es niemanden, der einfach an nichts glaube. Daher gebe es dort auch heute noch Missionare «wie Sand am Meer». Es ist ein Dorado für alle möglichen Freikirchen. Sie kommen von überall her, um in Tansania Seelen für ihre Gemeinden zu fischen. Die Mission geht nicht nach Saudi-Arabien, sagt Krüger, nicht in die Türkei, nicht dorthin, wo es wenig Christen gibt. Moderne Missionare sind lieber dort, wo sie reiche Beute machen und anderen Kirchen etwas abjagen können.

Ich frage, wie Krüger, der Tansania-Referent, heute die Missionare von damals sieht. Er meint, man stehe zur Geschichte, man setze sich damit auseinander. Mit den guten und mit den schlechten Seiten. Manchmal glaube er, die Missionare von damals seien einfach schräge Vögel gewesen: «Was treibt jemanden dazu, einfach so ins Ungewisse zu ziehen, dorthin, wo Krankheit, Elend und Tod drohen?»

Den jungen Missionar um die Jahrhundertwende muss man sich als einen ungelenken Hasardeur vorstellen, fromm, naiv und ungebildet. Die Leipziger seien deswegen auch eine besondere Mission gewesen. Die Gründerväter hätten auf die enge Verzahnung mit der Universität geachtet. «Man wollte nicht, dass sie ganz blöd sind, wenn sie nach Indien und Afrika kommen.»

Hinter dem Missionshaus ist ein kleiner Garten mit Apfelbäumen. Um den Garten gruppieren sich allerlei Nebenbauten, es ist ein richtiger schnuckeliger Campus. Man kann sich schon vorstellen, warum die jungen Männer, die hier ins Seminar gingen, sich am Nabel der Welt fühlten. Hier war man plötzlich wer. Es gibt auf dem Gelände auch eine kleine Kapelle. Sie ist karg ausgestattet, der einzige Wandschmuck sind zwei Holztafeln mit den Namen der Missionare, die im Ersten und Zweiten Weltkrieg gefallen sind. Der Zweite Weltkrieg war auch das Ende der Leipziger Mission im alten Sinne. Im Jahr 1940 mussten alle Missionare ihre Länder verlassen, nach dem Krieg kam der Sozialismus. Es gab zwar noch eine West-Abteilung der Leipziger Mission in Erlangen. Im Stammhaus in Leipzig konzentrierte man sich aber auf die Ost-Priesterausbildung.

Es gibt auch einen Altar in der Kapelle der Mission. Er ist ungewöhnlich schmuck, zweifellos der prächtigste Gegenstand im ganzen Komplex. Er zeigt eine Inderin und einen Dschagga, wie sie den gekreuzigten Jesus anbeten. Jesus blickt stoisch geradeaus. Der Kopf ist aufrecht, die Arme sind muskulös. «So hat man sich Jesus eben damals vorgestellt», sagt Krüger. «Nicht als Schmerzensmann, sondern eher als ob er jeden Moment vom Kreuz heruntersteigen, sich die Nägel aus den Händen ziehen und Feierabend machen könnte.» Es war der Jesus der Missionare. Es ging nicht um Demut, es ging um den Sieg.

Was für eine Organisation war das, in der mein Urgroßvater wirkte? Wenn ich an Missionare denke, habe ich stets Bilder von wunderlichen Gutmenschen im Buschland im Kopf oder aber von überheblichen Heilsbringern, die als geistiger Arm der kolonialen Unterdrücker dienten.

Über die ersten Jahre meines Urgroßvaters am Kilimandscharo kann ich zunächst wenig in Erfahrung bringen. Als Bruno Gutmann im Mai 1902 in Deutsch-Ostafrika ankommt, ist die Leipziger Mission schon 20 Jahre dort aktiv. Er kommt als Pfarrer zur Station in Madschame. In Madschame gibt es schon eine Kirche und eine sogenannte Kostschule. Dort leben und arbeiten die Schüler und werden nebenbei auch in der Bibelkunde unterrichtet. Man könnte auch sagen, sie werden in der Bibelkunde unterrichtet und lernen nebenbei rechnen und schreiben. Gegen die christliche Lehre sträuben sich die Schüler hier allerdings kaum, denn das beste Argument für Gott ist ein irdisches. In seinen Kirchen haben auch die Platz, die in der sozialen Hierarchie der Stämme ganz unten sind. Die Mitglieder der Familien und Clans, die nicht zu den Günstlingen des Häuptlings gehörten. Die Gesellschaft am Kilimandscharo ist nämlich streng hierarchisiert. Man braucht Verbindungen zum Herrscher, um ein gutes Auskommen zu haben. So sehen die Ausgeschlossenen der Stammesgesellschaft als Erstes ihre Chance bei den Christen. Auch Waisenkinder werden in den Kostschulen aufgenommen. Die Verlierer von heute werden die Bildungselite von morgen. Denn wer in die Schule geht, kann später eine Arbeit finden, er kann seine Lebensumstände verbessern – etwa indem er selbst Lehrer wird. Lehrer sind sehr geschätzte und angesehene Persönlichkeiten. Plötzlich gibt es soziale Mobilität am Kilimandscharo. Das Wissen der weißen Männer kommt ausgerechnet zuerst bei denen an, die bislang niemand auf der Rechnung hatte. Dagegen sind Mitglieder der Häuptlingsclans eher selten in den Schulen zu finden. Sie glauben, Bildung nicht nötig zu haben. Von den Machthabern ahnt noch niemand, welche Revolution ansteht. Denn während die Häuptlinge innerhalb weniger Jahrzehnte faktisch entmachtet werden, bilden die Missionsschulen die künftigen Köpfe der afrikanischen Freiheitsbewegung aus (freilich ohne das zu wollen).

Der Christengott wird eine Erfolgsstory am weißen Berg. Schon 1904 gibt es knapp 150 Christen bei den Dschagga. Das liegt nicht nur daran, dass der Christengott die bessere Lehre hat. Der Kontakt zu den weißen Männern ist auch schon auf Erden heilsbringend. Unter Christen sinkt die Kindersterblichkeit um 70 bis 80 Prozent, und sie haben durchschnittlich mehr Kinder als die Menschen, die ihre Gesundheit dem Hexendoktor anvertrauen. Und dass, obgleich sie in monogamer Ehe leben müssen.

Als Gutmann zur Mission stößt, gibt es dort noch kaum Literatur in Dschagga-Sprache. Gutmanns Vorgänger Fassmann hat einen Gospel von Johannes übersetzt und sein Kollege in Madschame, Missionar Johannes Raum, hat ein Buch mit biblischen Weisen produziert. Es gibt ein paar Schulbücher, und einmal im Monat wird eine kleine Zeitung gedruckt: «Mbuya ya Vandy Vuu – Der Freund der Schwarzen Leute». Das ist aber schon alles. Für den jungen Mann aus Dresden, der dort mit akkurat geschnittenem schwarzem Bart und nach hinten gekämmtem Haar ankommt, ist das ein Problem. Schließlich führt der Weg in die Herzen der Menschen über die Sprache. Es stößt ihm schon gleich auf, dass viele der jungen Missionare, die von Leipzig aus an den Berg gesandt werden, wenig Ambitionen haben, die Eingeborenensprache zu lernen. Für Gutmann bedeutet das, dass der Wein des Evangeliums nicht in die schon vorhandenen Gefäße der Volkskultur gegossen werden kann. Für Gutmann ist die Sprache eines Volkes dessen Seele. Und sie ist dazu noch von Gott gemacht. Würden die Menschen anfangen, auf Deutsch zu reden, bedeutete dies, dass ihre angestammte Sprache verloren ginge. Und mit der Sprache würde alles verschwinden. Die Geschichten, die Bräuche, die familiären Bindungen. Es würde alles Urtümliche zerstört. In dieses Urtümliche aber möchte er den christlichen Glauben pflanzen. In die Nachbarschaften, wo man einander aushilft, in die Höfe, wo der Patriarch noch das Sagen hat. Gutmann will die Familien erhalten, die gemeinsam den Bananenhain und den Acker pflegen. Deshalb kritisiert er auch die Kostschulen. Damit hole man die jungen Menschen ja aus den Familien raus, im Christentum sei die Familie aber heilig. Sie sei der Kern der Gemeinschaft. Bruno Gutmann macht sich in Madschame also gleich mal richtig unbeliebt. Nach zwei Jahren als Prediger wird er auf eine neugegründete Station versetzt, nach Masama.

Das gibt ihm endlich Gelegenheit, das Christentum so zu lehren, wie er sich das vorstellt. Denn er hat einen großen Plan. Er will keine Individuen an die Religion heranführen, die aus Europa kommt, er will eine Gemeinde aufbauen. Das Christentum soll der Kern der Gemeinschaft sein. Der große Erfolg des Christentums ermutigt zu mehr, als kleine Gemeinden am Rande der Gesellschaft aufzubauen. Nicht mehr Einzelne sollen die Kirche bilden, das Volk soll die Kirche sein. Es geht um den evangelikalen Take-over. Die Volkskirche. Der Gottesstaat am Kilimandscharo – davon träumt Gutmann.

Wenn man als Pfarrer damals auf einer Station arbeitet, ist man frei, zu tun, was man will. Mission ist eine Do-it-yourself-Angelegenheit. Aus Leipzig kommen kaum Direktiven. Man ist nur angehalten, nach dem Prinzip der «Adiaphora» zu handeln. Der Missionar soll unterscheiden zwischen den Dingen, die gut sind, weil göttlich, und denen, die schlecht sind, weil teuflisch. Und alldem, was dazwischen ist. Weder göttlich noch verdammenswert. Das Zeug, das den Missionar nichts angeht.

Dazu zählt die gesamte kulturelle Lebensweise, einschließlich der Beschneidung der Mädchen und Jungen. Die lutherischen Missionare sehen darin einen schrecklichen Ritus, und manche machen sich stark dafür, ihn zu verbieten. Andere, auch Gutmann, sind der Meinung, man müsse warten, bis die Menschen am Berg von selbst die Beschneidung als Initiationsritus aufgeben – verbieten dürfe man sie nicht.

Die Missionsarbeit ist nicht immer leicht. Die Dschagga finden zwar Gefallen an seinem Gott, aber noch viel mehr verehren sie die Geister ihrer Ahnen – und ihren Berg. Kein Dschagga hat je den Gipfel des Kibos, des höchsten Berges des Kilimandscharo-Massivs, erreicht. Dort oben ist es einfach zu kalt. Die Eingeborenen kennen auch keinen Europäer, der es je geschafft hätte, den Berg zu bezwingen. Sie erzählen, es habe wohl zwei Weiße gegeben, die bis ganz hinauf gelangt seien, sie hätten allerdings einen Stein abgeschlagen, da sei ein Feuer aus dem Gipfel herausgefahren und habe sie verschlungen. Tatsächlich ist der Kibo-Gipfel schon zwölf Jahre zuvor bestiegen worden. Der Bergsteiger Hans Meyer hat ihn erklommen und in «Kaiser-Wilhelm-Spitze» umbenannt. Tatsächlich hatte er auch eine Gesteinsprobe aus dem Gipfelfelsen geschlagen. Meyer wurde allerdings nicht vom Berg verschlungen. Den Brocken überreichte er Kaiser Wilhelm, dieser ließ ihn in die Wand des Neuen Palais in Potsdam einbauen. Dort ist er heute noch zu sehen – von jenem Triumph des deutschen Alpinistentums hat man am Fuße des Massivs nichts mitbekommen. Die Dschagga sind überzeugt, dass die weiße Kuppe aus Hagelkörnern besteht, denn die fallen manchmal auch auf ihre Bananenpflanzungen. Tatsächlich sind die Gipfel vergletschert. Wenn es am Kibo wegen gewittriger Entladungen donnert, vermutet man dort oben am Gipfel einen tiefen See, der nach Menschenopfern rufe. Es gibt auch die Legende einer riesigen Kuh, die in einer Höhle am Kibo wohne: «Käli». An ihrem Schwanz hängen angeblich große Zotteln, die ein Fett enthalten sollen, das wie Honig schmeckt. Die Kuh stehe der Sage nach mit dem Schwanz zur Öffnung der Höhle, wer sich dorthin schleiche, könne etwas von ihren Zotteln abschneiden. Drehe sie sich jedoch um, entfahre ihrem Maul ein brummender Orkan, der den Dieb in den Tod fegt. Als die ersten Europäer das Land betreten, geht die Kunde um, sie würden nach der Kuh suchen, um sie zu töten. Die Kuh aber erhalte die Sonne. Würden die fremden Männer die Kuh töten, dann würde ein ewiger Regen auf die Hänge niederprasseln, der alle Menschen ertränken würde. Entsprechend ist das Misstrauen, das man Weißen entgegenbringt: Als «Menschen» bezeichnen die Dschagga nur sich selbst, für Nichtschwarze gibt es andere Bezeichnungen. Sie sind für die Eingeborenen etwas anderes als Menschen.

Es ist ein Glaube, der ihrer Lebenswelt entspricht. Das Leben der Dschagga ist anstrengend. Sie sind Kleinbauern, hauptsächlich bauen sie Bananen an. Ihre Felder werden nicht gedüngt, gewissermaßen betreiben sie also Ökolandbau. Alle Ackerarbeit ist Handarbeit, es gibt nicht einmal einen Pflug, stattdessen wird der Boden mit einem Ackerstock aufgebrochen, um Mais, Süßkartoffeln und Hirse anzubauen. Die Hauptarbeitskraft ist die Frau. Sie arbeitet bei der Feldbestellung mit, reinigt die Hütte, kocht, pflegt die Kinder und versorgt auch das Vieh. Das kann sehr mühselig sein, denn in den mittleren Bergregionen ist das Gras oft minderwertig, dann muss man in die Ebene hinabsteigen und Bündel von frischem Gras holen. Ein- bis zweimal in der Woche müssen die Frauen den Weg in die Niederung machen und, ein schweres Bündel Gras auf dem Kopf balancierend, wieder zum Berg aufsteigen, ein Weg von bis zu zwei Stunden.

Die Felder werden häufig von Wildschweinen und Meerkatzen verwüstet. Aber mehr als all diese irdische Last bedrückt die Dschagga die Geisterwelt. Geister sind überall. Sie sind im Wasser, in den Tieren, in den Bäumen. Es gibt in der damaligen Vorstellung eigentlich keinen Ort, an dem man vor Geistern sicher ist. Die ganze Welt ist voller Zeichen. Wenn eines Abends eine Hyäne vor der Hütte heult, ist dies ein Zeichen, genauso wie wenn eine Schakal jault. Man wird am nächsten Tag den Hexendoktor fragen müssen, was die Tiere von einem wollten und wie man die Geister wieder besänftigen könnte. Es ist auch ein schreckliches Zeichen, wenn eine Schlange den Weg kreuzt, das bedeutet den baldigen Tod. Ähnlich verheerend ist es, wenn während des Kochens in der Hütte eine Eidechse von der Decke in den Kochtopf fällt. Die ganze Familie muss sofort die Hütte verlassen und darf sie nicht ohne den Schutz von Zauberkräften wieder betreten. Zauberer sind freilich allgegenwärtig. Es kommt vor, dass zwei sich streiten und man sich sagt, es solle der obsiegen, der es schafft, den anderen totzuzaubern. Das kann für viel Frieden sorgen. Wenn niemand imstande ist, den anderen zu Tode zu bringen, herrscht also unentschieden, beider Zauberer Kräfte haben sich gegenseitig ausgelöscht. Es steht gewissermaßen 1:1, damit können die meisten gut leben. Allerdings gibt es auch allerlei «Essenzauber», die man als nichts anderes als Giftmord bezeichnen kann. Entsprechend gefürchtet sind die Hexenmeister.

Der Aberglaube hat schreckliche Seiten. Wenn eine Frau Zwillinge bekommt, muss sie gleich nach der Geburt eines der Babys töten, ansonsten würden beide sterben. Wenn ein Kind seine ersten Zähnchen nicht in Unterkiefer, sondern im Oberkiefer bekommt, bedeutet dies, dass die Geister Anspruch auf es haben. Seine Eltern müssen es in einer Schlucht aussetzen und dort zu Tode kommen lassen.

Geister sind für die Dschagga keine abstrakten Wesen, sondern sie nehmen am Leben real teil. Und wenn man ihre Interessen nicht ernst nimmt, ergeht es einem schlecht.

Wenn eine Kuh besonders viele Kälber wirft, dann ist das ein Zeichen dafür, dass dem großen Glück bald ein noch größeres Unglück folgen wird. Also müssen Kuh und Kälber um des Geisterfriedens willen geopfert werden. Ein leichter Trost ist es, dass die Opfermethode pragmatisch ist. Man opfert den Geistern etwas, indem man es selbst isst. Die Geister wollen quasi nur das Karma kosten.

Geister führen ein seltsames Leben. Es gibt bei den Dschagga eine Mittelwelt, in der das Leben stattfindet, eine Ober- und eine

Unterwelt. Die Geister springen zwischen diesen Welten umher, halten sich mal da und dort auf und sind überwiegend übellaunig. Denn in der Geisterwelt geht es nicht lustig zu. Auch ein Geist muss essen, aber es wird in der Geisterwelt leider immer nur dieselbe Rübensuppe gekocht. Also haben die Geister Hunger nach etwas Richtigem, und sie wenden sich damit an ihre Angehörigen. Die sind unmittelbar zuständig. Anders als in Europa endet die Familienbande nicht mit dem Tod. Wer stirbt, wechselt nur in einen anderen Zustand. Die Ahnen werden als Geister ungleich mächtiger. Sie können die Geschicke der Lebenden beeinflussen, wie sie möchten. Allerdings werden die Menschen mit dem Wechsel in die Unterwelt nicht geistig reifer. Sie werden eher unzufriedener und schikanieren ihre lebenden Familienmitglieder, wenn diese nicht ständig dafür sorgen, dass ihre Geisterverwandten gut versorgt sind. Zum Teil begehen Geister sogar so schwere Verbrechen, dass es eine eigene Geistergerichtsbarkeit gibt, um solchen Verhaltensweisen Einhalt zu gebieten.

Dafür können Ahnen allerdings auch das ein oder andere für einen bewerkstelligen, wenn sie gnädig gestimmt sind. Dazu muss man ihnen beständig etwas opfern. Da ist es ein Trost, dass afrikanische Geister, bei allen Begierden, die sie haben, nicht ewig existieren. Sie können nämlich auch sterben. Nur die eigenen Eltern, Großeltern und Urgroßeltern werden angebetet. Die älteren Ahnen verdünnisieren sich allmählich. Entweder scharen sie sich um die warmen Herdsteine, wo sie zu einer Art Geisterschlacke zerfallen, oder sie kriechen in die Körper von Tieren. Jedenfalls muss man sich dann nicht mehr mit ihnen beschäftigen. Das ist praktisch. Gäbe es im Jenseits der Dschagga das ewige Leben, würden die Toten den Lebenden die Haare vom Kopf fressen.

Doch es gibt auch Seiten des Aberglaubens, die Gutmann hoffnungsvoll stimmen. Jeder Dschagga hat einen Bewacher, einen Freund, der ihn durch den Tag begleitet. Als Dschagga ist man nie alleine. Wenn die Kinder zum ersten Male von den Eltern losgeschickt werden, um alleine die Weidetiere zu hüten, werden sie von ihren Eltern darauf aufmerksam gemacht, dass sie nicht alleine sind, berichtet er in einem Brief. Die Mutter schärft ihnen ein: «Lass die Ziegen ja nicht auf die Felder der Leute und von den Äckern fressen und auch nicht in den Bananenhain laufen. Gib schön acht auf alles, wie der es tut, der hinter dir geht. Der ist schon mit deinem Großvater und mit deinem Vater auf die Weide gegangen und hat auf die geschaut. Nimm ja nichts weg von jemanden, denke nicht: Ich bin allein. Du bist nicht allein, der an der Seite schaut auf dich.» Dabei deutet die Mutter auf den Schatten. Nun ist der Schatten zur Mittagszeit klein und nicht besonders beeindruckend. Vielleicht nimmt das Kind ihn gar nicht ernst. Was soll der schon ausrichten. Doch wenn die Sonne sich zum Nachmittag neigt, gerade wenn das Kind anfängt, sich zu langweilen und mit dem Vieh nachlässig wird – oder gar überlegt, sich beim Nachbarn eine Banane zu klauen –, da wächst und wächst der Schattenmann. Erst ist er so groß wie das Kind selbst. Dann aber wird er größer und größer – und wenn der junge Hirte abends den Weg nach Hause antritt, tut er das in Begleitung eines schwarzen Riesen.

Wenn die Jungen älter werden, begehren sie manchmal gegen ihren Schatten auf. Sie schlagen nach ihm, sie brüllen ihn an. Aber der Schatten bleibt stumm und stoisch. Nichts, was ein Mensch tun kann, kann ihn beeindrucken. Er ist immer da.

Die Dschagga wissen wohl, dass der Schatten mit der Sonne zusammenhängt. Das macht ihn aber nicht weniger spirituell, hat die Sonne für sie doch göttliche Bedeutung.

Im Schattenmann und den Geschichten vom Berg zeigen sich für den jungen Missionar zweierlei: zum einen die Macht der Erzählungen. Alles, was wichtig ist, wird in Erzählungen weitergegeben. Über alles, was Sinn macht, gibt es eine Geschichte. Nur über Geschichten macht die Welt überhaupt Sinn. Die Geschichten werden von Mensch zu Mensch weitergegeben. Sie werden am Lagerfeuer erzählt oder beim gemeinsamen Mahl. Vor allem werden sie aber von den Alten an die Jungen weitergegeben. Wenn die Jungen heranwachsen, werden sie von den Alten in einen Hain gebeten und bleiben dort über Wochen. In dieser Zeit wird ihnen alles erzählt, was man als Mann wissen muss. Die Welt der Dschagga ist noch nicht in Formeln aufgelöst. Sie besteht aus lebendigen Gedanken. Aus Gedanken, die sterben, vergessen werden, werden sie nicht weitererzählt.

Im Schattenmann sieht Gutmann noch mehr: Der Mensch kann nicht allein sein. Er kann nur in der Gemeinschaft mit anderen bestehen. Für sich alleine gilt er nichts. Er besteht in der Gemeinschaft mit seinen Nachbarn, er besteht in der Gemeinschaft mit seiner Familie und mit seinen Altersgenossen. Löst er sich davon, vergeht er.

Die Erzählung vom Schatten ist im Einklang mit dem, was Bruno Gutmann selbst von der Welt zu wissen glaubt: Das Individuum ist nichts, es kann sich erst in der «Gliedschaft» erfüllen. Wenn der Mensch glaubt, er schafft es alleine, er selbst sei stark, dann erinnert ihn der Schatten daran, dass er nicht alleine ist und nie alleine sein kann. Er ist immer in Gottes Gegenwart. Andererseits wäre es ihm natürlich lieber, die Dschagga würden an einen Engel des Herrn glauben statt an den schwarzen Mann. «Den schwarzen Wächter müssen wir ersetzen, wenn er gleich der Sonne Gegenzeichen ist» sagt er. «Wir müssen die braunen Afrikaner samt ihren Kindern dem lichten Wächter übergeben, dem Hüter Israels, der nicht schläft noch schlummert und sich in Jesu Christo uns zum Lichte gemacht hat, das im Herz leuchtet und die einsamen Stunden zu den heiligsten wandeln kann.»

Nur in der Gemeinschaft mit anderen kann Gott anwesend sein. Das ist Gutmanns Überzeugung: in der Liebe zwischen den Menschen, in der Sorge umeinander. Die Dschagga sind in dreierlei Hinsicht eingebunden. Einerseits in ihrer Familie durch die Generationen hindurch. Andererseits regional in ihrer Nachbarschaft. Und in ihrer Altersklasse, also bei ihren Freunden, bei den Menschen, mit denen sie gemeinsam groß geworden sind. Bei den Dschagga heißt dies «Schildschaft», eine kleine Gruppe von jungen Männern, die gemeinsam erzogen werden und füreinander einstehen sollen (für Frauen wird solcher Aufwand nicht betrieben). In dieser Zwischenmenschlichkeit drückt sich Gott aus. Deshalb wird Gutmanns Leitspruch: «Zwischen uns ist Gott.» Gott schwebt nicht als Herrscher über der Gemeinschaft, er lebt in dieser Gemeinschaft.

Für Gutmann ist diese dreifache Einbindung, die er bei den Dschagga feststellt, aber nicht nur eine Sache, die für einen Stamm am Kilimandscharo gilt. Er meint, sie wäre gottgegeben. Nicht nur der afrikanische Eingeborene, sondern jeder Mensch ist nach seinem Denken in Freunde, Familie und Nachbarschaft eingebunden. Es ist für ihn eine Form der Dreifaltigkeit, die Liebe Gottes, die sich in den Menschen ausdrückt. Die westliche industrialisierte Gesellschaft, die nicht an Geschichten glaubt, sondern an Maschinen und in der Menschen nicht als Glieder eines Organismus gelten, sondern als Räder eines Getriebes wahrgenommen werden, ist für Gutmann reine Gotteslästerung. Die Einsamkeit in den Massenmetropolen, die Atomisierung und Verelendung sind für ihn die direkte Folge des Weges ohne Gott. Seiner Ansicht nach leben die Dschagga also Gott näher als die meisten Menschen in der Welt, der er entstammt. Die Dschagga kennen Gott nur nicht. Bruno Gutmann muss die beiden miteinander bekannt machen. Dafür muss er es mit feuerspeienden Bergen, menschenfressenden Seen und Orkankühen aufnehmen. Um Freunde für einen Mann zu gewinnen, der vor 2000 Jahren verstorben ist.

Die erste Verkündigung ist ein «zaghaftes Stammeln», gibt Gutmann zu. Mit der Zeit aber wird er zum beherzten Heidenprediger. Als er einen Hirten trifft, der auf dem Weg zu einer Höhle ist, um dort ein Opfer für die Geister abzulegen, mahnt er: «Du glaubst, Gott kommt dorthin, wohin Du ihn bestellst, um sein Opfer abholen? Wenn Dein Häuptling Dich sprechen will, kommt er dann zu Dir? Wohl kaum, er befiehlt Dich in sein Haus! Dahin sollst Du gehen!» Gemeint ist natürlich die Kirche.

Gutmann lernt die Sprache der Dschagga schnell. Das ist es, was ihm die ersten Sympathien bringt. Er kommt als Lernender. Und er setzt sich ganz praktisch für die Eingeborenen ein, seiner Meinung nach gehört der Mensch zur Ackerscholle. Er gehört nicht in die Fabrik, und er gehört auch nicht auf die Plantage. Dort wollen ihn nämlich die Pflanzer haben, die von den Kolonialbehörden den Boden bereitet bekommen. Sie wollen den Proletarier nach europäischem Vorbild. Sie wollen «Erziehung zur Arbeit» und «militärische Organisation». Für Gutmann sind sie die Feinde des Gottesstaats.

Darüber gerät er schon bald in heftigen Streit mit seinen Missionskollegen. Regelmäßig treffen sich die Missionare der Gegend zur Abstimmung zu Konferenzen. Sein Freund Paul Rother, der schon einige Zeit vor ihm im Land ist, tritt vehement dafür ein, dass die Leute auf den Plantagen arbeiten sollen. Er träumt von der Gründung einer Industrieschule. Dort sollen die Schwarzen zur Arbeit erzogen werden. Wer arbeitet, findet Rother, der säuft nicht. Und der Dschagga trinkt sehr gerne sein Bier. Im Lande haben sich die europäischen Betriebe sehr stark vermehrt. Viele Pflanzungen werden angelegt. Zu den Kautschukpflanzungen kommen Sisalplantagen. Es entstehen Großbetriebe mit tausend und mehreren tausend Hektar. Was fehlt, sind die Arbeiter.

Die Bezirksverwaltung hat ein System zum Arbeitszwang entwickelt. Alle arbeitsfähigen Männer sollen verpflichtet werden, zwei Monatskarten mit zusammen 60 Arbeitstagen in einem europäischen Betrieb abzuarbeiten. Wer am Ende des Steuerjahres diese beiden ausgefüllten Karten nicht nachweisen kann, der soll unentgeltliche Arbeit beim Straßenbau der Regierung leisten.

Gutmann ist einer der leidenschaftlichen Prediger gegen dieses System. Den Volkskörper der Dschagga, das sieht Bruno Gutmann als das Organische an, und die Organe gilt es zu schützen. Sie sind schließlich die Gefäße, die einst das Evangelium fassen sollen. Es wäre ihm lieber, er wäre allein hier unter den Schwarzen, ohne das Gift des Konsums, mit dem sich das Dschagga-Land langsam vollsaugt. Für die Europäer sind die Eingeborenen einfach Arbeitskräfte – und manche sehen in ihnen kaum etwas Besseres als Tiere. Das Europäische würde Gutmann am liebsten außer Landes bringen.

Viele der angesiedelten Europäer nehmen ihm das entsprechend übel. Sie sehen in ihm einen «Negerfreund», der das Missionsgehabe über alles stellt – und damit vor allem die Arbeit behindert. Einmal klagt er einen Europäer wegen der Misshandlung Schwarzer an. Ein Siedler namens Sauerbrunn hat zwei Arbeiter um ihren Lohn betrogen und einen davon auch noch geschlagen. Gutmann bringt ihn vor Gericht. Der Prozess verläuft erwartungsgemäß ergebnislos. Es würde keinem Gericht einfallen, einen Weißen zu verurteilen, egal, was er sich gegenüber einem Schwarzen hat zuschulden kommen lassen. Die Missionsleitung in Leipzig weist Gutmann danach an, sich künftig aus solchen Angelegenheiten herauszuhalten.

Auch wenn die Mission viel Gutes vor Ort bewirkt – ihr Weltbild ist überheblich. So schreibt ein Mitglied der Mission im Vorwort der Sächsischen Missionskonferenz: «Auch alle Heidenvölker werden sich dermal einst vor dem einen Gott beugen. Das ist des Propheten gewaltige Glaubenszuversicht – ein einzigartiger Vorklang zur neutestamentlichen Heils- und Missionsgeschichte. Glaube braucht Mission, und Mission braucht Glauben. Unser Glaube verlangt's: Schaffet Brot und Herberge für die Heidenwelt!» Und etwas weiter: «Und nun schauen wir die starrende

Not der armen Heiden. Es sind ihrer noch 800 Millionen. Die Tamulen haben in ihrem Sprachschatz kein Wort für Hoffnung, die Eskimos keinen Ausdruck für das Übersinnliche. Den heidnischen Medizinleuten, und nicht bloß im dunklen Afrika ist jede Scheußlichkeit recht, um ihre willigen Opfer in krassestem Aberglauben zu erhalten. Grausame Mordtaten sind nichts Seltenes.»

Dabei war es unter den Missionaren selbst Usus, ihre Gemeindemitglieder für Vergehen mit Rohrstöcken zu prügeln. Sie fanden das nicht einmal problematisch. Man war sogar der Meinung, der Schwarze verlange nach solch einer Strafe und es gehe dem Betroffenen besser, wenn er anständig geprügelt worden sei und damit Sühne getan habe.

Für viele Missionare war klar, dass sie wilden Kulturen begegneten, an denen rein gar nichts erhaltenswert war. Sie sollten umerzogen werden, selbst wenn die Missionierten es gar nicht wollten: «Wird eine verständige Mutter dem kranken Kinde die heilende Medizin versagen, bloß deshalb, weil die kleinen fiebrigen Hände im kindischen Unverstand alles abwehren? Wird man dem Kinde die Hilfe verweigern, weil das Kind ja gar nicht weiß wie krank es ist? Und die Heiden sind arme, kranke Kinder.» Ihnen musste geholfen werden, ob sie es wollten oder nicht.

Bruno Gutmann sieht den kranken Mann schon von Beginn seiner Missionsarbeit nicht in Afrika, sondern in Deutschland. Er geißelt die «einseitige Interessenpolitik» der Kolonialverwaltung. Mit ihrem «Arbeiterzwang» wolle sie «Proletarier schaffen im Sinne eines anhängigen Lohnarbeiters. Das ist aber der Dschagga in diesem Sinne noch nicht, denn noch ist er kaum entwurzelt von der nährenden Scholle seines Landes, und noch bewahrt der feste Sippenverband auch den Ärmsten vor der Gefahr, völlig zu vereinsamen und aus einem organisch gesunden Familienzusammenhange ausgeschlossen zu sein. Dies verwüstende Kennzeichen des echten Proletariers ist bei ihm noch nicht zu bemerken», fasst er in einem Bericht zusammen. Was heißen mag: Der verwüstete Mensch ist nicht der Wilde, der degenerierte Mensch ist der, der in Abhängigkeit zu seinem Arbeitgeber steht, aber nicht mehr zu seinem Clan.

Als ich das Missionshaus in Leipzig verlassen will, holt Tobias Krüger noch hastig etwas aus dem Büro einer Kollegin: einen Bastelbogen. Die Gutmann-Kirche von Kidia als Adventskalender zum Selbermachen. Ich frage zum Abschluss meines Besuches bei Herrn Krüger, wie wichtig mein Urgroßvater für die Leipziger Mission war. Krüger zögert etwas, er meint, dass Gutmann gewiss einer der wichtigsten Missionare gewesen sei, die man jemals nach Afrika geschickt habe. Die Mission habe ihn damals aber nicht gerne herumgezeigt. Er sei zu unbequem gewesen, er habe sich ja gegen das gestellt, was man sich unter Fortschritt vorgestellt habe. Ich frage, was er glaubt, was den Dschagga von ihrem Missionar geblieben ist. Krüger überlegt. «Das Bier», sagt er dann. «Das Bier?» Ja, Gutmann war einer der wenigen, der den Leuten nicht ausreden wollte, Bier zu trinken. Gutmann habe den Alkohol zwar gehasst. Aber er zählte ihn zu den Dingen, die ein Missionar nicht antasten solle. «Also darf der Dschagga heute noch guten Gewissens sein Bier trinken – und sich dabei auf Gutmann berufen», sagt Krüger. Ich weiß nicht, ob Gutmann das allzu glücklich machen würde, zu wissen, dass man sich am Kilimandscharo nun in seinem Namen zuprostet.

DR. GELBFIEBER

Im Februar 1925 schreibt meine Urgroßmutter einen Brief an ihre Kinder. Sie ist auf dem Ozeandampfer Klipfontein, der von Hamburg nach Tanga fährt. Die Kinder sind in Mittelfranken zurückgeblieben.

Meine lieben Kinder
Nun habe ich Euch viel zu erzählen von diesen letzten 8 Tagen. In Antwerpen war das Wetter zuletzt schlecht, und als wir bei grauem trüben Himmel abfuhren, da erhob sich ein Wind, der immer stärker wurde, und am Abend hörte sich das Pfeifen und Toben des Windes ganz unheimlich an. Ich war froh, dass wir noch auf der Schelde fuhren und nicht auf dem freien Meer. Als wir oben auf dem Deck standen, da sagte ich zu Papa: Wenn ich der Kapitän wäre, würde ich heute nicht aus der Schelde hinaus fahren. In der Nacht schliefen wir noch ganz gut und am Morgen hatte sich der Wind etwas gemäßigt und wir kamen noch einmal in die Nordsee, die war noch ganz friedlich, verhältnismäßig, aber als wir dann in den Ärmelkanal kamen, da erhielten wir noch die letzten Bewegungen der aufgeregten See, und die liebe Klipfontein schaukelt sehr behaglich von hinten nach vorn, Köpfchen in das Wasser, Schwänzchen in die Höh' und dann wieder wie ein Wiegen. Das nahm aber unser Magen sehr übel, und es dauerte 3 Tage, bis wir uns wieder wie Menschen fühlten. Wir waren sehr seekrank. Ich konnte 24 Stunden lang nicht das Geringste im Magen behalten und konnte mir in meiner Angst gar nicht vorstellen, dass ich jemals Tanga erreichen werde. So seekrank war ich noch nie. Als wir nach 3 Tagen uns wieder hervorwagten, da hatten wir herrliches Wetter und glatte

See. Wir genossen das sehr dankbar. Wir sahen dann viel von der spanischen und der portugiesischen Küste. Jetzt haben wir nun schon vier Tage das schönste Wetter und sitzen den ganzen Tag auf Deck. Wir erholen uns wieder von unserem Schrecken. Ich hatte nur den einen Trost bei der Seekrankheit, dass Ihr das auch nicht durchzumachen hattet. Nun aber, da es so schön ist, vermissen wir Euch sehr. Wir möchten gar zu gern wissen, wie es Euch geht und wie das Wetter ist. Jetzt wird es schon ziemlich warm, und wir werden wohl bald unsere Sommerkleider heraussuchen müssen. So endlos weit fort erscheint Ihr uns jetzt. Wenn wir erst in Port Said Briefe von Euch haben werden, dann werdet Ihr uns wieder näher sein. Meine lieben Kinder, Euer Bild hängt in meiner Cabine, und oft bin ich im Geiste bei Euch. Bleibt immer treu und rein. Vergesst uns nicht im Gebet. Schreibt einander fleißig und der lieben Oma. Unser Leben vergeht auf dem Schiff sehr gleichmäßig. Nach den Mahlzeiten beschäftigen wir uns mit Lernen, Lesen. Kisuaheli lern ich jetzt. Und ich möchte gerne noch die Zeit recht ausnutzen. Aber mit 37 Jahren lernt man nicht mehr so leicht wie mit 12 Jahren. Es gibt auf dem Schiff auch ein Grammophon. Diese Schreikästen sind schrecklich. Lernt nur tüchtig Geige und Klavierspielen. Wenn der Vater im Himmel uns einmal ein Wiedersehen in der Heimat schenkt, dann müsst Ihr uns etwas Schönes vorspielen können und keinen Schreikasten aufziehen. Für heute will ich meinen Brief schließen. Behüt Euch Gott meine lieben Kinder! Es küsst Euch von Herzen Eure Mutter

Die bevorstehende Reise beschäftigt mich. Wenn man wie Bruno Gutmann einst zum Kilimandscharo reiste, war man wochenlang unterwegs. Es ging ja nur per Schiffspassage. Man fuhr in Hamburg ab, über Rotterdam und Antwerpen, machte Station in Southampton. Dann umschiffte man die iberische Halbinsel, passierte die Meerenge von Gibraltar und querte das gesamte

Mittelmeer. Hinter dem ägyptischen Port Said bog man in den Suez-Kanal ein, an dessen Ufern die Menschen auf ihren Kamelen zum Greifen nah schienen. Man tuckerte dann südwärts, vorbei an Somalia, bis man irgendwann in Tanga an Land gehen konnte. Wenn man Glück hatte, konnte man ein Stück mit dem Zug weiter, schlimmstenfalls war das Ziel nur zu Fuß zu erreichen. Man musste durch Gelände, das nicht dafür geschaffen war, von Menschen durchwandert zu werden. Man musste durch Steppen, karge Gegenden, Wälder, Flüsse überqueren. Man musste durch Gebiete, die Tiere und auch Menschen als ihre Jagdreviere nutzen. Man bekam einen Begriff davon, wie verdammt groß das Land ist und wie verdammt klein man selbst. Es machte einen demütig. Man spürte, was für ein zerbrechliches Wesen man war, und gleichzeitig konnte man es wunderbar finden, dass man trotzdem dort war.

Diese Demut auf Reisen gibt es heute nicht mehr. Ich werde mit meinen Eltern in eine Boeing von KLM steigen, und das Flugzeug macht sich mit uns im Bauch auf die Reise, direkt zum Kilimandscharo Airport. Es kostet uns nicht mehr Zeit als meinen Urgroßvater ein Fußmarsch nach Aruscha. Es ist ganz genau das Gleiche, ins Herz Afrikas zu reisen, wie nach Teneriffa, nach New York oder Shanghai. Die ganze Herausforderung der modernen Fernreise ist, sechs Stunden neben einem Menschen zu sitzen, den man nicht kennt.

Flughäfen sind für mich immer wieder eine Enttäuschung. Von Flughäfen aus betrachtet, sieht die Welt überall gleich aus. Überall die gleichen schlechtgelaunten und überheblichen Beamten bei der Einreisekontrolle, überall die gleichen Sperrbänder, um Menschen in geordnete Schlangen zu bugsieren. Überall die gleichen Schilder, die erklären, wie man einreisen darf und wie nicht. Die gleichen Videos, die animierte Männchen dabei zeigen, wie sie eine Jacke auf das Laufband am Sicherheits-Check legen. Und die gleichen Geschäfte, die gleichen Marken, die gleichen Kaffee-Bars. Man könnte meinen, wenn man einen Flughafen gesehen hat, hat man die ganze Welt gesehen, Dubai, Delhi, Düsseldorf. Deprimierender als das Innenleben eines Flughafens ist nur die Flughafenumgebung. Jeder Flughafen dieser Welt ist in ein unschönes Gewirr von Zufahrtswegen eingewickelt. Dazwischen sind einige wenig ansehnlich mitten in den Asphalt gepflanzte Bäume und natürlich Parkraum, Parkraum, Parkraum. Selbst wenn man sich vom Flughafen entfernt, ändert sich die Landschaft nicht. Mehrspurige Straßen mit Heckenbewuchs, gesäumt von Werbetafeln für Apple oder Coca-Cola.

Der Begriff von Weite beim Reisen ist uns genommen worden. Wir heben irgendwo in Flugzeugkabinen ab und kommen irgendwo wieder vom Himmel herunter. Und doch sind die Länder, die sich um so einen Flughafen herumgruppieren, sehr unterschiedlich. Sie bieten etwa sehr unterschiedliche Möglichkeiten, darin zu sterben. In Tansania kann man natürlich von einem Elefanten zertreten oder von einem Krokodil gefressen werden. Man kann mit einiger Wahrscheinlichkeit einem Raubmord auf der Straße zum Opfer fallen. Es ist durchaus drin, dass man mit dem Auto mit einer Giraffe kollidiert oder irgendwie im Busch steckenbleibt und vertrocknet. Aber noch wahrscheinlicher ist, dass man sich eine gemeine Krankheit einfängt. Malaria zum Beispiel. Oder Hepatitis C oder Aids. In Tansania liegt die Lebenserwartung etwa bei 60 Jahren, der Grund ist, dass es eine Menge Möglichkeiten gibt, das Leben vorzeitig zu beenden.

Dorthin soll ich nun also mit meinen Eltern reisen. Mit meinen Eltern, die auch am Urlaubsort noch das mitgebrachte Mirácoli essen und eigentlich der Meinung sind, dass es fast nirgendwo so schön ist wie zu Hause. Mit meiner Mutter, die es als Stress empfindet, irgendwo mit dem Zug hinfahren zu müssen, und mit meinem Vater, der sich vor Insekten ekelt.

Meine Eltern halten mich für jemanden, der viel gereist ist, dabei besteht meine weltläufige Erfahrung aus Gepäckbändern, Taxen und Hotelrezeptionen. Ich habe noch keine Nacht im Dschungel verbracht und musste nicht durch die Wüste. Ich weiß nur, dass ich mich nun in irgendeiner Weise vorbereiten sollte. Ich habe nie verstanden, was Reisevorbereitungen sollen. Ich dachte, das sei etwas für Menschen, die gerne auch eine Kreuzfahrt als Expedition betrachten wollen und die ihren Urlaub nur genießen können, wenn sie den Rollkoffer voller Funktionskleidung haben, aus der sie notfalls einen Heißluftballon basteln können, der sie aus jeder Gefahrenzone herausfliegt.

Mein Vater hat mir am Telefon gesagt, er habe sich ein Funktionshemd für Tansania gekauft. Tolle Sache. Komplett UV-dicht gegen Sonnenbrand – trotzdem atmungsaktiv. Außerdem knitterfrei. Man muss es nur unter den Wasserhahn hängen, dann ist es am nächsten Tag wieder komplett frisch und sauber. Mein Vater hört sich am Telefon an, als bereue er, jemals ein anderes Hemd getragen zu haben.

Ich erinnere mich, dass ich von einem Kambodscha-Urlaub noch ein Moskitonetz übrig habe. Es hat mir damals nicht viel geholfen, denn kambodschanische Moskitos haben offenbar Erfahrung mit Netzen. Aber vielleicht sehen die Moskitos in Afrika so einen Schleier ja tatsächlich als Hindernis an. Vielleicht sind sie Muslime.

Ich habe auch einen Strohhut. Der ist zwar schon etwas angefressen, aber vielleicht genügt er für Tansania ja noch. Ich entschließe mich jedoch, nach Alternativen zur Kopfbedeckung zu suchen. Schließlich ist es ja nicht unbedeutend, das eigene Hirn vor dem Sonnenstich zu bewahren. In Hamburg gibt es einen super Laden für Expeditionsbekleidung. Als ich in Hamburg bin, gehe ich hinein. Man fühlt sich darin sogleich wie ein Schmetterlingsforscher um 1890, der Kleidung für eine Reise zum Amazonas zusammensucht. Es gibt praktisch für jede Expeditionssituation ein passendes Outfit. Alle möglichen Hemden und

Jacken – so stilvoll in Eierschalenfarben, wie es meinem Urgroßvater wohl auch gefallen hätte.

Aber es gibt nichts Gutes für den Kopf. Die Tropenhüte sehen leider alle so aus, als hätte man einen Hut aufgesetzt und gleich darauf einen Eimer Wasser über den Kopf gegossen bekommen. Und es gibt Strohhüte, die aussehen, als sollte man damit bei der Verfilmung von «Oh wie schön ist Panama» mitmachen. Man kann sie nur tragen, wenn man dabei auch pfeifend auf einem Grashalm kaut. Aber da fällt mein Blick auf einen eleganten halbrunden Helm im Regal. «Was ist denn mit so einem Tropenhelm?», frage ich den Verkäufer. «Ja, die sind wunderbar, wir verkaufen die oft», antwortet der.

Ich fühle mich meinem Ziel nahe: «An Leute, die nach Afrika reisen?»

«O nein, eher für Mottopartys. Wenn Sie damit heute in ein ehemaliges Kolonialland gehen, wird man Ihnen den Schädel einschlagen.»

Dann nehme ich also doch lieber meinen Strohhut mit. Der geht wahrscheinlich nicht so schnell kaputt wie ein Tropenhelm.

Ich muss mich auch impfen lassen. Gegen Gelbfieber. Es wird übertragen von der Gelbfiebermücke Aedes aegypti. Sie würde mich stechen, und nach drei Tagen würde mich Fieber überkommen, vielleicht 39 Grad, vielleicht 42 Grad. Dann würde das Fieber wieder gehen – aber vielleicht auch wiederkommen, verbunden mit einer heftigen Gelbsucht und Unterleibsschmerzen. Das Virus hätte meine Leber zerstört, ich würde schwarzgefärbtes Blut kotzen und schließlich an einem Immunschock, einem sogenannten Zytokinsturm, zugrunde gehen: multiples Organversagen – und aus. So habe ich das nachgelesen: Ich würde als ein gelbes Elend im Busch enden. Gelbfieber galt einmal als gefährlichste Infektionskrankheit, es gibt keine Therapie. In Afrika sterben im Jahr über 25 000 Menschen daran. Ich werde keiner davon sein, denn ich lasse mich impfen. Eine Gelbfieberimpfung wird nicht von der Krankenkasse bezahlt. Sie ist gewissermaßen Privatvergnügen. Wenn man mit kaputter Leber nach Hause kommt, pflegen sie einen gerne, aber für die Prävention möchten sie nicht aufkommen. Schließlich könnte man ja auch daheim bleiben und weniger exotisch erkranken.

Ich begebe mich zu einem Tropenarzt. Wenn ich schon mit Nadeln gepikst werde, dann doch bitte beim Experten. Der Mann sieht ein bisschen verwildert aus, so als hätte Jörg Kachelmann auf Medizin umgeschult. Seinen Arztkittel hat er nur übergeworfen, darunter trägt er braune Cordhosen. Er drückt meine Hand und wendet sich noch während der Begrüßung ab, eilt zu seinem Stuhl hinter dem Schreibtisch. Es ist eine karge Praxis, ein Tisch, ein Stuhl ein kleines Regal mit Impfstoffen. An der Wand hinter dem Schreibtisch hängen Weltkarten mit den verschiedenen epidemischen Krankheitsausbildungen. Es sieht aus, als ob die Erde Ausschlag hätte.

«Tansania? Da ist eine Gelbfieberimpfung eine gute Idee», meint er. Es gebe allerdings kein Gelbfieber mehr in Tansania.

«Warum soll ich mich denn dann impfen lassen?»

«Ansonsten nimmt man Ihnen an der Grenze Geld ab.» Er beugt sich über den Tisch und raunt: «Ich darf das ja eigentlich nicht sagen, aber ich kenne die Afrikaner. Ich hätte sogar beinahe mal eine Nigerianerin geheiratet.» Die Afrikaner seien korrupt, unzuverlässig und würden nur in Clanstrukturen denken. «Es ist alles viel schlimmer, als Sie es sich vorstellen – wir malen uns das dort immer anders aus, aber es ist unheimlich kaputt.»

Ich habe es mir bislang eigentlich gar nicht so beschaulich vorgestellt. Er kenne die Gegend, sagt der Arzt, sei überall schon einmal gewesen, führt er aus, während er hinter seinem Schreibtisch hervorkommt und mir beiläufig die Nadeln mit der Impfstoffkanüle in den Oberarm schiebt, so wie ein Kung-Fu-Kämpfer einen tödlichen Stoß ausführt. Gelbfieber/Hepatitis A. Ich zucke. Hepatitis B wäre auch sinnvoll, sagt er, das würde auf demselben

Weg verbreitet wie Aids. Ich antworte, ich hätte bestimmt nicht vor, die Wege von Aids zu kreuzen. Das lässt er mal so stehen.

Ich erzähle ihm, dass ich auf den Spuren meines missionarischen Urgroßvaters wandeln wollte, es sei kein Vergnügungstrip. «Missionar?» Der Arzt wird hellhörig. «Dann werden Sie sich vielleicht auch in Kirchen aufhalten.»

«Die wird es dort bestimmt geben.»

«Darin gibt es Fledermäuse – achten Sie auf Fledermäuse, die haben oft Tollwut.» Er beginnt, mich aus dem Raum zu komplimentieren.

«Wenn Sie das Gefühl haben, von einer Fledermaus gebissen worden zu sein, setzen Sie sich sofort in den Bus und fahren über die Grenze nach Nairobi – dort in den Krankenhäusern gibt es ein Antiserum. Aber warten Sie nicht zu lange, nach acht Stunden sind Sie tot.» Er schüttelt mir die Hand und nickt väterlich. «Ein hochinteressantes Land, sage ich Ihnen.» Als ich mich durch den Gang Richtung Sicherheitsschleuse entferne, ruft er mir noch hinterher: «Und machen Sie einen Bogen um Moskitos!» Das nehme ich mir fest vor. Ich werde die Straßenseite wechseln, falls ich einem begegne.

Als ich nach Hause komme, öffne ich meinen E-Mail-Account. Da ist eine Nachricht mit «Kilimanjaro» in der Adresse. Die Antwort von Pater Saria.

> «*Dear Brother Tillman,*
> *I greet you in the precious name of our Lord and Savior Jesus Christ.*
> *Happy belated Easter Greetings.*
> *Thank you very much for your email and the message therein.*
> *I am very sorry that I could not respond readily because of network problems.*»

Auch in Tansania entschuldigt man sich also mit Netzwerkproblemen. Saria sagt, er freue sich herzlich auf unseren Besuch, die Reisezeit passe ihm wunderbar. Viel mehr ist es nicht. Er schließt:

> «*Yours sincerely,*
> *In the love of our Lord,*
> *Pastor E. Saria*»

Bislang kannte ich niemanden in Tansania. Jetzt habe ich dort sogar einen Bruder.

ANKUNFT IN AFRIKA

Meine Reisevorbereitungen beginnen am Tag vor der Abreise. Ich habe das alles einfach auf mich zukommen lassen. Ich hätte mir wenigstens den *Lonely Planet Tansania* kaufen können. Aber nicht einmal dazu hat mein Eifer gereicht. Ich kenne Leute, die bereiten ihre Reisen minutiös vor, schon ein halbes Jahr zuvor. Die Reise ist dann eher ein genussvoller Nachvollzug aller Vorbereitungen. Sie folgen der goldenen Schnur, die sie über Monate hinweg durch das jeweilige Land gelegt haben. Ich selbst lasse alles immer einfach auf mich zukommen. Manchmal habe ich das Gefühl, ich bewege mich auf einem Zeitstrahl durch das Universum. Die Dinge passieren und sind dann vorbei. Ich behaupte gerne, ich sei spontan, aber in Wahrheit bin ich schlichtweg ziemlich bequem.

Ich telefoniere mit meinen Eltern – darüber, was man so braucht in Afrika. Etwa Mückenmittel.

«Mücken? Wir haben hier doch unser Mückenmittel. Das Autan!», sagt mein Vater.

«Papa, das Autan, mit dem wir bei uns die Mücken vertreiben, das verspeisen die Mücken in Tansania zum Frühstück», rede ich auf ihn ein. «Das sind andere Mücken als die, die wir so kennen, die saugen nicht dein Blut, die fressen Menschen!»

«Meinst du?»

Ich habe natürlich keine Ahnung, aber ich sage: «Ja, ich habe gehört, dass man vor allem keine weiße Kleidung tragen darf, da stürzen sie sich drauf!» Das habe ich tatsächlich irgendwo gelesen, irgendwann. Oder auch nicht.

«Ich habe gehört, dass sie vor allem auf dunkle Kleidung reagieren.»

«Vielleicht tagsüber dunkel, abends hell!»

«Gibt es denn ein besseres Mückenmittel als *Autan*?»
«Ich glaube schon, es gibt Tropenmückenmittel ...»
«Dann bring uns doch zwei Flaschen Tropenmückenmittel mit.»
«Äh ... alles klar – und sonst noch etwas?»
«Sprühpflaster für die Wunden und Jod.»
«Welche Wunden meinst du denn?», frage ich unsicher.
«Na, Schürfwunden, wir werden uns doch bestimmt genügend davon holen in Afrika!»

Mein Vater bereitet sich vermutlich darauf vor, dass wir auf der Flucht vor Affenbanden durch Dornengebüsch springen müssen. In der Apotheke haben sie Sprühpflaster und Jod, und auch ein besseres Mückenmittel als *Autan*. Es gibt *Autan Tropical*, das soll gegen Tropenmücken helfen. Dann haben sie auch noch *No Bite* und *Antibrumm*. Ich nehme *Antibrumm*, das klingt am besten. Außerdem kommt es aus der Schweiz.

Mein Vater hatte mich angewiesen, eine Malaria-Prophylaxe zu machen, ich habe es aber auch nicht mehr geschafft. Meine Reisevorbereitungen bestehen neben Impfung also aus zwei Flaschen Mückenmittel, einer Dose Jod und Sprühpflaster. Ich bin zivilisatorisch offenbar völlig degeneriert. Vielleicht glaubt irgendetwas in mir, dass ich nur mein iPhone in Moschi einschalten muss und dann auf die Navigationsfunktion vertrauen kann. Oder dass ich eine App gegen Tropenkrankheiten herunterladen kann. Dass die Bananenhaine am Fuße des Kilimandscharo ein Ort sein könnten, an dem man nicht gut googeln kann, mag ich nicht glauben. In meiner Wahrnehmung gibt es keine Welt mehr ohne Empfang.

Es ist ein bisschen paradox: Mein Urgroßvater saß in seiner Missionshütte und fürchtete die Ankunft der Zivilisation. Und nun suche ich die Ursprünglichkeit – und rausche dafür auf der Welle der modernen Technik heran.

Immerhin finde ich noch meinen alten Rucksack, mit dem

ich als Abiturient nach Südfrankreich getrampt bin. Ich stopfe T-Shirts hinein, ein Moskitonetz, zwei Hosen und Sandalen, eine Sonnenbrille. Und ein Hemd, falls man in eine Kirche muss. Und dann Ladegeräte, Ladegeräte, Ladegeräte. Für Handy, iPad, Laptop, Kamera. Eigentlich reise ich hauptsächlich mit Ladegeräten. Ich hoffe, sie haben ein leistungsstarkes Stromnetz in Tansania.

Als ich mich auf den Weg zum Bahnhof mache, meinen speckigen Rucksack auf dem Rücken und meinen Strohhut in der Hand, habe ich trotzdem das Gefühl, eine große Reise anzutreten.

Der Zug bringt mich durch alle möglichen Landschaften, vor allem tut er es unglaublich langsam. Die Welle der Zivilisation, auf der ich mich wähne, plätschert eher so dahin. Irgendwo ist wegen Hochwassers ein Streckenabschnitt gesperrt, deswegen wird ein Umweg gefahren, auf diesem allerdings ist ein Stellwerk kaputt, also muss schon wieder auf offener Strecke gehalten werden. Verspätung reiht sich an Verspätung. Irgendwann schleppt sich der Zug mit letzter Kraft in den Bahnhof Darmstadt. Meine Eltern warten schon etwas vorwurfsvoll im Auto, dabei hatte ich doch schon eine SMS geschrieben, dass es später wird. Die Reise hat noch gar nicht angefangen, und schon geht etwas schief. Ich denke mir, dass das ja lustig werden kann, mit meinen Eltern zusammen in ein Land zu fahren, wo es ein Wort wie Pünktlichkeit gar nicht gibt.

Anna sitzt auch im Auto, ich erschrecke, denn Anna ist schon so groß.

Sie sieht aus wie eine junge Frau, dabei hat sie noch nicht einmal angefangen, sich die Augen zu schminken oder so. Anna umarmt mich zur Begrüßung etwas ungelenk. Beruhigt stelle ich fest, dass sie noch Laki, ihr Stoffpony, dabeihat. Laki muss mit nach Tansania.

Glücklicherweise bin ich nicht der Einzige, der sich ganz auf die Zivilisation verlässt. Meine Eltern und meine Schwester haben ihre Sachen in Rollkoffer gepackt. «Denkt ihr etwa, Afrika ist so schön eben wie der Boden einer Abflughalle?», spotte ich, aber niemand findet das außerordentlich lustig.

Die Familie geht früh zu Bett, mein Vater hat mir eine Pizza warm gestellt, das finde ich nett. Schweigend schiebe ich den Teigfladen mit Salamischeiben in mich hinein, bevor ich selbst in die Kissen falle.

Ich träume, dass ich aus dem Haus gehe, es ist mein früheres Elternhaus. Ein Bungalow, eine Straße weiter. Erst als ich schon weit in der Stadt bin, fällt mir auf, dass ich vollkommen nackt bin. Ich überlege, ob ich schnell nach Hause rennen soll. Aber dann beschließe ich, einfach die Fassung zu wahren und so zu tun, als ob es das natürlichste der Welt wäre, nackt durch Darmstadt zu spazieren.

Als ich erwache, steht das Taxi schon vor der Tür. Es karrt uns zum Flughafen nach Frankfurt. Wir sind alle still im Taxi, teils aus Anspannung, teils aus Müdigkeit, teils weil einem einfach nicht viel einfällt, was man sich morgens um vier erzählen kann. Erst am Check-in-Schalter haben wir wieder ein Thema. Wir fliegen über Amsterdam. Leider hat Mutter die Tickets nur für den Flug in die Niederlande reserviert, für den achtstündigen Weiterflug zum Kilimandscharo haben wir keine zugewiesenen Plätze, so sitzen wir alle über das ganze Flugzeug verstreut. Das stimmt mich etwas unwirsch, ohnehin bin ich unwirsch. Was ist nur mit mir los? Egal, wohin wir gehen, zum Check-in, zum Sicherheitscheck, zum Boarding, immer stürme ich mit großen Schritten voran, sodass die anderen Familienmitglieder kaum nachkommen. Meine Eltern sind fast 70, da könnte ich es ja etwas ruhiger angehen. Aber irgendwie scheint mich gerade die Tatsache, dass sie keine 30 mehr sind, unangenehm ungnädig zu stimmen. Ich habe das Gefühl, hier ungerechterweise Verantwortung für alles zu tragen. Ich muss dafür sorgen, dass alle gut nach Afrika kommen. Und das behagt mir nicht. Im Duty-Free-Shop in Amsterdam dreht mein Vater sich um und räumt mit seinem Rucksack ein paar Ginflaschen ab. Es klirrt mächtig, eine Wolke Alkoholdampf steigt uns in die nüchterne Nase. Ich kann mich gerade noch so beherrschen, meinen eigenen Vater anzumotzen wie meine Tochter, wenn sie im Supermarkt die Regale ausräumt. Aber so weit komme ich nicht. «Wollen wir doch mal gucken, ob es hier auch einen Porzellanladen gibt», merkt mein Vater trocken an und schiebt mit dem Fuß die Scherben zusammen.

Im Flugzeug sitze ich zwischen einer jungen Schwedin und einem nicht mehr so jungen NGO-Chef aus den USA. «Tansania ist eines der sichersten Länder in Afrika», erklärt er mir. «In Arusha traue ich mich sogar, abends auf die Straße zu gehen. Nicht allein natürlich, aber wo auf der Welt kann man schon abends noch allein auf die Straße?»

Ja – wo eigentlich?, denke ich. Darüber denke ich nach, während sich die Maschine auf dem kleinen Bildschirm, der in die Rückseite des Sitzes meines Vordermannes eingelassen ist, unablässig weiter Richtung Süden schiebt. Es ist der «Flight Tracker», der angibt, auf welcher Position sich das Flugzeug gerade auf dem Weg nach Tansania befindet. Wir kreuzen den Balkan, überqueren Griechenland, Kairo, wir fliegen den Nil entlang.

Jetzt merke ich dann doch, das ich ein Reiseprofi bin. Sobald ich mich angeschnallt habe, folge ich automatisch der Bord-Choreographie. Ich muss dabei nicht denken, ich bin ein vollautomatischer Passagier. Es gibt immer das gleiche Bordmenü. Wo auf der Welt man auch ist, man wird gefragt, ob man «Chicken» oder «Pasta» möchte. Und was man dann bekommt, ist ein kleiner Sarg aus Alufolie, von dem man den Deckel schälen muss. Und das, was darin ist, sieht weder aus wie Huhn noch wie Nudeln, sondern wie etwas dazwischen. Wie ein Huhn, das gerade dabei war, sich in eine Nudel zu verwandeln, und auf dem Weg dorthin in eine Mikrowelle geriet. Ich habe mir oft

Gedanken gemacht, warum es immer nur Chicken oder Pasta gibt. Man liest ja immer wieder, dass Flug-Caterer wahnsinnigen Aufwand betreiben, um Menüs zusammenzustellen, die unter den besonderen Luftdruckbedingungen dem Fluggast schmecken. Es soll eine Menge Forschungen dazu geben, wie über den Wolken gekocht werden muss. Das dürfte eine sehr frustrierende Forschung sein, wenn als Ergebnis all dieser Experimente immer nur «Chicken or pasta» herauskommt. Vielleicht wird aber auch ganz anders geforscht, und es geht in Wirklichkeit darum, wie man es schafft, dass Hähnchen und Nudel genau gleich schmecken. In diesem Fall wären die Ergebnisse tatsächlich beeindruckend. Hoffentlich gibt es auch ein Forschungsprojekt, das beantwortet, was man mit dem Aludeckel macht, sobald man das Schälchen geöffnet hat. An ihm klebt Tomatensoße, und man muss ihn mit spitzen Fingern falten und irgendwohin klemmen, vielleicht zwischen die Salatbeilage, die meist aus einem Arrangement aus Friséesalat (gab es in den 80er Jahren überall, heute nur noch im Flugzeug) und Tomaten-Paprika-Gemüse besteht. Und der Dessertschale, in der ein Stück Käsekuchen oder so ähnlich wartet. Es kommt auch jemand vorbei und reicht ein Brötchen, das man dann mit dem Frischkäse bestreichen kann, der in einem weiteren Schälchen wartet. Dazu muss man nur das Besteck aus der Plastikfolieneinschweißung befreien und sich schon währenddessen überlegen, wo man die Plastikfolie deponiert, damit sie einen nicht behindert, während man versucht, das Pastachicken zu verspeisen. Es ist freilich nicht eben leicht, etwas zu verspeisen, wenn die dazu zur Verfügung gestellte Fläche etwa 30 mal 30 Zentimeter groß ist. Und man zwischen zwei Menschen sitzt, die exakt dasselbe vorhaben. Ich habe aufgegeben, den Nachbarn vor den eigenen Ellbogen zu schonen. Stattdessen überlege ich, den NGO-Chef mit einer schnellen Folge präziser Ellbogenstöße außer Gefecht zu setzen. Leider hat er sich schon den obligatorischen Tomatensaft bestellt und ist dabei, ihn umständlich mit Pfeffer und Salz zu würzen, das in kleinen Papierbriefchen gereicht wurde. Jede falsche Bewegung würde jetzt dazu führen, dass wir beide mit rotem Gemüsesaft benetzt würden. Es ist eine sehr konzentrierte Angelegenheit, ein Mittagessen in der Economy-Class einzunehmen. Sie wird natürlich dadurch vereinfacht, dass man sich während des Vorgangs auf das Unterhaltungsprogramm konzentrieren kann und dabei einen guten Überblick über nicht mehr ganz aktuelle amerikanische Komödien oder Historiendramen bekommt. Wenn man fertig gegessen hat, lohnt es, weiter auf den Monitor zu starren, denn der Anblick ist bestimmt schöner als der des abgegessenen Menü-Tabletts, das noch etwa eine Stunde auf dem Klapptisch bleibt. Im Bordprogramm schaue ich eine Komödie über zwei alternde amerikanische Salesmen, die ein Praktikum bei Google machen – und danach den American Dream für sich erfüllen, nämlich einen Job bei Google anzutreten. Ich finde das erstaunlich. Ich kann mich nicht erinnern, dass es zu meiner Zeit Komödien gab, in denen die Protagonisten um Jobs gekämpft hätten. Im Kino gab es gar keine Jobs. Ich trinke zwei Glas Weißwein. Dann sehe ich mir noch *Hangover 2* an. Der Film beginnt damit, dass ein Typ eine Giraffe auf einem Pick-up über die Autobahn fährt. Leider wird sie von einer Autobahnbrücke geköpft. Immerhin, wir kommen Afrika thematisch näher, denke ich. Ich bestelle mir mehrere Brandys hintereinander, immerhin der letzte Alkohol, den ich für längere Zeit bekommen werde. Gerade schaue ich schläfrig die ersten Szenen eines Schwarzenegger-Films, da gehen schon die Anschnallzeichen an. Der Airbus setzt zur Landung an. Es hat nicht einmal einen halben Tag gedauert, von Europa ins Herz Afrikas zu fliegen. Das Flugzeug senkt sich und setzt auf, bremst. Stille. Draußen ist Nacht mit wenigen kaltweißen Lichtern.

Ich erinnere mich, wie der Studienkamerad von Gutmann, Paul Rother, seine Ankunft in Afrika vor mehr als hundert Jahren beschrieben hatte: «Als wir aber in Mombasa, unserm Bestimmungshafen einlaufen, sehen wir ein wundervolles Tropenbild, eine Palmenstadt. Aus üppigem Grün scheinen die weißen Gebäude der Stadt hervor. Kaum hat das Schiff angelegt, umschwärmen uns schwarze Gestalten. Kräftige und fröhliche Burschen sind's. Sie tragen und schleppen und arbeiten. Der Schweiß läuft ihnen über das Gesicht. Der Körper ist bedeckt von Flicken und Fetzen. Das kümmert sie nicht. Und wenn sie unter den Lasten keuchen, so haben sie doch noch ein fröhliches Scherzwort auf den Lippen.»

Ich frage mich, wie er die Ankunft beschrieben hätte, wäre er mit unserer KLM-Maschine gelandet.

Als ich aus dem Flugzeug trete, umfängt mich warme, feuchte Luft. Es riecht nach Hibiskus. Das Terminal ist ein flacher Bau, auf dem die Buchstaben KILIMANJARO AIRPORT prangen. Es umschwärmen uns keine Schwarzen, die Passagiere sind fast ausnahmslos weiß; ein Heer blasser Gestalten quillt aus dem Flugzeug. Meine Eltern haben den Flug gut überstanden. Mein Vater hat sogar den Schwarzenegger-Film gesehen. Er versucht, meiner Mutter die Handlung zu erklären, es sieht so aus, als habe der Trip für ihn gut angefangen. Meiner Schwester ist ein bisschen schlecht.

Das Flugzeug steht einsam vor dem Abfertigungsgebäude, es gibt keinen Bus, in den man steigen müsste, man läuft einfach hundert Meter durch die Flutlicht-Nacht und stellt sich in die Schlange für die Visa-Vergabe. Für ein Visum nehmen sie 50 Dollar, aber dafür bekommt man auch etwas geboten. Die Einreisemodalitäten sind so aufwendig wie die in den USA und das Personal genauso griesgrämig, hier hat niemand ein Scherzwort auf den Lippen. Einer nach dem andern stellen wir uns vor ein Kameraauge. Dann müssen wir unsere Fingerabdrücke auf einem Scanner hinterlassen. Anschließend wird ein Visum für uns ausgedruckt. Es trägt das kleine Foto, allerdings eines aus der Fischaugenperspektive. Ich habe darauf eine Nase wie Goofy. Die Passbilder, die ich noch am Automaten in Darmstadt gemacht habe, hätte ich mir sparen können. Sie wären allerdings hübscher gewesen.

Dann treten wir aus dem Gebäude, in die Nacht am Kilimandscharo, Trolleys durch den Staub zerrend. Es wird uns von allen Seiten Hilfe angeboten, aber ich winke stets ab, in guter deutscher Dienstleistungsfeindschaft. Meine Augen wandern über Schilder, auf denen «Airport Taxi Service» steht, die Namen von Reisegruppen oder «Tillman Prufer». Tillman Prufer? Tatsächlich ist jemand gekommen, um uns abzuholen, ein großer schwarzer Mann mit grauen Haaren und hellem Anzug, der stoisch in das weiße Menschenmeer blickt, das sich da gerade in sein Land ergießt. Als ich auf ihn zugehe, schaut er, als sei ich ein Lottogewinn mit Rucksack. Er ruft: «My friend! Welcome home!» Es ist tatsächlich Reverend Saria, der District Chief, Leiter der Nördlichen Diözese. Er beaufsichtigt ein Gebiet, so groß wie jenes, über das einst Bruno Gutmann gewacht hat. Er ist gewissermaßen der Gutmann des 21. Jahrhunderts. Kaum hat Saria mich geherzt und umarmt, stürmt er auf meine Mutter zu. Die ganze Familie liegt erst in den Armen von Saria, dann in denen seines Sohns Samawa. Dann wieder in den Armen Sarias. Samawa, sagt Saria, bedeutet «Geschenk» auf Suaheli.

Reverend Saria nimmt meiner Mutter den Koffer aus der Hand und trägt das schwere Ding. Er zieht es nicht etwa hinter sich her. Saria ist groß, eigentlich riesig. Aus den Briefen meines Urgroßvaters glaube ich gelesen zu haben, die Dschagga seien klein. Einmal schrieb er an seine Tochter: «Denk dir, du bekämst am Tage nur einmal zu essen, was du da wohl für Hunger haben würdest. Darum bleiben die Kinder hier auch so lange klein, weil sie nicht genug zu essen bekommen. Früher war das besser für die Kinder, da behielten die Leute ihre Milch und Butter und ihre Feldfrüchte und aßen sie selber. Aber jetzt verkaufen sie zu viel davon, weil sie Geld brauchen, um sich Kleider zu kaufen, Mit denen sie sich vor anderen Leuten groß tun können. So ist daheim und hier in Afrika der neue Rock und Hut schuld daran, dass manches Kind ein Zwerg bleibt.»

Die Zwerge hier sind allerdings wir. Reverend Saria sieht mit seinem leichten steingrauen Baumwollanzug von uns allen eindeutig am besten aus.

Wir gehen über den Parkplatz, er wird von weißen Leuchtmasten erhellt. Um die Scheinwerfer flattern schwarmweise Fledermäuse, so wie man es aus Dracula-Filmen kennt. Saria lädt uns und unser Gepäck in einen weißen Toyota-Geländewagen. Es ist ein Bär von einem Auto. Mein Vater versucht sich anzuschnallen, doch der Gurt rastet nicht ein. Er hält ihn deswegen einfach fest, vielleicht rechnet er mit einer Verkehrskontrolle. Der Rest von uns klemmt sich auf die Rückbank, Anna mit einem Blick zwischen Verzückung und Verzweiflung. Annette ist blass um die Nase, meine Mutter ist still. «Lasst uns beten», ruft Reverend Saria. Und wir beten; was mich betrifft, ist es das erste Mal seit meinem Essen mit Freddy. Saria dankt Gott, dass er ihm diese Freunde gesandt hat, er dankt, dass sie sicher gelandet sind, und er bittet Gott, dass er alle sicher ins Hotel geleiten werde. Das war's. Mehr muss Gott für uns heute nicht tun. «Amen», rufen wir alle.

Der Toyota arbeitet sich durch die Straßen. Man versteht, dass es hier durchaus Sinn macht, darum zu beten, heil anzukommen. Der Flughafen liegt zwischen der Millionenstadt Aruscha und dem kleineren Moschi, wo mein Urgroßvater gewirkt hat. Moschi heißt so viel wie Rauch, weil die Menschen hier früher ihre Bananenblätter verheizt haben, um zu kochen. Über Moschi stand also immer Rauch. Nun sieht man keinen Rauch, man sieht gar nichts, außer ein paar Neonlichtern, die draußen vorbeiziehen. Manchmal auch ein bunt beleuchtetes Häuschen, eine Kneipe. Um uns ist nur afrikanische Dunkelheit, während unser Auto auf Moschi zusteuert. Es gibt Alt Moschi und Neu Moschi. Neu Moschi wurde wegen der neuen Eisenbahnstation gebaut, die angelegt wurde, kurz nachdem mein Urgroßvater das Gebiet bereist hatte.

Saria lobt die Eisenbahn. Alles, was die Deutschen gebaut haben, stehe noch. Stationen, Brücken, Schienenstränge. Er erzählt, während er das zitternde Lenkrad hält, meinem zitternden Vater, dass er mehrmals in Deutschland gewesen sei. Da sei er mit der Eisenbahn gefahren. «Uh – fast!» Schnell! Er habe Angst gehabt in so einer Eisenbahn. Wenn da mal etwas passiere, könne man nichts mehr tun. «In Tansania sind die Eisenbahnen langsam wie Kühe, das ist nicht so gefährlich!» Er erzählt, dass die Loks, die in Deutschland im Museum stehen, hier noch auf der Strecke fahren. «Sie sind gut, so gut.» Alles, was die Deutschen gemacht haben, ist gut.

«This is Gutmann-Land», ruft Saria plötzlich. «This all is Gutmann-Land!»

Draußen ist es dunkel. Anna ist still, schließlich sagt sie: «Ich glaube, es wird hier in der Gegend keine Luxushotels geben, oder?»

Unser Hotel, auf dessen Parkplatz der Toyota schließlich zum Stehen kommt, ist dann doch um einiges komfortabler, als ich gedacht habe. Die Zimmer haben Klimaanlagen, von denen einige sogar funktionieren. Saria fragt, ob wir mit ihm hier etwas essen wollen, und fügt gleich hinzu, dass es hier keinen Alkohol zu trinken gebe. Ich sage, da Gutmann keinen Alkohol getrunken habe, könnten wir wohl auch darauf verzichten. Saria lacht und streicht mir über den Kopf. Er findet mich vielleicht niedlich.

Das Essen besteht aus: Schweinefleisch, Hühnerfleisch, gebackenen Kartoffeln, Salat, Spinat, Reis, von allem reichlich. Reverend Saria und sein Sohn geben uns ordentlich auf und essen selbst ganze Fleischberge. Sie haben Hunger, den ganzen Tag habe er nicht essen können, sagt Saria. Heute sei er auf einer Beerdigung gewesen. Ein Baggerfahrer sei gestorben, bei einer Explosion auf einer Baustelle. «Ich fragte die Trauergemeinde: Wer wird sich um die Witwe kümmern, wer sorgt für sie? Da trat ein Bruder der Frau hervor. Er weinte! Er sagte, er werde Sorge tragen. Und dann haben sie Geld gesammelt.»

Saria erklärt, in Afrika am Kilimandscharo gebe es keine vereinsamten Witwen. Ich überlege, ob ich eigentlich eine einsame Witwe kenne, mir will keine einfallen. Doch Saria ist in seinen Erzählungen schon weiter, er hat die Fähigkeit, schnell zu essen und schnell zu sprechen und doch nie beides gleichzeitig zu tun.

«Wir werden Old Moschi besuchen, dort, wo Gutmann gelebt hat. Von dort ist er jeden Freitag mit seinem Pferd ...» – «Mit seinem Esel», verbessert ihn meine Mutter, sie ist da schon genau. «... mit seinem Pferd ist er in die Stadt geritten, ein steiniger Weg noch heute. Aber damals! Da war da nur Wald. Voller Löwen, Tiger und Elefanten! Es war gefährlich! Aber das hat Gutmann nicht gekümmert!»

Saria versenkt seine blitzenden Zähne in einem Hähnchenschenkel und streckt den Daumen. «Gutmann – the best!»

Wir nicken schweigend. «In dieser Gegend», erklärt Saria, «gibt es mehr Lutheraner als irgendwo sonst in Tansania – wegen Gutmann.» Er sticht die Gabel in eine Kartoffel. «Die Leute haben eine gute Bildung. Man findet überall auf der Welt Menschen aus Moschi – wegen Gutmann!» Er streckt den Daumen wieder: «The best!»

Gutmann, so spricht er weiter, habe den Leuten in Deutschland ins Gesicht geschlagen, wenn sie gefragt hätten, wie die Wilden in Afrika denn so seien. Wilde kenne er nur im Westen, habe er gesagt. Gutmann habe die Menschen gelehrt, dass sie selbst die Kirche seien. Und er habe ihnen beigebracht, dass nur das eine echte Spende sei, was man von Herzen zu zahlen bereit sei. Alles sei von Spenden bezahlt in seinen Gemeinden. «Mein Wagen», er meint den Toyota, «ist eine Spende der Gläubigen. Sie sagten, der District Reverend braucht ein Auto. Also haben sie gesammelt. Wenn bei euch der Staat die Kirchensteuer nicht eintreiben würde, würde die Kirche dann nicht zusammenbrechen?»

Er erzählt noch viel. Vom großen Herz der Deutschen, die es gewagt hätten, vor hundert Jahren in dieses von Krankheiten und Gefahren geplagte Land zu reisen und Gutes zu tun. Vom Erbe des großen Altvaters. Von der geplanten Gutmann-Gedenkstätte.

Als ich am späten Abend unter mein Moskitonetze krieche, bin ich sicher: Bruno Gutmann hat die Welt gerettet.

Mein Blick fällt auf die Wasserflasche auf dem Nachttisch. Sie steht neben der Kerze und einem Strauß Blumen. «Kilimanjaro Drinking Water» steht da. «Trademark of the Coca-Cola Company».

DIE KIRCHE AM BERG

Im Bett muss ich daran denken, wie seltsam das ist, als mehrfacher Familienvater mit den eigenen Eltern und der Schwester zusammen zu sein. Mein Vorfahre hingegen hat seine eigene Schwester kurzerhand nach Afrika verheiratet, um sie in der Nähe zu haben. Einfach so. Es scheint mir unglaublich, dass man sich so schnell bindet. Meine spätere Frau und ich haben drei Jahre gebraucht, bis wir uns entschließen konnten zusammenzubleiben. Wenn heute ein Paar nach kurzem Kennenlernen in voller Verliebtheit heiratet, gilt das als beste Voraussetzung dafür, dass sie sich schon bald in voller Frustration wieder scheiden lassen. Aber heute muss eine Beziehung auch anderes leisten. Heute verlangen Partner voneinander, in jeder emotionalen Lage die volle Entsprechung im Gegenüber zu finden. Frauen verlangen, dass ihr Partner sie zum Lachen bringt. Sobald man nicht mehr herzhaft gemeinsam lacht, muss man sich trennen. Ich glaube, zu Zeiten meines Urgroßvaters ist das Lachen noch nicht so wichtig. Es reicht damals vielleicht, gütig zu lächeln. Eine Lebenspartnerschaft orientiert sich daran, ob jemand als Versorger taugt und ob er ein anständiger Mensch ist. Die Vorstellung, dass der Partner auch Lieferant von Glücksgefühlen sein soll, ist noch nicht sehr verbreitet. Besonders Bruno Gutmann ist über jeden Verdacht erhaben, romantische Gefühle zu verbreiten. Aber er kommt genauso schnell zu seiner Lebenspartnerin wie sein Freund Rother. Nach einigen Jahren am Kilimandscharo reist er wegen gesundheitlicher Probleme 1908 nach Deutschland zurück. Dort trifft er Theodor Emil Förster, den er schon am Kilimandscharo kennengelernt hatte. Förster besitzt eine Kaffeeplantage in Moschi und will demnächst nach Paraguay auswandern. Aber vorher will er noch seine Tochter an den Mann bringen. Der überkorrekte, fromme Gutmann scheint ihm gerade passend dafür. Förster stellt Gutmann seine Tochter vor. Er meint, es sei ganz genau die richtige Frau für ihn. Er hat recht, kurzerhand heiraten die beiden. Genau wie Frieda will Elisabeth nach Afrika. Mit ihrem Mann wird sie das ganze Leben dort verbringen. Sie werden eine sehr glückliche Ehe führen. Ein Streit der beiden ist nicht überliefert.

Als Frau ist es eine harte Entscheidung, nach Afrika überzusiedeln, vor allem als Frau eines Pfarrers. Elisabeth lässt sich auf Rat des Arztes alle Zähne ziehen. Denn Zähne sind damals chronisch schlecht und anfällig – und am Kilimandscharo ist der Zahnarzt weit. Eine Wurzelentzündung kann hier gefährlich werden, wie jede Krankheit gefährlich werden kann. Antibiotika sind noch nicht in Gebrauch.

Brunos Frau muss sich in Afrika an einiges gewöhnen. Nicht nur dass sie jeden Tag schwarze Kleider tragen muss, damit sie die nötige Züchtigkeit ausstrahlt. Und dann sind da die Tiere. Es gibt gefährliche Tiere am Kilimandscharo. Wer zu Fuß zum Nachbarberg Meru geht, die ganzen zwölf Stunden, der muss durch das Löwenland. Man hört die Tiere brüllen und kann nur hoffen, dass sie keinen großen Hunger haben. Einen Löwenangriff kann ein Mensch nicht überleben.

Es gibt aber auch die guten Tiere: etwa Fallada, die Maultierstute. Gutmann schafft sich Fallada an, als er zusätzlich die Station in Schira übernimmt. Nach Schira sind es mehrere Stunden von Masama aus. Gutmann hadert lange mit dem Kauf. Er will so große Ausgaben nicht machen. Doch sie werden beste Freunde, Fallada und Bruno. Wenn ihr Herr nicht da ist, wird Fallada unruhig. Sie bricht sogar aus und macht sich auf die Suche nach dem Missionar. Einmal findet man das Tier auf halbem Wege nach Nkarungo, wohin Gutmann zur Missionarskonferenz gegangen war.

Elisabeth hätte auch gerne ein Reittier, aber das wäre zu teuer. Er reitet alleine auf Fallada, so wie Jesus auf seinem Esel durch Jerusalem. Was aber nicht bedeutet, dass Elisabeth nur zu Fuß unterwegs wäre. Gutmann hat einen Tragestuhl bauen lassen. Er besteht aus zwei langen Stangen, die seitlich an einem Stuhl angebracht sind. An jedem Ende der Stangen packt ein kräftiger Bursche an. So trägt man Elisabeth durch das Land. Es ist ein seltsames Bild: der hochgewachsene Missionar auf dem dahintrabenden Maultier, dahinter seine Frau auf der Sänfte. Elisabeth verflucht den Tragestuhl. Allerdings nicht weil sie Mitleid mit den jungen Männern hat, die sie schleppen müssen. Die werden ja dafür bezahlt. Sie findet einfach, dass der Stuhl unerträglich schaukelt.

Das Wohnhaus in Masama ist nicht sehr schön, es hat eine Veranda und eine Treppe zum oberen Stockwerk, wo Bruno Gutmann sich niederlassen kann, um zu arbeiten. Es ist seine Bücherstube. Ein Holzhaus in Afrika ist eine schwierige Unterkunft, denn Holz wird von den weißen Ameisen gefressen. Sie nagen überall. Manche Bauten sind wegen der Insekten schon nach wenigen Jahren abbruchreif.

Was nicht gefressen wird, das rieselt. Der Lehm am Kilimandscharo ist rot; mit diesem Lehm sind die Decken verspachtelt. Wird er trocken, dann rieselt er.

Man kann gar nicht schnell genug hinterherwischen, so viel Erde kommt herunter. Eines Tages backt Elisabeth einen Käsekuchen und streut etwas Zimt drauf. Anstatt sich über den schönen Kuchen zu freuen, schaut ihr Mann besorgt. Und fragt, ob die rote Erde nun schon auf den Kuchen gerieselt sei.

Für Elisabeth wird ihre neue Bestimmung als Missionarsfrau zum Vollzeitjob. Sie ist Haushälterin, Sekretärin, Krankenschwester. In den Missionsstationen hilft man sich mit Primitivmedizin. Die Ausstattung ist sehr einfach, die Krankheiten, mit denen man es zu tun bekommt, sind es nicht. «Die Leute hier leiden viel an diesen Brust- und Rückenschmerzen und kommen und wollen Arznei haben, ich gebe ihnen etwas Chinin und dann wird es besser», schreibt Elisabeth einmal. Jene Chinarinde ist das härteste Medikament vor Ort. Sie wird auch zur Linderung von Malaria gegeben. «Eines Tages brachten die Leute unseren guten Lehrer Andrea getragen, er wohnt oben nahe am Vorwalde. Er war sehr krank hier, hatte Lungenentzündung.»

Der Patient spuckt Blut und hat starke Schmerzen. Elisabeth macht ihm Umschläge aus Lehm, gibt Zitronenwasser und Chinin. Der Lehrer kommt durch. Jeder Geheilte bringt neue Patienten. Aus Deutschland hat Elisabeth alte Jacken und Westen mitgebracht, die kann sie gut brauchen, denn Wolldecken gibt es nicht. Die Schwerkranken packt sie darin ein, damit sie schwitzen. Die Patienten bringt sie in einer Hütte unter, etwas entfernt von der Station. Der Bau hat keine Fenster, nur Läden. Bei schlechtem Wetter muss man sie schließen, dann ist es stockdunkel, und der Rauch des kleinen Ofens beißt in die Augen. Dass die Kranken in einiger Entfernung zum Wohnhaus untergebracht sind, ist allerdings wichtig. Als Missionar lebt man mit einem ständigen Infektionsrisiko. Lepra, Malaria und Grippe. Alles kann hier zur tödlichen Gefahr werden.

Nach einiger Zeit in Masama wird das Paar nach Moschi versetzt. In Moschi gibt es schon eine kleine Kapelle, die Gutmanns Vorgänger Fassmann hat erbauen lassen. Ein kleines «Kirchlein», wie Gutmann es nennt. Vielleicht 50 Menschen finden darin Platz, aber für die damalige Zeit ist es ein imposanter Bau. Immerhin ist es eine Steinkirche. Und sie hat einen Glockenturm, der auf dem Dachfirst thront. Es sieht ganz genau aus, wie man sich im fernen Deutschland einen Arbeitsplatz für Missionare vorstellt. Ein pittoreskes Gotteshäuschen. Bald wird die Kirche deshalb aus Blech nachgebaut und als Spendenbüchse für die Mission benutzt. Binnen kurzem platzt das Gebäude jedoch aus allen Fugen – weshalb Gutmann einen Bautrupp zusammenstellt und einen mehr als doppelt so großen Anbau an das Kirchlein setzt. Ein Gestell mit drei Glocken, die aus Deutschland gespendet wurden, lässt er daneben errichten. Nun gongt das Christentum bis weit ins Tal hinein.

Aus Moschi will Gutmann nie wieder weg. Er liebt die Natur am Kilimandscharo. Am Abend kommen die Stürme, die untergehende Sonne lässt die Täler im Schatten und wärmt den Berghang weiter. Die erkaltende Luft sackt ab und saugt die Wärme hinterher. Der Sturmwind zerrt an allem, was er greifen kann, an der zum Trocknen aufgehängten Wäsche, an achtlos stehengelassenen Eimern, die scheppernd durchs Dorf getrieben werden. Besonders zerrt er jedoch an den Baumkronen. Die Akazien und Zypressen, die vereinzelt in den Himmel stechen, biegen sich. Und durch das Geäst des höchsten der Bäume, den Gutmann den «Trutzbaum» getauft hat, orgelt der Wind. Bruno Gutmann mag den Sturm. Er sitzt am Abend oft auf der Veranda und lauscht dem Krach. Es ist ihm, als würde die Natur eine Konzertprobe geben, um zu zeigen, dass sie so viel stärker ist als der Mensch. Dass sie all die sogenannten Errungenschaften der Zivilisation abknicken und einebnen könnte, wenn ihr danach wäre. Als ob sie daran erinnern wollte, dass sie ewig sei. Der Mensch aber nicht. Gutmann genießt dieses Schauspiel. Und es macht ihn demütig. Hier in Afrika, am Kilimandscharo, ist die Schöpfung noch stark und ungezähmt. In seiner Heimat, in Dresden, wird die Natur eingemauert und überbaut. Dort rußen die Fabrikschlote, und die Autos knattern über die Straßen. Dort könnte man auf die Idee kommen, die Natur gebe es nicht mehr, sie sei begradigt. Aber hier, hier in der Kolonie, kann man sie spüren. Die Schöpfung. Durch das Singen der Bäume spricht Gott jeden Abend zu ihm. Gottes Kraft zaust ihm das Haar.

Die Dschagga haben Respekt vor der Natur, sie wissen, dass

ihr Leben davon abhängt, ob Sonne oder Trockenheit herrschen. Sie kennen Hunger, Siechtum und Tod, wenn die Ernte lausig ist. Der weiße Mann aber hat keinen Respekt. Er baut Schienen, auf denen er alles Schlechte bis tief in das Land bringen kann. Schnaps, Waffen, Geld und amerikanische Kinofilme. Die Loks schleppen all den Schrott herbei und tragen das Gute aus dem Land. Sie nehmen den Kaffee mit und den Kakao. Und er, Bruno Gutmann, wird dagegen nichts anderes tun können, als hier oben auf dem Berg zu wachen. Über die Menschen und die Natur. Die Jungen haben schon gehört, dass unten am Berg die Bahn gebaut wird, dass dort die Stadt Neu Moschi entsteht, dort gibt es Arbeit, Geld-Arbeit. Und wer Geld hat, der geht nach Mombasa. Mombasa ist schon jetzt eine westliche Stadt. In Mombasa gibt es Alkohol und Ausschweifung. Wer in Mombasa war, der kommt verändert zurück. Der glaubt, er brauche die Natur nicht mehr, er brauche den Clan nicht mehr. Die, die übrig bleiben, sind die Alten. Die zahnlosen Männer und die Weiber, die weiter ihre Bananenhaine bewirtschaften. Die weiter Bewässerungsgräben buddeln, die weiter Traditionen pflegen. Die Clanchefs und Häuptlinge bleiben alleine zu Hause.

Vielleicht ist es einer dieser Abende, an denen der späte Wind am Hang zerrt, als Gutmann sich bewusst wird: Die Alten werden sterben und mit ihnen all ihre Geschichten. Alle Lieder, alle Weisen, alle Regeln sind immer nur von Mund zu Mund weitergegeben worden. Es gibt keine Schriftsprache bei den Dschagga. Das Wissen wird von Generation zu Generation überliefert. Und sobald eine Generation nicht mehr zuhört, ist es tot und verloren. Die Kultur der Dschagga, die Seele des Volkes wird nur noch wenige Jahrzehnte bestehen. Der Einzige, der zwischen den Wissenden und dem Vergessen steht, ist er, Gutmann. Alles, was er nicht aufschreiben wird, wird verloren sein. Wenn er nicht zuhört, wird es die Dschagga nicht mehr lange geben. Sie werden keine Identität mehr haben.

Der Rat der Ältesten trifft sich regelmäßig unter dem großen Baum, dem Trutzbaum. Man lagert im Schatten des Blätterdaches und diskutiert die Probleme. Es können Probleme jeder Art sein, Konflikte über Land, über die Verteilung von Wasser, Vermählungen und Verstimmungen. Die Ältesten sind natürlich nicht gesetzgebend, das ist nur der Häuptling. Aber das Land ist weit, es zerstreut sich in unzählige Gehöfte, die stundenlange Fußmärsche voneinander entfernt liegen. Also kommt man unter dem Baum zusammen, um alles zu regeln. Bei diesen Unterredungen ist Bruno Gutmann stets dabei. Und es dauert nicht lange, da hat er eine natürliche Autorität. Er spricht nicht nur die Stammessprache Kidschagga, er kann sie auch benutzen. Er spricht in Gleichnissen und Mahnungen. Dem Wort von Bruno Gutmann kann man sich schwer entziehen. Und je größer die Gemeinde wird, desto mehr wandelt sich die Versammlung unter dem Trutzbaum in eine Art geistige Häuptlingssitzung. In dieser Versammlung sind auch jene zugegen, die die alten Märchen noch kennen. In ihnen sieht Bruno Gutmann wahre Schatzkammern. Und einen davon bittet er schließlich, ihn am nächsten Morgen in der Missionsstation aufzusuchen.

DER COCA-COLA-BERG

Unsere erste Nacht in Moschi ist erfüllt von dem Gezirpe der Zikaden und dem durchdringenden Heulen von Hunden (oder schlimmeren Tieren). Dann Dunkelheit, die so tief ist, als wäre man gerade gestorben, gekrönt von einem Sternenhimmel, der einem das Gefühl gibt, noch nie zuvor Sterne gesehen zu haben. Ich denke im Bett daran, dass dieses Land überhaupt bestens geeignet ist, einem als Europäer Minderwertigkeitskomplexe einzuflößen. Die Dschagga sehen einfach viel besser aus als wir. Ihre Haut hat einen goldbraunen Ton, ihre Haltung ist stolz, und ihre Stimmen sind sonor wie ein Kontrabass. Die Weißen am Flughafen wirkten daneben, als könnten sie jeden Moment auseinanderfallen. Es ist mir völlig unerklärlich, wie Europäer vor 150 Jahren einmal hierherkommen und die Idee haben konnten, sie seien die Herrenrasse. Das Nächste, was ich wahrnehme, ist Hahnengeschrei. So laut, als wollten tausend Geflügelhälse die Nacht vom Hof jagen.

Über dem Kibo hängt noch eine Dunstglocke, aber der Höhenwind bläst sie langsam fort, als würde der Berg seine Schlafmütze abnehmen. Der Kibo, der höchste Gipfel des Kilimandscharo-Massivs, verführt sofort dazu, dass man ihn personalisiert. Er ist nicht wie irgend so ein Alpenberg, der zwischen lauter anderen Alpenbergen klemmt. Er steht da, inmitten des Steppenlandes, als beherrsche er die Welt. Seine Schneekappe glänzt erhaben im tatsächlich goldenen Licht der Morgensonne. Irgendwie ewig weit weg.

Man kommt sofort auf die Idee, es könne sich um eine Gottheit handeln, auf jeden Fall um etwas Ewiges, Unverrückbares. Denn er sieht nun mal ganz genau so aus. Bruno Gutmann hat selbst einmal geschrieben, der Kibo wirke wie der «Stumpf des Himmelsbaumes». Der Berg, der auch wegen des zwischen dem Eispanzer hervorblitzenden Fels «Der Scheckige» genannt wird, gab den Menschen auch bestes Wasser und fruchtbaren Boden. Es ging den Dschagga, die damals bis an den Saum in Höhe von 1800 Metern siedelten, gut mit ihm. Sie verwandelten seine Hänge in einen Bananenhain, aus dem die hohen Bäume der Steppe vereinzelt noch hervorblitzen. Es wird nicht leicht gewesen sein, diesen Menschen überhaupt etwas zu erzählen.

Während sich die Farbe der Eiskappe von Gold in strahlendes Weiß gewandelt hat, ertönt von irgendwoher ein vielstimmiger Gospel. Die Menschen hier stehen offenbar früh auf. Als ich aus dem Hotelzimmer trete, wimmelt es schon überall von jungen Schwarzen in orangen T-Shirts. Sie gehören zu einem Seminar von World Vision, einer christlichen NGO. Die Jugendlichen singen in der Kapelle, die zum Hotel gehört.

Die Familie trifft sich zum Frühstück im Essensraum, einer etwas ranzigen Halle mit abgeschabten Tischen, die aber mit sauberen Decken bespannt sind. Direkt daneben ist die Küche, in der es aus schweren Töpfen dampft. Es gibt Eier, Süßkartoffeln, rote Würstchen und Brot, das man sich mit Marmelade beschmieren kann, dazu Kaffee aus riesigen Pötten, der leider nicht anders schmeckt als der Kaffee, den man in Deutschland aus riesigen Pötten trinkt. Ich mag Frühstücksräume in Hotels nicht besonders. Man muss sich der Öffentlichkeit präsentieren, in einem Zustand, in dem man nicht einmal sich selbst begegnen möchte: vor dem ersten Kaffee. Zum Glück kann man im Uhuru-Hotel nicht von Öffentlichkeit sprechen. Wir sind die Einzigen hier. Und vor den Familienmitgliedern muss ich meine Muffigkeit nicht verbergen, weil jeder mit seinem eigenen Schicksal ringt. Annette ist noch immer etwas schlecht, das könnte an der Malaria-Prophylaxe liegen, mir fällt ein, dass ich letzte Nacht gar Mücken im Zimmer hatte. Anna vermisst Nutella. Und sie muss feststellen, dass sich die landesübliche Interpretation eines Toast Hawaii sehr von dem unterscheidet, was sie so von zu Hause kennt. Der tansanische Toast kommt ohne Ananas aus – und ohne Toast. Es ist eher ein Schinkenbrot, wenn man den Fleischbelag als Schinken interpretieren möchte. Mein Vater bemerkt, dass die verlockenden Bananen im Obstkorb aus Holz sind, und Mutter schüttet in Ermangelung anderer Getränke mehrere Gläser eines süßen roten Sirups in sich hinein, dessen Namen man irgendwann einmal erfragen sollte. Ich wünschte, ich wäre nun jemand, der mit einer humorvollen Bemerkung die Stimmungskurve am Tisch steilstellen könnte. Leider blase ich nur flach in meinen Kaffee und hoffe, dass er demnächst Trinktemperatur erreicht.

Gegen zehn Uhr rollt Reverend Saria in seinem weißen Toyota auf den Hof. Wir werden in eine Gemeinde fahren, meint er. Eine Gemeinde nicht weit weg, die heißt Rau. Da können wir einen Kindergarten sehen und eine Kirche. Beim Wort Kindergarten leuchten die Augen meiner Mutter, ja, sie möchte unbedingt einen Kindergarten sehen!

Ich habe vier Töchter – meinem Gefühl nach habe ich in diesem Leben wirklich genug Kindergärten gesehen. Und Kirchen? Aus dem tiefsten Inneren brechen Bilder hervor. Es sind Bilder aus meiner Kindheit. Aus Urlauben in Schweden. Ich sehe Dorfkirchen vor mir. Jeden Tag wollten meine Eltern Dorfkirchen besichtigen. Eine gedrungene, aus Feldsteinen gemauerte Kapelle nach der anderen musste ich mir anschauen. Sie konnten nicht genug davon bekommen. Und nun steht offenbar eine weitere Kirchen-Rundreise an. Ich habe nichts gegen Gott. Wirklich nicht. Aber manchmal habe ich das Gefühl, er gibt ein bisschen an, weil er mir alle seine Immobilien vorführen möchte.

Der weiße Toyota beginnt sich durch das Land zu wühlen. Palisanderbäume und Flammenbäume säumen die Straßen, dazwischen Kokospalmen und natürlich Bananen. Überall blühende Büsche und Sträucher. Mein Vater sagt: «Das sieht jetzt schon mehr aus wie Afrika.»

«An Weihnachten», ruft Saria gegen den Motorlärm an, «ist hier alles grün und blüht.» Die Straßen sind gesäumt mit Business, jeder scheint hier mit irgendetwas zu handeln. In kleinen Hütten werden Früchte feilgeboten, manch eine Frau hat einen Haufen Holzkohle aus heimischer Produktion vor sich liegen. Andere haben ihr Auto mit Kleidern aus asiatischer Produktion geschmückt oder einen kleinen Tisch mit Tand aufgestellt, wie man ihn auch in Europa allenthalben findet. Freddy hat recht: Es ist eine saubere Stadt. Auf den Straßen liegt wenig Müll, jedenfalls weniger Müll als in Berlin. Und keine Hundescheiße wie in Berlin, höchstens Rinderfladen.

Moschi ist nicht mit einer europäischen Stadt vergleichbar. Es ist ein Meer von kleinen Bauten. Im Stadtzentrum sind sie aus Beton, zu den Rändern hin franst die Stadt in Brettern und Wellblech aus. Es gibt kleine Geschäfte mit vielversprechenden Namen wie «Moshi Electronics». Manchmal sieht man Bauruinen, bei denen den Bauherren offenbar die Lust abhandengekommen ist, sie zu Ende zu bringen, es gibt aber auch richtige Anwesen, die durch schwere Tore geschützt sind. Wir fahren an einem mehrstöckigen Gebäude mit Wachhäuschen vorbei, das von einer hohen Mauer umgeben ist, es sieht verlassen aus. Ein massiver Betonklotz mit Fenstern wie Augenhöhlen. «First Lady», meint Saria. Die Präsidentenfrau habe es sich bauen lassen. Von ihrem architektonischen Geschmack her zu urteilen, möchte man sie lieber nicht kennenlernen.

Was mir zuerst auffällt: überall Coca-Cola. An jeder Bar, jedem Pub, an jedem Etablissement, dem man nicht so recht ansieht, was es eigentlich sein soll, prangt ein Coca-Cola-Schild, auf dem der Name der Lokalität gedruckt ist. Es gibt aber auch Schilder, auf denen steht: «Coca-Cola Primary School» und «Coca-Cola Secondary School». Das Land ist gewissermaßen gebrandet. Ich erinnere mich, dass die Coca-Cola-Flaschen beim Abendessen höher und schlanker waren als die bei uns üblichen. Coca-Cola scheint voll auf Tansania zu setzen. Wir fahren an einem Markt vorbei, wo Karotten, Tomaten, getrockneter Fisch und natürlich Bananen angeboten werden, wir passieren Institute, die es bei uns nicht gibt, etwa ein «Talent Vision Care Center», und kommen letztlich auf einem Parkplatz unter einem Baum zu stehen, der sich als ein zwölf Meter hoher Ficus benjamini herausstellt.

Es ist das Gemeindezentrum von Rau, ein gepflegter Ziegelbau, in Ocker verputzt. Saria führt uns in einen Raum, in dessen Mitte ein Tisch steht, die Wände sind gesäumt mit alten, etwas zu weichen Sofas. Auf den Sofas warten alte und junge Leute. Sie warten auf ihren Pastor. Er gibt hier einmal in der Woche Christen-Nachhilfe und sagt, er bringe den Menschen bei, ein verantwortungsvolles Leben zu führen. Es gebe Paare, die würden ohne Segen heiraten. Sie streiten. Da müsse er beraten. Erstaunlich, finde ich. Bei uns nennt man das Paartherapie.

Er habe jetzt leider keine Zeit mehr für uns, nun müsse er mit seinen Schäfchen sprechen: «They want to see me. But Corinna will show you everything!»

Corinna? Tatsächlich: «Griaß Gott, I bin die Corinna», stellt sie sich vor. Ein mächtiges Maderl aus Niederbayern, das hier ein Praktikum macht.

Wir gehen in einen Hof und werden sofort von einer Horde fröhlicher Jugendlicher empfangen, sie haben alle eine geistige Behinderung. Die Kinder sind bester Laune. Ein Junge namens Vokas nimmt mich an der Hand und fragt etwas, das ich nicht verstehe, aber es scheint nicht wichtig zu sein, er hüpft gleich weiter. Alle anderen sind interessanter als ich. Vokas nimmt meinen Vater in Beschlag und lässt sich von ihm die Kamera zeigen. Meine Schwester, die eine größere Kamera hat, ist gar nicht mehr zu erkennen hinter all den Körpern, die sich um sie drängen. Und meine Mutter hat sofort ein Kind auf dem Arm. Sie strahlt. Wenn man meine Mutter glücklich machen will, drücke man ihr ein Kind in den Arm. Bislang war sie nervös gewesen, immer darauf bedacht, nichts falsch zu machen. Hier fällt alle Anspannung von ihr ab. Corinna lässt sich von dem Geschubse freilich nicht umwerfen. Sie erklärt, das Besondere an diesen behinderten Kindern sei, dass sie überhaupt noch am Leben seien. Wenn ein Kind mit schweren Behinderungen zur Welt kommt, werde es noch heute sehr oft ausgesetzt. Andere werden von ihren Eltern versteckt und wie Tiere gehalten. Mir fällt auf, dass unter den Kinder kein einziges Mädchen ist. Für behinderte Mädchen sind die Überlebenschancen offenbar noch geringer.

Zwischen acht und neun Uhr kommen die Kinder in die Schule, es wird gebetet, dann gibt es Bibelstunde, dann Schreiben und Mathe. Jonathan zum Beispiel, der schon 23 Jahre alt ist, malt ein ganzes Blatt mit «999999999» voll. Gerade ist Uji-Pause. Uji ist ein Brei aus Maismehl, Zucker und Wasser. Alle scheinen hier Uji zu mögen, meine Mutter probiert Uji, auch sie mag es. Anna kostet – sie mag es nicht.

Drei holländische Studentinnen trotten herbei und hocken sich teilnahmslos auf den Betonboden. Corinna sagt, die seien hier, weil sie keine Lust mehr hatten, im örtlichen Krankenhaus zu arbeiten. Im Krankenhaus habe man sie zu wenig machen lassen, weil man der Meinung gewesen sei, jemand ohne medizinische Ausbildung dürfe keine Kranken versorgen. Das fanden die Holländerinnen doof. Nun sitzen sie halt herum und gucken leer in die Gegend.

Neben der Schule ist der Kindergarten. Die Kinder sind total aus dem Häuschen, als sie meine Eltern erblicken. Mein Vater macht sich einen Spaß daraus, sie zu fotografieren und ihnen anschließend die Bilder zu zeigen. Alle Kinder haben Schuluniformen an. Kurze rote Hosen oder rote Kleidchen mit karierten Hemdchen. Ein Kind hat heute keine Uniform, sondern ein Spiderman-T-Shirt an. Daran stört sich aber niemand. Schuluniformen sollen die sozialen Unterschiede unsichtbar machen. Man sieht trotzdem, welche Eltern die Uniformen ihrer Kinder waschen und welche nicht. Es ist ein Zwei-Schicht-Kindergarten, morgens bis mittags kommt eine Gruppe von 30 Kindern, mittags bis abends die zweite. Für sie alle ist nur eine Erzieherin zuständig. In Deutschland würde so jemand nach zwei Wochen an Burnout erkranken. Davon scheint die Kindergärtnerin aber weit entfernt.

Die Kinder singen uns etwas vor. Ich verstehe nur: «I love you so much» und «Shake, shake body!».

«Mei, dös is schoa a faszinierender Kontinent», sagt Corinna. Jonathan darf mit den blonden Haaren einer der Holländerinnen spielen, während sie so herumsitzt. Vor der Schule liegen viele Schuhe, einige davon sind Spiderman-Schuhe. Er scheint hier beliebt zu sein. Eine Mutter holt ihr Kind ab, sie trägt ein T-Shirt mit dem Aufdruck «I love NY».

Wir werden zum Essen in den Gemeindesaal gebeten. Die Christen-Nachhilfestunde ist vorbei, Saria ist zufrieden. Es werden Kochbananen mit Rindfleisch serviert. Mein Vater ist erst skeptisch, dann aber füllt er sich Teller um Teller. Saria schwärmt von den Bananen. Es gebe solche zum Kochen und süße Bananen. Man könne sie auch braten und backen. Mit den Bananen entgehe uns Deutschen etwas. Er habe mal in Deutschland Bananen gegessen, ein Jammer: «You really have to do something about your bananas!» Er erkundigt sich nach den Flutopfern. Flutopfer? Ja, Dresden. Er meint die Elbeflut von 2002. Wir schauen einander ratlos an. Saria erklärt: Man habe damals in seiner Gemeinde für die Opfer gesammelt. Und gebetet, Gott möge das Fenster schließen, durch das der Regen falle. Wir können es nicht glauben: Tansania sammelt für Ostdeutschland. Wir bedanken uns höflich. Den Flutopfern gehe es besser, sage ich. Die Spenden hätten sehr geholfen. Das beruhigt Saria. Die Gebete waren nicht vergebens.

Die Tür öffnet sich, ein junger Mann mit Oberlippenbart kommt herein, der sich als Evangelico Muriski vorstellt. Er trägt ein grünes Hemd, auf seinem Gürtel prangt ein Hologramm von Obama. «Mein Großvater wurde von Bruno Gutmann getauft», sagt er stolz. Ich nicke, als würde das etwas bedeuten. Saria nimmt das als Stichwort: «Gutmann! Let's go!»

Muriski will uns zuvor noch die Kirche zeigen, sie ist riesig und bietet Platz für mindestens 500 Leute. Das kegelförmige Wellblechdach donnert in der Sonne wegen der Hitzeausdehnung, als würden Hagelkörner daraufprasseln. Statt einer Orgel gibt es nur ein Harmonium. Muriski setzt sich daran und spielt «Lobet den Herren», er singt. Meine Mutter singt einfach mit: «... in welcher Not hat der allmächtige Gott über dir Flügel gebreitet ...» Ein Gemisch aus Suaheli und Deutsch klingt im tonnenförmigen Kirchenraum, begleitet vom Knallen des Daches.

Ich sehe den freundlichen Muriski, stolz auf Obama und sein Orgelspiel. Mit einem Lied auf den Lippen, das ein Mann namens Joachim Neander vor mehr als 300 Jahren als christliches Hauslied gedichtet hat. Der sich wohl nicht hätte vorstellen können, dass es einmal in Afrika gesungen würde. Der Einzige, der es nicht singen kann, bin ich. Ich kenne den Text nicht. Und zum ersten Mal in meinem Leben habe ich das Gefühl, das sei ein Defizit.

Die Sonne steht mittlerweile im Zenit, es ist aber nicht übermäßig warm, eher frühsommerlich. Wir steigen wieder in den Toyota, mit Kochbananen im Bauch und Orgelklängen im Kopf. Der Landcruiser scheint völlig unbeeindruckt von all diesen Schlaglöchern, die man allerdings nicht mehr Schlaglöcher nennen kann, sondern eher Autofallgruben. Für Saria ist das nicht einmal ein Grund, die Geschwindigkeit zu drosseln. Gott ist offenbar ziemlich mit ihm. Er redet unverdrossen weiter – darüber, dass wir nun dorthin sollten, wo unser Vorfahr sein Wirken begonnen hat. Er spricht tatsächlich so, als wäre es eher sein Urgroßvater als meiner.

Wir erreichen Madschame, die älteste Missionsstation am Berg. Von dort gibt es einen herrlichen Ausblick auf flaches grünes Land. Als der Toyota zum Stehen kommt, sind wir erstaunt. Wir stehen vor einer riesigen Kirche auf der Kuppe eines sanft ansteigenden Hanges, die über eine breite, schier endlose Freitreppe zu erreichen ist. Eher ein Tempel. Die Kirche hat einen steinernen Turm. Auf dem Kirchenbau prangt der Spruch «Glaube an den Herrn!» auf Suaheli. Die Freitreppe ist mit terrassenförmigen Beeten umsäumt. Diesem Bau ist anzusehen, dass er mit dem Ziel errichtet wurde, möglichst viel Eindruck zu machen.

Bäume blühen in Pink und Violett, ihre heruntergefallenen Blüten sprenkeln den Rasen. Männer sind dabei, ein neues Haus hochzuziehen, sie legen das Fundament. Einer steht am Zementmischer, zehn andere kommen mit Schüsseln zu ihm, in die er den Zement gießt. Den bringen sie dann zum ausgehobenen Graben. Es sieht aus wie bei einer Essensausgabe – es geht hier eben alles auf afrikanische Art.

Der Gemeindechef versichert uns, wie stolz er darauf sei, dass Bruno Gutmann hier seinen Weg begonnen habe und wie wichtig der Ansatz der ersten Missionare hier für die Entwicklung des Landes gewesen sei. «The gospel started here.» Sie bauten Krankenhäuser, Schulen und Kirchen. So wollten sie für die körperliche und spirituelle Gesundheit der Menschen sorgen.

Das Priesterseminar von damals steht noch. Ein Bau, aus Basaltgestein gemauert mit zwei Flügeln, an der Tür prangt die Lutherrose. Der Gemeindechef macht uns auf einen riesigen Baum aufmerksam. Dort habe Gutmann einen Stock, mit dem er gewandert sei, in die Erde gestoßen. Dieser Baumriese sei daraus erwachsen. Wow, mein Urgroßvater scheint mit jedem Schritt, den er hier gemacht hat, Geschichte geschrieben zu haben.

Einige hundert Meter von der Missionsstation steht das Krankenhaus von Madschame. Es ist nicht vergleichbar mit hiesigen Krankenhäusern, denn es fehlt jede Anmutung von Sterilität. Es gibt ein kleines Foyer mit Holzbänken, an der Wand hängen vergilbte Bilder von den Gründervätern des Krankenhauses. Ich erkenne das schon ziemlich verblichene Bild meines Urgroßvaters, es zeigt ihn als energischen jungen Mann mit einem eleganten dunklen Vollbart. Nicht so ein Rauschebart, wie man ihn in Hipster-Kreisen in Berlin-Mitte trägt, sondern ein akkurat getrimmter. Bruno Gutmann trägt nach hinten gekämmtes Haar und einen Anzug mit Binder und Stehkragen. Er blickt stolz in die Ferne. Im Foyer bin ich allerdings der Einzige, der dem Bild Beachtung schenkt. Auf den Holzbänken sitzen Menschen aus der Umgebung, und je nach Zustand schwatzen sie heiter mit ihrem Nachbarn oder gucken leer auf den Boden. Alle warten auf medizinische Versorgung, und darauf wartet man hier lange. Uns empfängt ein amerikanischer Arzt, Dr. Robert Kasworm. Zwischen all den dunklen Menschen sieht er rosig aus. Kasworm kommt aus Nebraska. Eigentlich wollte er hier nur für zwei Jahre arbeiten, daraus wurden neun. Seine Frau ist in Nebraska geblieben.

Der Bau ist groß, ein Labyrinth aus Gängen, Nebenbauten, Höfen, Gärten, Baracken. Es gibt keinen Krankenhausgeruch, hier wird kein Formaldehyd verspritzt. Einfach weil es keinen Sinn ergeben würde. Kasworm kennt Gutmann, der die Station mit aufgebaut hat. Er nennt ihn «progressive», lobt, dass Gutmann als einer der wenigen den Afrikanern nicht ihre Kultur nehmen wollte. Er habe es wohl damals nicht leicht gehabt, weil viele in der Mission der Meinung gewesen seien, man müsse die Gelegenheit ergreifen, Afrika nach westlichem Vorbild zu entwickeln.

Dr. Kasworm führt in diesem Krankenhaus einen Kampf gegen immer neue Hydra-Köpfe. HIV sei immer noch ein Problem, es gebe eine Versorgungsstation für über 1000 Patienten, man nennt sie aber mittlerweile «Kunden». HIV fordert zwar noch Todesopfer, habe durch die neuen Medikamente aber den Charakter einer lebenslangen Krankheit bekommen. Am Kilimandscharo ist die Kindersterblichkeit in den ersten fünf Jahren auf ein Zehntel zurückgegangen. In anderen Gegenden, in der Savanne, wo die Massai sind, betrage sie aber noch vier Zehntel – fast jedes zweite Kind stirbt. Am Kilimandscharo stirbt jede 170. Frau bei der Geburt, in der Ebene noch jede zehnte. Es gibt nach Dürreperioden noch immer Hungerkrankheiten und viel Unterernährung. Auf der anderen Seite halten die Wohlstandsleiden Einzug: Diabetes und Bluthochdruck.

Nirgends treffen die Widersprüche Afrikas härter aufeinander als in einem Krankenhaus. Den stärksten Anstieg verzeichnet Kasworm bei den Traumapatienten: schlimme Brüche, weil viele Afrikaner sich billige asiatische Motorräder kaufen und damit auf den Straßen stürzen.

Die Klinik ist eine Zusammensetzung neuer und alter Bauten. Zu einem frühen Teil zählt die «Asiatenstation». Dort wurden Patienten aus Indien untergebracht, sie waren getrennt von den Weißen, die wiederum von den Schwarzen getrennt waren.

Es werden in Madschame Zähne gezogen, Brüche gegipst, Kinder auf die Welt gebracht. Man kann überall etwas tun für die Patienten, aber man kommt schnell an Grenzen. Zum Schluss zeigt Kasworm uns die Intensivstation. Ein Raum, der nicht steril ist. In der Ecke stehen mannshohe Sauerstoffflaschen. In einem Bett liegt eine Frau wie ein hingeworfenes Handtuch. Ihr Mann hält ihre Hand. Ein Sauerstoffzugang ist ihr an die Nase geheftet. Der Mann wendet uns kurz seinen Blick zu, sein Gesicht ist leer vor Ohnmacht. Er streichelt seine Frau. Wir stören sie beim Sterben. «Wir können den Menschen hier Sauerstoff geben, mehr nicht», sagt Kasworm. Zum Abschied meint er: «Mein Tipp – werden Sie hier nicht krank. Wir können etwas für Sie tun, aber es ist nicht sehr angenehm.»

Ich verspreche, mir das zu Herzen zu nehmen. Als wir wieder aus dem Krankenhaus treten, kommt mir der Platz davor unglaublich leer vor. Ich würde jetzt gerne an etwas glauben, an irgendetwas. Aber da ist nichts.

DER KIDIA-KOMPLEX

An dem Morgen, als Bruno Gutmann beginnt, die Kultur der Dschagga zu retten, ist sein Gast pünktlich. Der Alte steht auf der Veranda der Missionsstation. Die Sonne ist noch nicht aufgegangen, die Schreibstube nur vom tiefgelben Flackerlicht des Öllämpchens erleuchtet. Irgendwo hört man Hunde heulen. Später als kurz vor dem Sonnenaufgang hätte Bruno Gutmann niemanden bestellen können, denn die Tage der Dschagga sind durchstrukturiert vom ersten bis zum letzten Sonnenstrahl. Der Alte guckt ihn an, als sei er aus Stein. Er trägt noch das traditionelle Gewand der Dschagga, ein Umhang aus Rinderfell, dessen behaarte Seite nach außen gekehrt ist. Er ist einer der letzten Lehralten, jener Stammesangehörigen, die wandelnde Bücher sind. Und Gutmann will ihn nun lesen. Der Lehralte steht unsicher in der Schreibstube. Er könnte sich wohl setzen, aber das will er nicht. Die Würde behält man stehend. Er weiß nicht recht, was er in diesem Raum zu tun hat. Er will nichts berühren. Einen Raum mit Büchern, mit Kreuzen, die sich im Tanz der Flamme zu bewegen scheinen, und mit einem Bild eines anderen Alten, den er noch nie gesehen hat: Martin Luther, der schlecht gelaunt in die Welt blickt. Bruno Gutmann setzt sich an seinen Schreibtisch, nimmt einen Bogen Papier zur Hand und seinen Federhalter mit der kleinen, nadelspitzen Feder. Er nickt dem Alten zu. «Erzähle», sagt Bruno. Und der Alte erzählt.

«Ein Mädchen ging zur Steppe ins Gras, verirrte sich aber und fand den Heimweg nicht wieder. Als es weinend neben seinem Bündel stand, sah es einen Frosch auf der Erde sitzen. Eilig nahm es sein Bündel auf und ging weiter. Es lief und lief – am Abend fand es sich an derselben Stelle. Und morgens, als es auf seinem Bündel erwachte, saß wieder der Frosch vor ihm. Aufs Neue suchte es den Weg nach Hause und kam Abends nur wieder an dieselbe Stelle. Und vor ihm saß der Frosch. Es weinte und jammerte. Da fing der Frosch an zu reden und fragte es: ‹Was gibst du mir, wenn ich dich nach Hause bringe?› Das Mädchen sprach: ‹Mein Vater gibt Dir Rind und Ziege.› ‹Ist das gewiss und wahr?› ‹Das tut mein Vater ganz gewiss.› Da befahl der Frosch dem Mädchen: ‹Setze Dich nieder!› Das Mädchen setzte sich, die Beine gegen den Frosch gestreckt. Nun begann der Frosch, das Mädchen zu verschlucken. Zuerst die Beine – die rutschen bis in seinen Magen –, zuletzt den Kopf, der bettete sich schön in seine Kehle. Mit dem Mädchen in seinem Leib begann er nun zu hüpfen. Das ging freilich langsam. Aber wie groß war er auch geworden! Alle, die an ihm vorübergingen, verwunderten sich darüber. Die Frauen kamen mit ihren Grasbüscheln und riefen erschrocken: ‹Seht den großen Frosch! Was hat der wohl gefressen: ni ki killje?› Und: ni ki kliije äffte es sie in der Kehle des Frosches nach. Da erschraken die Frauen und eilten davon. Wildgrubengräber kamen und riefen erstaunt: ‹Seht den großen Frosch! Was hat der wohl gefressen: ni ki killje?› Und: ni ki kliije äffte es sie in der Kehle des Frosches nach. Da drangen sie erschrocken in den Busch. Unangefochten kam der Frosch bis in die Bananenhaine. Am Hoftore aber blieb er sitzen und rief: ‹Woa woa?› Da kam des Mädchens Mutter und sah ihn: ‹Oh, was will der große Frosch?› Sie lief so schnell ins Haus zurück, dass sie nicht einmal das Echo hörte aus der Kehle des Frosches: ‹Oh, was will der große Frosch?› Nun kam der Vater herbei und staunte ihn an: ‹Was hat der wohl gefressen: ni ki killje.› Und: ni ki kliije äffte es sie in der Kehle des Frosches nach. Jetzt floh auch er und rief alle seine Brüder zusammen. Die standen scheu um das Tier und wussten nur den einen Rat. ‹Schicke zum Wahrsager!› Als sie aber alle versammelt waren, begann plötzlich der Frosch zu singen: ‹Pororo / Ndzirie mana oho na tingo / Ndzirie mana oho na kilonu›: ‹Ich trage ein Kind unterm Schulterblatt/ Ich trage ein Kind in der Kehle.›

Da erbrach er das Mädchen auf den Hof! Zuerst erschien der Kopf, zuletzt die Beine. So war es richtig nach Hause gebracht. Da freute sich die ganze Sippe sehr, denn sie hatten geglaubt, es sei von Tieren gerissen worden. Das Mädchen erzählte den Seinen, was es dem Frosch versprochen hatte. Da brachte der Vater ein Kalb und ein Schaf herzu und schlachtete es für den Frosch. Der sättigte sich daran. Er wurde wieder so klein wie alle anderen Frösche und hüpfte durchs Hoftor zu seinen Gefährten.»

Als der Alte fertig ist mit seiner Geschichte, die er zum Kratzen der Feder auf dem Papier erzählt hat, schweigt er und schaut leer in den Raum. Bruno Gutmann schweigt auch. Sein Blick ruht auf dem Blatt, auf dem er die Geschichte niedergeschrieben hat. Es ist tatsächlich das Märchen vom Froschkönig, denkt er sich. Nur das bei den Dschagga der Frosch ohne Umschweife seinen Lohn erhält. Und nachher kein Prinz wird, sondern wieder ein Frosch. Es ist ein Märchen, ein Volksmärchen, wie es die Brüder Grimm gesammelt hatten. Damit die den Menschen nicht verloren gingen. Und so hat er es nun auch getan. Und so würde es weitergehen. Er wird der Grimm des Dschagga sein, und dies ist vielleicht die erste Seite des Volksbuches der Wadschagga. Als er wieder aufschaut, ist der Alte verschwunden.

Von nun an hört er jeden Tag Geschichten. Eine nach der anderen. Tierfabeln, Geistergeschichten, Häuptlingsweisen. Mehr als 30 Bücher und Schriften entstehen auf diese Weise. Alles, was die Dschagga heute über ihre Ahnen wissen, wissen sie von Bruno Gutmann.

Dies macht Kidia, wo sich die Missionsstation befand, zu einem historischen Ort. Hier begann die Geschichtsschreibung der Dschagga. Eine Geschichte, die sie dem Mann mit dem komischen Bart verdanken.

Kidia ist das eigentliche Ziel unserer Reise. Der Ort, den meine Mutter unbedingt sehen will. Und ich ja auch. Nach unserem Besuch dort könnten wir das Kirchengucken abhaken. Wir könnten ein paar Hände schütteln und hätten damit unsere Pflicht getan.

Am nächsten Morgen bestelle ich mir zum Frühstück Spiegelei. Es ist so scharf angebraten, dass man es als Ready-Made an die Wand nageln könnte. Trotzdem erscheint es mir genau richtig. Schließlich befinden wir uns auch an einem unglaublich unaustarierten Ort. Hier kann es sehr herzlich oder sehr tödlich sein. Wie kann ich da mit einem mittelmäßigen Spiegelei rechnen? Anna hat sich an den Toast Hawaii ohne Hawaii gewöhnt, und ich frage mich, ob ich den Frieden gefährden soll, indem ich sie frage, was aus ihren vegetarischen Grundsätzen geworden ist. Dazu ist aber keine Zeit, Saria wartet schon auf dem Parkplatz. Er sagt, bevor wir nach Kidia aufbrechen, müsse er noch zum Hauptquartier der Diözese, zum Bischof. Es gibt vier Diözesen in Tansania, und Saria arbeitet für die Nördliche Diözese. Er meint, wir könnten uns dort die Büros anschauen. Das Einzige, was ich als Stationen einer Sightseeingtour noch unattraktiver finde als Kirchen, sind Büros. In Deutschland würde man einen Gast wohl nicht mit Stolz durch die Büroflure des Arbeitgebers führen, vielleicht noch mit kurzer Pause in der Teeküche. Man behandelt das Büro ja eher betont lieblos, um klarzumachen, dass man es als reinen Arbeitsplatz wahrnimmt, nicht etwa als einen Ort, wo ein Teil des Lebens stattfindet. Aber die Art, wie Saria das Wort «office» ausspricht, kündet von etwas anderem – davon, dass Büros etwas Wichtiges sind. Wer im Büro arbeitet, arbeitet nicht auf der Straße. Ein Büro bedeutet also Wohlstand. Wer ein Büro hat, hat ein Business. Leute kommen in dein Büro, du kommst in ihre Büros. Und da Saria nicht doof ist, will er natürlich nicht nur uns die Büros zeigen, er will auch uns in den Büros herumzeigen. Schließlich ist er der Mann, der Kontakt zu den Nachfahren des großen Bruno hat. Das scheinen beste

Beziehungen zu sein. Ich sage Saria, dass man in Deutschland gerade daran arbeitet, die Büros aufzulösen, weil man nun alles kabellos machen könne. Saria lächelt: «Uhh, so people don't work any more?» Während ich noch überlege, ob er da recht hat, klettern wir in den Toyota. Ich höre Saria sagen: «Oh, I think we have to pray a bit.» Ich beuge mein Haupt und falte die Hände. Vater, Mutter, Annette und Anna tun es mir nach. Ich habe mich schon daran gewöhnt, dass man in Gegenwart eines afrikanischen Geistlichen eigentlich ständig betet. Man betet vor dem Essen und wenn man andere Menschen trifft, man betet spontan, indem man Gott für den schönen Tag dankt, dafür, dass man etwas zu essen hatte, dass man sicher angekommen ist, und man bittet darum, auch morgen sicher wieder irgendwohin zu kommen. Das ist ungewohnt, aber bald merkt man, was die Betenden davon haben. Nämlich viel mehr vom Leben. Ein Tag besteht aus lauter erfüllten Wünschen. Während der westliche Bürger es als selbstverständlich erachtet, dass er irgendwo ankommt, wenn er von zu Hause losfährt, ist das für den afrikanischen Christen ein erhörtes Gebet. Der Westler erzählt entrüstet, wenn er im Stau gestanden hat, der Afrikaner dankt Gott für den erfolgreich zurückgelegten Weg. Man feiert praktisch den ganzen Tag das Leben.

Ich bin dann recht überrascht, dass Saria nicht das Dankeswort ergreift. Stattdessen holt er eine Spraydose unter dem Fahrersitz hervor, eine mit Zitronen auf dem Etikett. Damit sprüht er im Fahrzeuginnenraum herum, bis es riecht wie bei Meister Proper daheim. Ich ahne, dass er in Wirklichkeit wohl «We have to spray a bit» gesagt hat.

Wir brettern ins Stadtzentrum. Es gibt natürlich kein wirkliches Stadtzentrum. Es gibt einfach mehrere Verkehrskreisel. Ein Verkehrskreisel ist hier immer geeignet, ein Denkmal in seine Mitte zu setzen. Diese Denkmäler haben in Moschi unterschiedlichste Formen und sind stets mit einem guten Sinnspruch versehen. Es gibt einen Uhrturm, der noch aus der Zeit der englischen Verwaltung stammen muss. Das Zifferblatt ist wohl jüngeren Datums, was man daran erkennt, dass Coca-Cola draufsteht, so wie hier überall Coca-Cola draufsteht. Am besten gefällt mir ein Denkmal, auf dem «Water for Life» geschrieben steht, das aber von der Figur eines Soldaten mit Gewehr gekrönt wird. Im Kopf bekommt man das nicht zusammen. Wasser und Waffen. Aber man muss ja auch nicht immer alles zusammenbekommen. Kein Dschagga macht sich darüber Gedanken, warum soll ich mir dann Gedanken machen; ich werde meinen inneren Dschagga finden, beschließe ich. Bis dahin muss ich allerdings aufpassen, nicht seekrank zu werden. Saria stürzt sich in die Kreisverkehre hinein und wieder heraus, dass es eine Wucht ist und man immer wieder Grund hat, Gott zu danken, dass man noch lebt.

Mit fällt auf, dass Saria mit seinem gutmütigen Lächeln und seiner krausen grauen Haarkrone ein bisschen aussieht wie Uncle Ben von der Uncle-Ben's-Reispackung. Könnte aber auch sein, dass Uncle Ben einfach einer der ersten Afro-Stereotypen ist, die ich als Kind in Deutschland kennenlernte, neben dem Sarotti-Mohr, der aber heute nicht mehr Sarotti-Mohr heißt, sondern «Zauberer der Sinne».

Die Innenstadt von Moschi besteht aus einem Straßenkaree, das sich von den anderen Straßenzügen vor allem durch die Menschendichte unterscheidet. Hier ist Business dicht an dicht. Autoreifen, Motorrad-Ersatzteile, Maissäcke, Kleidung, Mobilfunkgeräte. Alles nebeneinander, zum Teil auf Decken ausgebreitet, es herrscht Treiben, kein Müßiggang. Jeder hat ein Ziel hier, es ist wie die New Yorker Fifth Avenue, nur eben ohne Fifth Avenue. Hier merkt man ganz besonders, dass man ein Tourist ist. Denn keine der Waren möchte man haben. Für die Menschen besteht aus diesem großen Ersatzteillager des Lebens ihr Fortkommen. Für uns ist es nicht zu gebrauchen.

Auf der Fahrt klingelt Sarias Handy. Es ertönt ein lauter Choral. Ich finde das etwas übertrieben, sage aber nichts. Handys in Tansania zeichnen sich dadurch aus, dass sie ständig in den wildesten Tönen erklingen und immer sofort bedient werden, wie wütende Kinder. Ich frage mich, wie Bruno Gutmann das finden würde. Ein Handy ist hier der ultimative Unterbrecher von allem, jede SMS muss sofort beantwortet werden, was natürlich dauert, denn es gibt wenige Smartphones, zumindest in Kirchenkreisen. Man fragt sich, wie man hier irgendetwas organisiert hat, bevor es Mobilfunk gab. «Der Bischof ist nicht da», sagt Saria dann. Er wird uns leider nicht empfangen können. Ich finde das ganz okay.

Wir fahren in eine Toreinfahrt auf einen Parkplatz. Uns begrüßt ein Mann in einem braunen Uniformhemd mit einem Hitlerbärtchen. Mir wird bewusst, dass es das erste Hitlerbärtchen meines Lebens ist, und ich sehe es ausgerechnet an einem Schwarzen. Er ist der Sicherheitschef der Diözese. So stellt er sich zumindest vor, als er uns mit herzlicher Umarmung begrüßt. Wenn es einen Grund gibt, warum Afrika nicht so schnell vorankommt wie der Westen, dann weil man sich ständig ausgiebig begrüßen muss. Annette gibt ihm die Hand und sagt: «Karibu Sana. Ach, Scheiße.» Hitler stutzt. «Ich meine natürlich: Asante Sana!» Sie hat die falsche Grußformel gewählt. Der Hitler-Mann lacht.

Die Diözese ist in einem Geschäftsbau untergebracht, auf dem ein großes eisernes Kreuz thront. Die Kirche verdient sich etwas dazu, indem sie Büros an andere Businesses vermietet. Wer hier Geschäfte macht, hat gerne Gottes Schutz. Ein Geschäftshaus in Moschi ist ein Bau mit engen Gängen, winzigen Büros hinter dünnen Türen und Lüftungsschlitzen in der Außenwand, durch die ein ständiger Zug geht. In der Kirchenzentrale gibt es einen Geldschalter, über dem ein Schild prangt: «God hates corruption».

Saria zeigt uns die Schneiderei. Eine weiße Schwarze, sie ist ein Albino, ist gerade dabei, einem jungen Priester sein Gewand anzupassen. Albinos haben in der afrikanischen Gesellschaft große Probleme. Bei kirchlichen Institutionen bekommen sie am ehesten einen Job. Der junge Geistliche kommt frisch vom Priesterseminar, soll nun seine erste Gemeinde bekommen. Er lächelt schüchtern. Das Gewand ist aus glänzendem weißem Stoff mit Trompetenärmeln. Ich sage: «Wow, gebt mir so ein Gewand, und ich fange an zu predigen.» Saria blickt mich überrascht an. Er hat das offenbar nicht als Scherz aufgefasst. Ich nehme mir vor, keine albernen Witze mehr zu machen, die etwas mit Gott zu tun haben.

Saria zeigt uns ein paar Büros. Es steht nie viel auf dem Tisch, schon gar kein Computer. Dafür sind die Schreibtische mit weißen Tischdecken geschmückt. An größere Schreibtische schließt sich stets T-förmig ein Besprechungstisch an, an dem so viele Stühle stehen, als sollten sämtliche Jünger Jesu Platz nehmen. Es gibt also potenziell jede Menge zu besprechen. In jedem Büro hängt ein Bild des Bischofs, obwohl er ja nie sehr weit entfernt ist. Der Bischof trägt Mitra und hat einen Krummstab. Das sind eigentlich katholische Insignien – aber offenbar will man den Katholiken nicht die ganze Show alleine überlassen.

Da der Bischof nicht da ist, gehen wir kurz in die Kantine auf dem Dach. Es ist eine Kantine solcher Art, dass man in Deutschland die Feuerwehr holen würde. Auf einer großen Terrasse stehen orange Plastikstühle und Tische verstreut. In der Ecke sind zwei offene Feuerstellen, die kräftig qualmen. Völlig unbeeindruckt rühren Frauen in bunten Gewändern in großen Töpfen mit Rindfleisch und Knochen und Bohnen und Reis.

Ich schaue auf die Stadt herab. Auf den Straßen brüllen Zeitungsverkäufer. Ich versuche mich zu erinnern, wann und ob überhaupt ich in Deutschland einmal einen Zeitungsverkäufer gesehen habe. Mein Blick fällt auf ein großes Werbeschild: «Valentine Gym», es gibt jetzt in Moschi offenbar auch ein Fitnesscenter. Die Frauen im Fitnessdress sind alle weiß.

Als Saria mit seinen Bürobesuchen fertig ist, steigen wir wieder in den Wagen. Ich bekomme die Tür nicht richtig zu. «Ima zumachen», lacht Saria. Das seien die ersten deutschen Worte gewesen, die er gelernt habe. «Ales ima zumachen!» Er lacht dröhnend. Verrückt, diese Deutschen. Ich bin etwas beleidigt. Langsam bekomme ich den Eindruck, dass wir Europäer den Leuten hier wie wohlhabende Clowns vorkommen. Als dicke, gebeugte Menschen mit knitternder Haut und hängenden Schultern.

Nun endlich fahren wir nach Kidia, wo einst Gutmann wohnte. Der Wagen arbeitet sich die Straße ins alte Moschi hoch. Bruno Gutmann hat einmal geschrieben, die Dschagga würden den Ort eigentlich «Motsi» nennen. Es sei nur «Moschi» oder auf englisch «Moshi» daraus geworden, weil die Europäer nicht richtig zugehört hätten. Dass die Menschen hier nun ihren eigenen Ort falsch benennen, weil sie es den dummen Europäern nachmachen, war für ihn Sinnbild des Kulturverfalls.

Wir fahren an dem alten Bahnhof vorbei. Hier an der Eisenbahnlinie begann die Stadt einmal, hier wurde tonnenweise Kaffee verladen. Der Kran steht noch, aber der Bahnhof ist verwaist. Die Bahn wird nicht mehr betrieben, man fährt lieber mit den Überlandbussen. Man sieht noch das angeschrammte wilhelminische Empfangsgebäude, Silos für Kaffeebohnen und das «Ticket Office». Die Schienen liegen im Staub, hier sind nur noch Leute unterwegs, die Kräuter suchen, und Wachmänner, die darauf achten, dass niemand das Altmetall klaut. Um den Bahnhof herum stehen noch einige verfallene Bauten aus kolonialer Zeit. Es scheint insgesamt kein Interesse mehr an diesem Teil der Stadt zu bestehen. Früher war der Bahnhof das Zentrum der Siedlung, alles ging von hier aus. Als mein Urgroßvater hier lebte, fuhren hier die Züge nach Mombasa und Tanga ab. Das Café am Bahnhof ist zugenagelt. Dort hat Gutmann Tee getrunken, während er auf die Ankunft von Gästen wartete.

Der neue Trubel ist am Busbahnhof, von dem aus die Fernbusse nach ganz Tansania gehen. Dort schieben sich ständig etwa 30 Busse umher. Megaphone brüllen. Männer sitzen an schweren Schreibtischen, die unter freiem Himmel auf dem Asphalt stehen, und verkaufen Tickets in alle Teile des Landes. Wir passieren auch die alte Moschee, von der Gutmann nur schrieb, sie sei «düster». Nun, es ist ein herrlich verzierter Bau mit weißen Minaretten. Er hat da vielleicht nicht so genau hingeguckt. Neu Moschi schien ihm ohnehin wie ein Hort des Schlechten. Dort gab es Unzucht, Luxus, Hochmut und sogar ein Kino (es gibt heute immer noch eines). Seine heile Welt war zwölf Kilometer weiter in Alt Moschi am Berghang.

Es geht steil bergauf.

Nach Alt Moschi führt nicht einmal ein Schild, man muss in eine Piste am Ortsausgang einbiegen. Sarias Wagen wirft sich in die Schlaglöcher und taucht aus ihnen wieder auf. Wir arbeiten uns durch eine Landschaft von kleinsten Höfen, Hütten hinter Zäunen aus Bananenstroh, Häuschen, die aussehen wie zufällig in Bananenwälder gestreut. Alles um die Straße herum ist rot bestäubt, der Wind bläst kleine rote Wolken vor uns her. Wir fahren durch Bananen, Bananen, Bananen. Die traditionelle Struktur der Gehöfte hat sich nicht geändert. Kleine Backsteinbauten, umgeben von Pflanzungen, hohe Bananenstauden und in deren Schatten die Kaffeepflanzen mit ihren roten Bohnen. Es ist wie eine Reise zurück in eine andere Zeit, je höher wir den Berg erklimmen, desto ferner scheint das neuzeitliche Chaos in der Ebene.

Diesen Weg, den gerade ein Wagen mit Vierradantrieb mit Mühe absolviert, machte Gutmann einmal in der Woche. Nur dass es damals keine Straße gab, sondern lediglich einen Trampelpfad durch den Wald. Einen Wald, der vor allem den Tieren gehörte, nicht den Menschen.

Irgendwann erreicht man eine Weggabelung mit einem Schild «Kidia». Ein kleiner Wegweiser, der eher beiläufig in den Staub genagelt ist. Man geht davon aus, dass, wer hier hingehört, auch den Weg kennt.

Noch einmal müssen wir einen niedrigeren Gang einlegen, der Wagen kämpft sich brüllend eine letzte Steigung hoch, dann wird ein Kirchturm sichtbar, auf einer Kuppe im Wald. Ein weißes Kirchlein auf den Felsen, mit einem kleinen spitzen Glockenturm. Die Gutmann-Church. Wir können es nicht glauben. Dieser Ort existiert also wirklich. Das Kleinod im Dschagga-Land. Und wir sind nun hier. Was noch erstaunlicher ist: Der Kirchplatz ist gepflastert. Es sind terrassenförmige Beete angelegt. Das macht alles einen sehr deutschen, sehr gepflegten, fast schon pedantischen Eindruck. So würde auch ein Kirchplatz auf der Schwäbischen Alb aussehen. Die Kirche ist frisch verputzt, aus dem Kirchenschiff dringen Gospelgesänge. Man hat den Eindruck, gleich komme Bruno Gutmann selbst um die Ecke, um zu läuten. Die drei Glocken sind frisch verzinkt. Auf einer steht «Dank und Ehre den Toten».

Da werden wir auch schon umarmt. «Welcome, this is a great day!»

Ein Pfarrer mit schmalem Gesicht und einem kleinen grauen Bart begrüßt uns. Meine Mutter wird von der Begrüßungsgeste fast umgeworfen, als hätte sie ein großer Hund angesprungen. Der Mann, der sich als Reverend Amini Njau vorstellt, kann sein Glück nicht fassen. Er führt uns in sein Büro, einen kleinen Raum in einem Haus neben der Kirche, er ist vollgestellt mit Sofas und Sesseln, und weil es trotzdem noch zu wenige Sofas und Sessel sind, lässt er noch einen weiteren bringen. Reverend Njau schaut uns an, als stünde die heilige Familie vor ihm: «The granddaughter of Bruno Gutmann! What an honor, what an honor!» Welche Ehre! Er hat Tränen in den Augen. Die Lippen meiner Mutter beben, sie ist es nicht gewohnt, dass Menschen ihr derart huldigen.

Und da fängt Reverend Njau schon an, von Bruno Gutmann

zu erzählen. Er sagt, dass Kidia ein «German place» sei. Ein deutscher Ort. Die Glocken etwa seien eine Spende aus Deutschland. Aus Lichtenberg. Njau blickt mich an, als zeichne das die Glocken besonders aus. Ich nicke eifrig, dabei habe ich keine Ahnung, wo Lichtenberg eigentlich ist. Sie läuten jeden Morgen um fünf. Fünf, weil die Dschagga arbeitsame Leute seien, sagt Njau.

Der Reverend kauert hinter einem silbernen Kruzifix, das auf seinem Schreibtisch aufgepflanzt ist, und schwärmt von Ehingen, dem Dorf, wo mein Urgroßvater seinen Lebensabend verbracht hat. «Unglücklicherweise ist er ja in Deutschland gestorben», sagt der Priester. Sein Grab nämlich habe Gutmann schon hier bereitet. Er führt uns aus dem Pfarrgebäude zur Kirche. An der Ostseite ist ein Stein eingelassen. Er trägt die Embleme «ML» für Martin Luther und die Aufschrift in Dschagga-Sprache: «Stirb für Jesus, der wahrhaftig ist» und «Stirb für Jesus auf dem Schild». Das klingt so dogmatisch, das muss von meinem Urgroßvater sein. Nur der Name auf dem Grabstein fehlt. Der Reverend sagt, er habe gerade Blumen in der Erde vor dem Grab gesät, in Herzform. Dort werde demnächst ein grünes Herz wachsen. Er schaut weihevoll. «Dies soll für ewig ein Ort des Gedenkens sein.»

Wie gehen die «Gutmann-Allee» hinab, die von der Kirche zur ehemaligen Missionsstation führt. Den Weg säumen blühende Büsche, wir kommen an einer Hütte vorbei, wo Bäuerinnen mit einer Maschine Mais schroten. Es ist genau das Idyll, von dem Bruno Gutmann stets geträumt hat: bescheidene Menschen bei der landwirtschaftlichen Arbeit. Eine heile Welt. Die Leute winken uns zu. Hier sind wohl nicht selten Weiße, aber selten Weiße, die Nachfahren von Gutmann sind.

Wir gehen durch ein blaues schmiedeeisernes Tor mit Kreuzornamenten und stehen vor dem Missionshaus. Hier hat Bruno Gutmann also gelebt. Der Bau ist ockerfarben verputzt und mit einer Buchs-Hecke eingefasst. Woher hat man hier Buchs? Einige mächtige Zypressen stehen hier. Die hatte einst Gutmann gepflanzt. Im Haus ist nun die Bruno-Gutmann-Klinik, es ist düster und kühl drinnen.

Es gibt mehrere Säle mit Betten, Eisenbetten mit frisch bezogenen Matratzen. Aber keine Patienten. Eine Geburtsstation, die von einer Schwester betreut wird, die sagt, diese Woche seien noch zwei Frauen hier zur Entbindung gewesen, sie seien aber gleich wieder nach Hause gegangen, mit ihren Kindern. Es gibt auch einen gynäkologischen Stuhl, der aber aussieht, als sei er länger nicht mehr benutzt worden. In der Ecke eine Babywaage und eine Schere zum Kappen der Nabelschnur, eine PDA kann die Gebärende offenbar hier nicht erwarten. Es liegen in der ehemaligen Küche Melderegister von Patienten herum, Bücher, in denen jeder eingetragen wird, der eine Behandlung erfährt. Man kann sich vorstellen, wie hier einmal gefrühstückt wurde und Bruno Gutmann schon morgens um vier sein Laternenlichtlein im Arbeitszimmer anmachte, um zu schreiben.

Etwas weiter hangabwärts ist ein Zusatzbau der Klinik. Dort sind auch wieder Betten ohne Patienten. Eine Frau kommt gerade mit ihrem Sohn, um sich impfen zu lassen. Es gibt ein Medikamentenlager, das allerdings eher eingerichtet ist wie eine Speisekammer. Hier gibt es Trimoxazol, Asdoxin, Penicillin und einen Aufbewahrungsbehälter für Impfstoffe. Allerdings gibt es keinen Strom. Und kein Wasser. Die Schwester sagt uns, dass sie noch etwas Besonderes für uns hätte.

Sie öffnet eine Tür, und wir treffen den Hausherrn. In einem Raum steht der Kopf von Bruno Gutmann. In Bronze. Sie sagt, er stehe hier schon länger herum, sie wisse allerdings nicht, woher er komme. Es ist ein scharfgeschnittenes Konterfei des Missionars, vielleicht im Stil der 60er Jahre. Als die Klinik renoviert wurde, stand er wohl mal auf einem Sockel. Mutter streichelt über den Metallkopf. Er blickt streng zurück. «Ja, so sah er aus, der Opa», sagt sie weich. Sie hat sich ihm wohl nie so nah gefühlt.

Man konnte sich ihm in Ehingen nicht nah fühlen, denn der Ort, wo sein Herz schlug, war sehr fern. Er war hier. Wir schauen noch eine Weile andächtig den Bronzemann an – und er uns. Direkt neben der Büste steht ein Dieselgenerator, der nagelneu aussieht, aber offenbar nicht betrieben wird. Der Bronzebruno schaut nachdenklich.

Wir gehen zurück zur Kirche. Daraus ertönen noch immer Gospelgesänge. Wir schauen hinein, der Chor probt. Einer spielt Keyboard, die anderen bewegen sich im Takt und singen. Ein Chorlehrer springt unzufrieden herum und verbessert die Tänzer ständig. Durch bunte Fenster fällt sanftes Licht. Die Fenster hat Gutmann aus Nürnberg besorgt, der Altar ist geschnitzt und von seinem Nachfolger. Der Chor will eine CD aufnehmen, erfahren wir vom Priester. Als er erfährt, dass meine Schwester gut fotografieren kann, umarmt er sie und sagt: «You come back and do the photoshoot. You can marry here. In Tanzania you are still a girl!»

Annette scheint tatsächlich einen Moment nachzudenken, aber Anna zieht sie mit sich, bevor sie zusagen kann. Meine Mutter fragt, wo eigentlich der Trutzbaum sei. Der Versammlungsbaum, von dem ihr Großvater immer wieder erzählt habe. Der, hören wir, sei schon vor dreißig Jahre umgefallen.

Wir erfahren erst später, dass Njau schwer an Krebs leidet. Uns noch vor seinem Tod zu treffen war ihm nicht nur eine Freude, sondern ein Segen. Vielleicht, dämmert es mir, vielleicht ist es ja etwas Gutes, einfach hier zu sein. Vielleicht bedeutet es etwas.

BRUNO DER TÄUFER

In den letzten Jahren von Deutsch-Ostafrika geht es längst nicht mehr darum, Individuen für das Christentum zu gewinnen. Bruno Gutmann übt sich im Gemeindeaufbau. Es ist ein Terminus, den er selbst eingeführt hat. Die Christengemeinde soll nicht ein Grüppchen sein, das sich in der Kirche zusammenfindet. Vielmehr soll Gott im Zentrum des Gemeinwesens stehen. Was nichts anderes bedeutet, als dass der Missionar eben nicht nur einen Verein von Gläubigen organisiert, sondern im besten Sinne «Community Building» betreibt. Und zur Gemeinschaft gehört für ihn alles: die Dorfstrukturen, die Tänze, die Rituale, die Gesetze. Das alles muss nach seiner Überzeugung erhalten bleiben, als Missionar will er aufbauen und nichts zerstören. Also trifft er seine Gemeinde auch dort, wo man sich natürlicherweise immer trifft. Unter dem großen Baum in der Mitte der Ortschaft, dem Trutzbaum. Oft redet er dort über die Taufe. Die Taufe ist das Wichtigste. Der Anfang von allem. Wer seinen Kopf in das Taufbecken tunkt, erhält ein neues Leben. Die Taufe ist das reinigende Wasser. So steht es auch auf dem Altar in der Kirche von Kidia: «Lass Dich reinigen». Denn auch wenn man vom großen Gott der Christen noch nichts gehört hat: Man hat ja leider schon jede Menge gegen ihn gesündigt.

Die Zahl der Getauften ist die Währung der Missionare – und ihr Wettstreit. Wer mehr getauft hat, hat mehr Seelen gerettet. Die Zahl der Täuflinge ist jene, welche nach Leipzig vermeldet wird und den Erfolg des Missionsprojektes dokumentiert. Je mehr Namen genannt werden, desto mehr Gott. Desto mehr Erfolg, desto mehr Spenden.

In Moschi aber ist Taufe keine simple Angelegenheit. Bei Bruno Gutmann gibt es keinen niedrigschwelligen Glaubenseintritt, es ist ein aufwändiges Prozedere. Wenn ein Kind getauft wird, geht es mit den Eltern zuvor in den Taufunterricht, und die Paten sind auch dabei. Ein Pate ist unter Gutmann nicht ein Freund der Eltern, der mal zu Geburtstagen vorbeikommt. Er muss in Moschi das Kind so begleiten, wie es die Eltern tun würden. Denn der Mensch ist ein Gliedwesen, wie Gutmann sagt, er muss eingebunden sein in die christliche Gemeinschaft. Und dafür stehen die Paten. Wenn ein Pate sich nicht mehr recht kümmert, wird er vom Missionar zur Rechenschaft gezogen. Das ist bei jemandem wie Gutmann kein Spaß. Notfalls werden Paten ausgetauscht und stattdessen Ersatzpaten benannt.

Nicht nur die Taufe wird gefeiert, sondern auch der Taufgedenktag. Wenn der Gottesdienst beginnt, holt ein Pate das Taufbuch aus der Missionsstation. Das Taufbuch ist ein aktuelles Lexikon des Glaubens. Daraus werden die Namen feierlich vorgelesen, die heute Gedenktag feiern, damit der Getaufte weiß, dass er nicht alleine ist, sondern Teil von etwas Großem.

Nach dem Gottesdienst am Taufgedenktag begleiteten die Paten das Kind mitsamt dem Taufbuch zur Missionsstation. Dort empfängt sie Gutmann in der Bücherstube. Feierlich wird das Taufbuch aufgeschlagen und überprüft, ob alle Paten versammelt sind und «auf Posten», wie Gutmann sagt. Zum Abschluss soll der Christ sein Opfer bringen. Einen Heller soll das Kind mindestens dafür ausgeben. Christentum gibt es eben nicht billig. Opfer müssen sein.

Gutmann tauft am liebsten mit Wasser aus der Quelle Kymabaki. Die Quelle gehörte einst einer Sippe, der ein Mann namens Kyera angehörte. Im Lande war eine Hungersnot ausgebrochen, und Kyera hatte nichts zu essen. Da bot man ihm eine gute Menge Lebensmittel an, im Austausch zu der Quelle. Kyera lehnte ab. Er meinte, die Hungersnot dauere ja nur ein Jahr. Die Quelle aber sprudele ewig. Allerdings verhungerte er. Bruno Gutmann jedoch imponiert die Geschichte so sehr, dass er diesen Bach zu seinem Taufbach macht. Mehr als 6000 Menschen taucht Gutmann in dieses Wasser, durchschnittlich jeden zweiten Tag eine Taufe. Dazu lässt er sogar eine eigene Grotte graben, an deren Boden sich das Wasser des Baches sammelt.

Gutmann arbeitet lange an seinen Täuflingen. Er weiß: Jeder überzeugte Gläubige zieht weitere Gläubige nach. Gutmann ist groß, und seine Haut ist hell. Damit fällt er überall auf. Und er ist bereit, diesen Vorteil im Dienste Gottes voll auszuspielen. Normalerweise tritt er sehr selbstbewusst als eine Art Sendbote Jesu auf und versucht schon in seinem Auftreten so gewinnend zu sein, dass er hernach nur noch wenig theoretische Überzeugungsarbeit leisten muss. Manchmal kündet er von der Vergebung aller Sünden wie von einem tollen Angebot, dass der Herr jedem Neugetauften zukommen lasse. Meist erfahren seine Zuhörer erst bei dieser Gelegenheit, dass sie bisher schon gesündigt haben. Gutmann präsentiert also ein großes Problem, aber auch gleichzeitig die Lösung dazu. Und dafür braucht es nur eine Taufe. Dieses System funktioniert hervorragend – bis er auf Mbuwa trifft. Mbuwa ist ein Trumm von einem Dschagga, er überragt Gutmann sogar, ist steinalt – über 100 Jahre – und hat noch alle Zähne im Mund. Und er hat keine Furcht vor niemandem. Für Bruno Gutmann ist es stets sehr wichtig, die Patriarchen zu taufen, denn in ihnen sieht er die Autorität. Sie sind für ihn die Säulen des Gemeinwesens. Also reitet er auch zu Mbuwa, verkündetet ihm die nahende Vergebung der Sünden und bietet ihm die Taufe an. Mbuwa antwortet zur Verblüffung des Missionars: «Ich bin schon getauft.» Das kommt vor, es wird zu dieser Zeit am Kilimandscharo getauft, als würde man für eine himmlische Galeere heuern. Es geschieht sogar, dass Menschen bewusstlos in Krankenhäuser eingeliefert wurden, und wenn sie aufwachen, sind sie von den Schwestern nebenbei getauft worden und haben neue Namen. So fragt Gutmann also, wer Mbuwa getauft hätte.

Die Antwort: «Gott selbst.» Das verblüfft Gutmann noch mehr. Er zieht verwirrt ab.

Hätte Mbuwa die Taufe einfach abgelehnt, dann hätte Gutmann darüber hinweggehen können. Nun aber behauptet Mbuwa, selbst eine Art Jesus zu sein. Jedenfalls näher an Gott als Bruno Gutmann, mit besten Verbindungen nach ganz oben. Das ist ein Problem, denn Mbuwa hat eine starke Vorbildfunktion. Er ist nicht nur ein angesehener Mann, er ist ein Volksheld. Mbuwa ist seines Zeichens Schmied. Er hat unter dem legendären Häuptling Rindi gedient, der vor Gutmanns Zeit am Kilimandscharo herrschte. Die Schmiede sind bei Rindi wichtige Männer, denn sie sind kriegsentscheidend. Schmiede fertigen nämlich die Waffen. Das dazu notwenige Metall allerdings ist schwer zu beschaffen. Es kommt nur in Form von Raseneisenerz vor. Das sind eisenhaltige Sedimentablagerungen in der Erde. Sie lassen sich verhütten und zu Speerspitzen verarbeiten. Mitte des 19. Jahrhunderts kommt jedoch ein neuer Handelsartikel auf, von der Küste her: Eisendraht. Der ist zwar nicht so hübsch wie die überall als Währung benutzten Glasperlen – aber überaus nützlich. Aus dem Eisen lassen sich nämlich wesentlich besserer Waffen schmieden. Und aus den Händen von Mbuwa kommt eine verheerende Neuerung, die mit dem minderwertigen Metall bislang nicht möglich gewesen war: ein Speer mit langgezogener Spitze. Diese extralange, stabile Speerspitze macht aus den Moschi-Dschagga in kürzester Zeit eine Militärmacht, denn die Nachbarstämme verstehen sich nicht gut auf die Schmiedekunst. Sie verlassen sich auf ihre Bogenschützen. Jene aber können sich der heranstürmenden Moschi-Krieger kaum erwehren, sie werden überrannt und niedergestochen. So unterjocht Rindi dank Mbuwas Superwaffe in den 1860ern schnell die Nachbarstämme. Und noch bevor die ersten Weißen an den Kilimandscharo kommen, hat ihr Eisen die Verhältnisse dort schon nachhaltig verändert.

Mbuwa aber sagt, gefragt, wie er auf die Idee gekommen sei,

diese gefährlichen Speere zu schmieden: «Gott hat es mir gezeigt.» Eines Tages seien zwei baumhohe Männer auf ihn zugekommen und hätten ihn weggeführt. Sie brachten ihn zu einem Weiher, über dem ein Regenbogen stand. Die Männer erklommen mit Mbuwa den Regenbogen. An der höchsten Stelle des Bogens saß Gott. Er befahl: «Du musst die langen Speere für den Häuptling schmieden.» Mbuwa fürchtete sich und fragte: «Wie soll ich das machen, o Herr?» Da fuhr ihn einer von den langen Männern an und schrie: «Beten musst Du, dann gelingt es! Beten musst Du!» Da erschrak Mbuwa so sehr, dass er den Halt verlor und vom Regenbogen fiel, direkt in den Weiher.

Und somit ist er getauft. Und baut im Auftrag Gottes die Höllenwaffe. Allerdings währt sein großer Ruhm nur kurz. Denn Mbuwa ist auch ein mächtiger Trinker, und er mag es nicht, wenn die Bierkufen leer sind. Als er eines Abends mit seinen Kumpanen zusammensitzt und den Bescheid bekommt, das Banananenbier sei alle, wird er wütend, greift einen Speer und schleudert ihn in Richtung einer leeren Kufe. Leider ist es aber kein Bierbehältnis, welches er trifft, sondern ein Günstling des Häuptlings. Der ist tot, was den Häuptling wesentlich erzürnt. Mbuwa muss fliehen, und der Häuptling nimmt Blutrache an seinem Bruder, den er statt seiner hinrichten lässt. Außerdem verkauft er Mbuwas Frau und seine Kinder in die Sklaverei. Sklavenhandel war ein einträgliches Geschäft der Häuptlinge damals. Stammesmitglieder, die nicht wertvoll schienen, wurden einfach gefasst und verkauft.

Mbuwa verharrt im Exil – während der Zorn Rindis langsam verraucht. Er kehrt nach Jahren aus der Verbannung zurück und nimmt sein Schmiede-Business wieder auf. Es geht ziemlich gut – er kann sich nach einer Weile eine Frau nach der anderen leisten. Leider vertragen sich die Damen überhaupt nicht. Sie bezichtigen sich gegenseitig der Hexerei und lassen Mbuwa keine Ruhe, er bekommt die Nachteile der Polygamie voll zu spüren. Eines Tages hat er genug – und einen weiteren Einfall. Er mischt einen Trank aus Kräutern und reibt mit der Feile etwas Eisen von seinem göttlichen Schmiedehammer in den Becher. Dann ruft er seine Weiber zur Hexenprobe zusammen. Er behauptet, er habe einen Zaubertrank gebraut, der Hexen augenblicklich töte. Eine nach der anderen trinkt davon – und da keine tot umfällt, müssen alle zugeben, dass offenbar keine Hexe unter ihnen ist. Die Hexenprobe von Mbuwa wird fortan berühmt, er macht ein richtiges Geschäft daraus, variiert die Rezepte mit verschiedenen Metallspänen und erreicht überall, wo er auftritt, gute Ergebnisse. Bis die Kolonialverwaltung es ihm verbietet.

Mbuwa wird im Alter nicht bescheidener. Häuptling Rindi ist längst Geschichte, und Speere helfen nicht mehr gegen Maschinengewehre. Nachdem er alle überlebt hat, die es zu überleben gab, sitzt er zu Gutmanns Zeiten in seiner Hütte und ist unzufrieden. Es friert ihn, und er beginnt die Stützbalken seiner Hütte zu verheizen. Sein Hof ist etwas abseits, aber Bruno Gutmann vergisst ihn nicht. Er vergisst nicht, dass Mbuwa getauft gehört, richtig getauft, nicht von Gott, sondern von Bruno. Er sieht seine Chance gekommen, als sich der alte Mtengie, ein anderer Patriarch, taufen lässt, er ist etwas jünger als Mbuwa selbst. Gutmann besucht Mbuwa, erkundigt sich nach diesem und jenem, lässt sich Geschichten erzählen und noch dazu, dass Mbuwa jeden Morgen zu Gott bete. Dann erzählt er eher nebenbei, dass sein greiser Kollege nun auch getauft ist. Mbuwa will davon nichts hören, obwohl es ihn sichtlich anrührt. Er hat keine große Meinung von seinem Altersgenossen, er hält ihn für einen Schwächling. Bruno Gutmann verabschiedet sich mit den Worten: «Bedenke aber, Du bist Mtengie so manches Mal auf dem grünen Männerrasen begegnet. Nun aber ist der hinübergeleitet worden auf den Gottesrasen, und ihm ein Sitz im Himmelsreiche zugeordnet. Bleibst Du ungetauft, dann wirst Du ihm nie wieder begegnen.»

Wenige Tage später verlangt Mbuwa die Taufe. Gutmann

gewährt sie ihm natürlich, aber nicht so schnell, wie Mbuwa es sich wünscht. Schließlich lässt er die gesamte Sippe des Waffenschmieds kommen und versammelt sie. Jeder soll dabei sein, jeder soll teilhaben an dem großen Moment – und jeder soll sehen: Mbuwa, der Volksheld, der Rindi zum mächtigen Herrscher gemacht und einen anderen Mann im Suff getötet hatte, dieser Mann will nun die Taufe von Bruno Gutmann erhalten. Dieser Mann will nun auch zu den Christen gehören. Es ist Gutmanns größter Triumph, und er kostet ihn bis zuletzt aus. Nur er und der Schmied wissen, dass Mbuwa es vor allem seinem alten Kumpan nicht gönnen will, alleine auf der Gotteswiese zu spielen. Seine Furcht, sich nach dem Tode schrecklich zu ärgern, ist einfach viel zu groß. Bruno Gutmann aber sieht den Frevel bereinigt.

Der Christenglauben verbreitet sich. Das Areal um Moschi herum, das Bruno Gutmann nun bedienen muss, ist etwa 40 mal 40 Kilometer groß. Überall, wo es eine Kindstaufe zu tätigen gibt oder es jemanden zu beerdigen gilt, rückt Bruno Gutmann an. Es sind teils lange Wanderungen und Tagesmärsche durch Berg und Tal. Alleine um an den Fuß des Berges zu gelangen, muss er zwei Stunden laufen. Manchmal tut er das mit seinem Esel Fallada, aber meist geht er selbst zwischen den Bananenhainen herunter. Je weiter man vom Berg heruntersteigt, desto größer wird das Elend, denn in der Ebene, wo mittlerweile die Eisenbahnstation ist, wächst Neu Moschi. Dort sind aber auch die Moskitos. In der Höhenluft können sie nicht gut leben, in den neuen Siedlungen schon – und so quälen sie die Menschen, wie es nur geht. Wo Moskitos sind, ist auch die Malaria. Und wo die Malaria ist, gibt es allerlei Bemühungen, ihrer Herr zu werden. Dafür braucht man Zauberer. Zauberer heilen und verfluchen, belegen Häuser mit einem Bann und können angeblich sogar töten. Ihre magischen Kräfte sind natürlich Humbug. Aber ihre Macht ist es nicht.

In solchen Gebieten hat der Missionar die meisten Schwierigkeiten. Am Berg, wo er zu Hause ist, mag es auch Probleme geben. Aber dort ist es eher der Sittenverfall und der Müßiggang, die mangelnde Zucht und Gattentreue, mit der er zu ringen hat. Die Zauberer aber sind ein Gegner geistiger Art. Es sind gewissermaßen Rivalen Gottes. Das ist etwas, was Gutmann keinesfalls akzeptieren kann. Also sucht er immer wieder seinen Weg dorthin, wo die Dschagga um den Berg herum siedeln. In den Gegenden, wo es sandig und buschig ist, wo das Wasser modrig wird, die Sonne gnadenlos brennt und man, wenn man Pech hat, einem schlechtgelaunten Massai mit seinem Speer begegnen kann. Die Massai bewerfen zuweilen jene mit Speeren, die sich auf den von ihnen beanspruchten Gebieten herumtreiben. Allerdings gibt es durchaus Siedlungen, die in der Ebene der Massai-Übermacht trotzen. Etwa das Dorf Kahe. Einmal schreibt Elisabeth ihren Kindern über den Ort: «Kahe liegt sieben Stunden von hier weit in der Steppe und ist ein sehr ungesundes Land. Wasser haben sie viel, mit Krokodilen darin und man kann nicht sorglos Wasser schöpfen, weil diese gierigen Tiere im Wasser versteckt auf etwas Lebendes lauern.» Es ist ein hartes Leben in Kahe, und deshalb sind Totenkult und Geisterglaube noch viel mächtiger als am Berg. Hier können Zauberer Höchstpreise verlangen. Die Kahe-Leute haben zunächst keinerlei Lust, missioniert zu werden. Der Geisterglaube bedeutet Arbeit für viele Menschen. Für die Menschen hier ist Zauberei kein Versuch, dem Schicksal einen Bonus abzuluchsen, wie man es in spirituellen Kreisen in Europa versucht. Es ist ein wichtiger Bestandteil des Lebens. Wer sich verhext fühlt, verfällt in größte Verzweiflung – und die Hexer sind die eigentlichen Herrscher in solchen Dörfern.

Lehrer, die dorthin berufen werden, bitten bald wieder um Abberufung. Einer klagt, er habe 14 Schlangen in seiner Wohnung erschlagen müssen. Wer nicht versetzt wird, benimmt sich so lange daneben, bis die Verwaltung ihm endlich kündigt. Alles, auch Arbeitslosigkeit, ist besser als Kahe.

Man ist in Kahe nicht sehr gastfreundlich. Als Gutmann das

erste Mal in den kargen Ort kommt, sind alle Männer, denen er auf seinem Weg begegnet, sehr überrascht. Allein die Tatsache, dass er ihnen entgegenkommt und grüßt, versetzt sie in ungläubiges Staunen. Die meisten machen sich schleunigst davon. Aber einer spricht ihn an. Er ist wütend: «Wie hast du es geschafft, hierherzukommen! Wir haben viel Geld dafür ausgegeben, die Wege aus Moschi her zu verzaubern.»

Überall in den Sand hat man kleine Gespinste und Gewirke eingegraben, die als eine Art spirituelle Tretminen wirken sollen. Sie hätten für die Besucher aus den Missionsstationen eigentlich unüberwindlich sein sollen. Der aufgebrachte Kahe-Mann erklärt, bei den Wegen, die von den anderen Missionshäusern herführten, habe der Zauber bestens gewirkt. Nur bei ihm, dem Mann aus Moschi, versage er nun. Bruno Gutmann könnte nun sagen, dass der beschwerliche Weg, die Tiere und die Speere der Massai bislang wohl der wesentlich wirkungsvollere Wegzauber gewesen seien. Es hatte einfach niemand Lust, sich nach Kahe aufzumachen.

Für die Zauberer gibt es guten Grund, Leute wie Gutmann fernzuhalten. Für sie ist er ein Konkurrenz-Hexer. Eine furchtbare Konkurrenz. So, als ob Aldi eine Filiale neben einem Dorfladen eröffnete. Er kommt mit einem Supergott von einem anderen Kontinent herbei. Ein Gott, der ihnen alles wegnehmen will. Und an jenem Tag, als der große blasse Mann den Weg von Moschi gemacht hat und sagt, Gott habe ihn auf diesen Weg geschickt, hat dieser Supergott schon wieder wichtige Punkte gemacht. Er hat den Missionar durch das Sperrfeuer der Wegzauber schreiten lassen. Das flößt den Leuten Respekt ein. Es scheint, als dürfe man sich mit dem Gott an Gutmanns Seite nicht anlegen.

Nach Kahe darf Gutmann schließlich zwei in Moschi ausgebildete Lehrer entsenden. Sie dürfen dort eine Missionsschule betreiben. Die Probleme nehmen damit allerdings längst kein

Ende. Eines Abends kommt ein Mann zu den Lehrern, der ihnen beichtet, er habe sie gerade leider verzaubert. Man habe ihm viel Geld dafür geboten. Offenbar wollte der Mann gerne den Lohn kassieren, hat aber letztlich doch Angst, sich es mit dem großen Christengott zu verderben. Dem Typen, der im Zorn ganze Städte im Erdboden hat versinken lassen, ganze Armeen ertränkt hat und der sogar die Welt mit einer Sintflut überschwemmt haben soll, als ihm die Menschen nicht mehr gefielen. Mit dem ist ganz gewiss nicht zu spaßen.

Der arme Zauberer schwört, er habe die wirklich tödlichen Elemente gar nicht angewendet. Tatsächlich graben die Männer und finden heraus, dass das gesamte Missionsgelände gleichsam vermint ist. An jeder Schwelle sind böse Zauberutensilien vergraben, sogar am Glockenturm lauert eine Dämonenfalle.

Es ist nur der Anfang eines regelrechten Terrors. Um die Christen wieder loszuwerden, versucht man sogar, ihnen sexuelle Eskapaden anzudichten oder sie tatsächlich darin zu verwickeln. Aber die Missionsmenschen sind komplett asexuell. Als nach langer Arbeit sich schließlich doch die ersten Jungen in Kahe taufen lassen, ist die Angst im Dorf groß. Man fürchtet, die Jugend würde vom Christenglauben verseucht. Fortan werden die Jungen noch früher als sonst zur Beschneidung gebracht. Man will sie auf den rechten Weg zwingen, bevor das Christentum ihre Sinne verwirren kann.

Das Christentum ist so etwas wie Rockmusik in Kahe, erst nach Jahren lässt es sich dort etablieren. Schließlich wird sogar ein als Christ getaufter Lehrer dort eingestellt. Die Schlacht scheint damit gewonnen. Aber so leicht ist es nicht, wie man etwa an der Geschichte mit den Heuschrecken sehen kann, die aus dieser Zeit erzählt wird.

Es kommen nämlich immer wieder Heuschrecken über das Land. Sie fressen ziemlich viel kahl, aber schlimmer als die Heuschrecken sind die Eier, die sie hinterlassen. Daher engagiert man in Kahe einen teuren Zauberer, der die Tiere unter Kontrolle bringen soll. Der Starzauberer sagt, er habe sich mit den Heuschrecken geeinigt. Sie würden in Kahe keine Felder anrühren. Voraussetzung allerdings sei, dass absolute Ruhe herrsche. Vier Tage dürfe niemand arbeiten, niemand dürfe ein Feuer machen.

Normalerweise hören die Menschen solche Anweisungen sehr gerne, denn man kann ein paar Tage faul sein und hat noch eine religiöse Entschuldigung dafür. Solche Zauberer-Anweisungen sind die Entsprechung zum Feiertag.

Leider aber akzeptieren die Christen keinen Zauberer-Feiertag. Für sie wäre es Gotteslästerung, würden sie sich einem Zauber-Kommando beugen. Bald schon bricht die Wut der Kahe-Leute über sie herein. Die Frauen peitschen die Wege, damit die verflucht sind und die Christen nirgends hingehen können. Der Häuptling verhängt ein Verbot, den Christen Lebensmittel zu verkaufen. Die Mutter eines der Christen musst schwören, ihrem Sohn kein Essen mehr zu geben.

Schließlich sendet Gutmann eine Delegation nach Kahe. Es wird drei Tage verhandelt. Schließlich erklären sich die Ältesten in Kahe bereit, den Lebensmittel-Bann gegen die Christen aufzuheben, wenn sie ein Schaf zur Besänftigung der Ahnen opfern. Das aber vermögen die Christen nicht. Schließlich einigt man sich darauf, dass nicht die Christen, sondern die Ältesten ein Schaf zur Besänftigung der Ahnen opfern. So handelt man dann.

Am Ende müssen aber auch die Frauen davon überzeugt werden, denn die sind die heimlichen Herrscher von Kahe. Am Ende sitzen 200 Ältere und die gesamte Frauenschaft auf dem Ratsplatz zusammen und beschließen den Frieden mit den Christen, die sie eigentlich gerade noch totschlagen wollten.

Es ist eines der wenigen Male, dass Bruno Gutmann sich mit den Geistern auf ein Remis einigen muss.

Schlimmer aber ist für Bruno, dass die alte Welt der Dschagga unter seinen Augen verschwindet. Auch mit ihren heidnischen

Symbolen. Bei den Dschagga gab es etwa einen Stein aus Basalt. Als Gutmanns Vorgänger Fassmann die Missionsstation baute, auf dem Grund, wo einst die Ostafrika-Gesellschaft ihr Haus hatte, kamen einige Ältere aus der Dschagga-Siedlung auf ihn zu und baten, von dem Grund einen Gegenstand bergen zu dürfen. Es handelte sich um einen runden Stein, der unweit einer Phönixpalme in den Boden eingegraben war. Die Alten brachten ein Schaf herbei, führten es mehrmals um die Stelle herum. Dann legte einer dem Tier die Hand auf den Kopf und murmelte etwas, ein Zweiter tat es ihm nach. Der Erfahrung nach geht so etwas für Schafe selten gut aus. Tatsächlich: Die Männer drehten das Schaf auf den Rücken, hielten es fest. Einer hielt dem Tier das Maul zu, ein anderer schnitt ihm ein Stück Ohr ab. Und legte es an die heilige Stelle. Anschließend stach er dem Tier in die Brust, es war tot, ohne einen Laut zu tun. Die Greise tröpfelten etwas Blut auf den Stein und hoben ihn aus der Höhlung. Dann zerrten sie ein paar Eingeweide aus dem Bauchraum des Opfertieres und legten sie in das Loch. Es ist eine praktische Angelegenheit bei den Geistern der Ahnen, dass sie sich mit Blut, Ohren und Eingeweiden begnügen und nicht etwa auf das gute Muskelfleisch eines Tieres bestehen. Anschließend stritten die Männer darum, wer den Stein davontragen sollte, es war nicht zu erkennen, ob es um die Ehre ging, einen Geisterstein zu tragen, die Furcht, mit dem Transport eines heiligen Gegenstandes die Ahnen zu erzürnen – oder einfach nur um das beträchtliche Gewicht des Brockens. Schließlich nahm einer den Stein auf den Kopf, und sie trugen ihn samt dem toten Schaf davon. Die Phönixpalme blieb allein, für sie war die Sache auch nicht gut gelaufen. Schließlich hatte man ihr als Hüterin des Steines den Namen «Beistand der Frauen» gegeben. Die Palme war aber fortan arbeitslos. Alsbald wurde sie abgeschlagen. Man war da nicht sentimental.

Der Stein gehörte der Sippe der Mschiu oder Macha, das Besondere an ihm war aber seine Form: Sie glich einem Schädel.

Der Ahnenstein war vielleicht einmal von den ersten Einwanderern mitgebracht worden. Er wurde nur den jungen Männern gezeigt, die in den Sippenhainen das Beschneidungsritual erfuhren. In seiner Gegenwart schwor man auf den Männerbund. Früher gehörte auch noch eine Elefantenzahnspitze dazu, die war aber schon verloren gegangen, als die Deutschen ihre Handelsstation aufgebaut haben.

Die Alten hatten den Stein ausgegraben, aber nun ein Generationenproblem, denn die jungen Männer wissen von dem Ding nicht mehr, als das er das Symbol der Manneskraft ihrer Väter war. Aber ohne heiligen Hain, Bewacherpalme und Beschneidungsritus ist das Ding einfach nur ein Stein, obschon ein schwerer. Es entwickelt sich bald ein Sport um den Stein. Als ehefähig gilt fortan nur, wer fähig ist, den Stein über den Kopf zu stemmen. Und zwar ohne ihn vorher auf die Brust zu nehmen. Damit ist er allerdings auch schon verweltlicht. Manchmal nehmen ihn die Jungen heimlich mit, um damit zu üben. Schließlich will man sich nicht blamieren. Alsbald wandert der Stein von einem Hort zum anderen. Manchmal kullert er sogar auf dem Spielplatz der Jugendlichen umher, irgendwann nimmt ein besorgter Bewohner ihn in seine Obhut.

Schließlich nimmt Bruno Gutmann ihn an sich. Er hat gerade die Nordseite der Kapelle erneuern lassen und eine Stützmauer errichtet. An dieser Stützmauer lässt er einen kräftigen Sockel bauen und in diesen eine Tafel einlassen: «Jesu ni Mbinzi». Jesus ist Sieger. Ganz oben auf diesen Sockel, in Überkopfhöhe, thront nun der Stein, festzementiert. Gutmann notiert: «Hier führt er der Gemeinde Gotte vor Augen, dass sie einst zu den toten Steinen geführt worden sind, nun aber dienen sie dem lebendigen Gott. Als der Schädelstein aber vertritt er die ganze menschliche Natur, wie sie von Adam her dem Tode geweiht ist.» Als Symbol der Auferstehung platziert Gutmann über dem Stein ein Kreuz. Die wahre Botschaft ist aber viel einfacher. Jesus stemmt den

Brocken am höchsten, er ist der Allerstärkste. Noch heute ist der Stein an seinem Platz.

Der Heidenstein ist für Bruno Gutmann ein Symbol, er steht für die Macht Jesu. Es sieht Gutmann ähnlich, dass er der Zuwendung der Dschagga zum Christengott den Sieg über den heidnischen Stein zuspricht. Dabei hat der Stein von ganz alleine seine Zauberkraft verloren. Von einem Symbol der Macht der Ahnen war er zu einem Trainingsgerät geworden. Nicht das Christentum hatte ihm seine Bedeutung genommen, sondern die moderne Zeit. Vielleicht ist das der Grund, warum Gutmann mit diesem Brocken letztlich so viel Mitgefühl hat. Er und dieser Stein haben einen gemeinsamen Feind. Das Säkulare, das Kontraspirituelle, das Unsinnliche. Es lauerte wie eine Schlange in der Ebene, da, wo Neu Moschi gegründet worden ist und sich Wellblechhütte für Wellblechhütte ausbreitet und dabei ist, den Berg zu ihm hinaufzukriechen. Jesus konnte den Stein besiegen. Aber dieses Monster würde er nicht besiegen können.

DER FLUCH VON KITIMBIRIHU

Nachdem wir Kidia besucht haben, nicht ohne Reverend Njau noch einmal fest zu drücken und ein reichhaltiges Mittagessen einzunehmen, ihn dann wieder fest zu drücken und ihm das Versprechen zu geben, noch einmal darüber nachzudenken, Annette nach Tansania zu verheiraten, geht die Fahrt weiter. Richtung Kitimbirihu, ein weiterer Ort am Kilimandscharo. Während wir weiter durch die Bergwelt schaukeln, gerate ich ins Grübeln. Die Stimmung uns gegenüber war in Kidia sehr freundlich. Man lud uns Reis, Kochbananen, süße Bananen, Hühner- und Rindfleisch auf die Teller. Sechs Frauen aus der Gemeinde empfingen uns. Wir aßen dankbar und auch irgendwie tapfer, schließlich hatten wir keinen Hunger. Trotzdem war da eine Leere, die nicht gefüllt wurde. Als hätten wir eine Erwartung nicht erfüllt, als wäre man etwas enttäuscht vom Auftritt der Nachkommenschaft. Vielleicht fehlt es uns ja an der nötigen Würde. Vielleicht sind wir zu weltlich. In den Köpfen der Menschen hier kam Bruno Gutmann direkt von Gott. Wir sind einfach mit dem Flugzeug gelandet. Das Gerüttel des Autos lenkt mich von weiteren Grübeleien ab.

Wir kommen auf einem Höhenzug am Kilimandscharo an und stehen zwischen Mango- und Drachenbäumen, unter uns eröffnet sich die Ebene von Tansania, ein Meer aus grünen und braunen Wellen, auf dem Baumspitzen und Hügel schwimmen und das in der Ferne im sanften Dunst entschwindet. Es ist kaum zu glauben, dass sich diese wunderschöne Landschaft in einem der ärmsten Länder der Erde findet. Dann plötzlich Kreischen. Ich fahre zusammen, drehe mich um und sehe eine Gruppe von Frauen, alle in bunte Tücher gewickelt, sie stürzen aus einem Haus heraus. Es klingt wie Indianergeschrei. Ich versuche abzuschätzen, ob wir es noch zurück zum Auto schaffen, aber sie sind zu schnell, und es sind zu viele. Sie kommen auf uns zu, winken mit Blumensträußen, stürzen auf meine Mutter zu, umarmen sie, klemmen ihr Blumen ins Haar, herzen sie. Eine nach der anderen. Meine Mutter ist unter all diesen Körpern gar nicht mehr zu sehen. Die Frauen rufen «Karibu» und «Welcome home!». Die Jubelschreie hören nicht auf. Manchmal harren die Frauen kurz aus und schauen meiner Mutter tief in die Augen, wie um erkennen zu wollen, dass sie es wirklich ist, die Gutmann-Enkelin. Dann jubeln sie wieder. Ihre Zungen schnellen dabei im Mund hin und her; es ist der Dschagga-Ausdruck ekstatischer Freude.

Was erwarten diese Menschen von uns? Und was bedeutet Bruno Gutmann für sie? Für mich ist es ein Vorfahre. Ein wunderlicher Mann, der in Ehingen Brennnesseltee trank und Bärlauch pflückte. Aber hier ist mein Urgroßvater offenbar ein Halbgott, ein Wesen, das kaum noch mit menschlichen Maßstäben zu beschreiben ist. Gutmann ist hier keine Person, er ist eine Idee, eine Verkündung, das Gute. Er scheint seit seinem Tod nicht kleiner geworden zu sein, sondern immer größer. Und so selig, wie die Frauen meine Mutter anlächeln, scheinen sie zu hoffen, dass dieses Gute auch aus meiner Mutter herausstrahlt. Meine Mutter, pensionierte Grundschullehrerin aus Darmstadt, könnte ihnen nun die Hände auflegen und sie segnen. Aber sie steht nur fassungslos da, mit Blumen überhäuft.

Und dann gibt es wieder etwas zu essen. In Tansania gibt es noch immer Hungersnöte. In manchen Regionen bekommen die Menschen nicht genügend zu essen, um sich gesund zu entwickeln. Wir aber werden hier gefüttert, sodass wir uns kaum noch rühren können. Wir werden an einen Tisch gebeten, der so voller Speisen steht, dass die Teller kaum noch Platz haben. Genug, um eine kleine Hochzeitsgesellschaft zu füttern. Es gibt Leber, Rindfleisch, Süßkartoffeln, Kochbananen, süße Bananen, Hühnerfleisch, Melone, Papaya, geviertelte Orangen, Reis. Man lädt in Afrika alles auf einen Teller und isst mit den Händen, deswegen ist es wichtig, sie vorher zu waschen. Man trägt auch den Ehering an der linken Hand, denn die rechte ist ja ständig schmutzig. Anna sitzt vor ihrem Teller. «Ist das alles Leber?», fragt sie ungläubig. Meine Eltern sind noch wie betäubt. Saria schweigt, er schaut mich zweifelnd an. Dann beugt er sich zu mir und flüstert: «Die Frauen haben sich sehr viel Mühe gegeben, es wäre schön, wenn Sie ein paar Worte des Dankes finden könnten.» Ich bin peinlich berührt. Sicherlich habe ich oftmals «Danke» gesagt. Aber es war wohl kein afrikanisches Danke. Sofort stehe ich auf und schüttele ausgiebig die Hände der Damen, heftig nickend und «Asante» sagend. Sie nicken auch. Aber Saria scheint das nicht gemeint zu haben. Irgendwas fehlt, irgendetwas ist nicht genug. Ich weiß nicht, was.

Der Priester in dieser Gemeinde heißt Philemon Kawa. Er kommt nach dem Essen zu uns. Schon wieder einer dieser Typen, die randvoll mit unvoreingenommener Freundlichkeit sind. Schon wieder so ein Lächeln ohne Hintergedanken. Ich könnte jetzt ganz gut einmal ein ganz normales Arschloch vertragen. In Berlin muss ich keine hundert Meter gehen, um so jemanden zu treffen, hier sind Vollpfosten offenbar Mangelware. Philemon Kawa sieht aus, als hätte er gerade sein Studium beendet, ist aber in Wirklichkeit 52 Jahre und hat drei erwachsene Kinder. Das überrascht mich schon nicht mehr. Unter all diesen lebenslang Jugendlichen komme ich mir mittlerweile vor wie ein alter Sack. Wie ein faltiger Nacktmull, den das Schicksal an die Sonne Afrikas gezerrt hat. Auch Herr Kawa erzählt von Gutmann. Auch er hat schon viel von ihm gehört, viel mehr als ich. Er sagt, man habe Gutmann nicht in andere Sprachen übersetzen können, denn zuerst habe man den Sinn verstehen müssen, die Essenz seiner Worte. Gutmann habe nämlich nie viele Worte gemacht. «Er sprach immer präzise.»

Ein älterer Mann aus der Gemeinde stößt zu uns, auch er erzählt von Gutmann. Es geht um den Ausbruch des Ersten Weltkriegs. Da seien die jungen Kerle in die Kadettenschule eingezogen worden, um als Askaris, als Hilfssoldaten, für die Schutztruppen zu kämpfen. Das habe Gutmann erbost festgestellt, weil die Schüler in seinem Konfirmationsunterricht gefehlt hätten. Wenn die Leute hier von Gutmann erzählen, dann tun sie das in einer Art Ganzkörperperformance. Der Alte tut, als würde er sich seinen imaginären Gutmann-Ziegenbart zwirbeln, und erzählt, Gutmann sei wütend von Kidia nach Neu Moschi marschiert. Dort habe er seine Jungs schon beim Exerzieren angetroffen. Resolut sei er auf den Platz geschritten und habe seinen Schülern befohlen mitzukommen. Den Befehlshaber habe er informiert, dass sich seine Burschen wohl schon noch im Krieg versuchen dürften, aber erst müssten sie ihre Konfirmation ablegen. Dem habe niemand zu widersprechen gewagt und Gutmann sei mit seinen Schülern abgezogen. Die Geschichte habe sich schnell herumgesprochen. Am nächsten Tag sei der Konfirmationsunterricht brechend voll gewesen.

Auch Reverend Saria hat eine Gutmann-Geschichte: Bruno sei mit Fallada unterwegs gewesen. Das Tier habe aber an einem Fluss nicht mehr weitergewollt und sei abrupt stehengeblieben und habe Gutmann damit erschreckt: «Fallada, Fallada, willst du mich umbringen?» Aber dann habe er verstanden, dass es weicher Worte bedarf, keiner harten. Er habe Fallada Wasser gegeben und ein Stück Brot. Dann sei sie bereit gewesen weiterzuziehen.

«War Fallada auch ein Missionar?», fragt mich Kawa. «Nein», antworte ich etwas ungnädig: «Fallada war ein Esel.» Offenbar das einzige Wesen, das meinen Urgroßvater aus der Fassung bringen konnte.

Wir brechen auf, es soll noch etwas zu sehen geben, die Stelle nämlich, an der die ersten Dschagga getauft worden seien. Dort, von wo der Gospel, die Verheißung, über das Land gekommen sei. Dort, wo die englischen Missionare die ersten beiden Dschagga zu Christen gemacht haben. Gutmann, so werden wir informiert, sei jedes Jahr an Epiphanias mit seiner Gemeinde zu diesem Ort gezogen und habe eine Bergpredigt gehalten. Und er habe eine Gedenktafel dort oben anbringen lassen.

Auf dem Weg zu dieser Pilgerstätte durch Bananenhaine entdecken wir viele Pflanzen. Ich sehe einen Weihnachtsstern, diese Blume mit den roten Blättern, die bei uns zu Weihnachten massenhaft in den Supermärkten verkauft wird. Hier wächst der Weihnachtsstern in großen Büschen. Ich erzähle dem Priester, dass es bei uns zu Weihnachten eine wichtige Blume ist, die ins Wohnzimmer gestellt wird.

«Really?» Er zuckt mit den Schultern. «Den Brauch kenne ich nicht. Bei uns wird ein Weihnachtsbaum aufgestellt.»

Ich halte wohl besser meine Klappe. Mein Vater sieht eine Pflanze, die wie eine Erbse aussieht. Er bricht eine Schote auf, fragt, ob das tatsächlich Erbsen seien, möchte eine probieren. «Nein», sagt der Priester. «Das ist ein Gift namens Utopa, das nimmt man, um Fische zu fangen. Wir gießen Utopa ins Wasser, dann schwimmen alle Fische oben.» Mein Vater probiert lieber doch nicht.

Eine Gottesanbeterin sitzt auf dem Sandweg vor uns. Aus Deutschland habe ich mir angewöhnt, Insekten von der Straße aufzuklauben und ins Gebüsch zu setzen, damit sie nicht zertrampelt werden. Das ist auf einem einsamen Sandweg am Kilimandscharo zwar eine beknackte Idee, aber als mir das auffällt, habe ich das fragile Insekt schon auf der Hand. Ich erkläre Priester Kawa, dass man dieses Tier nach seiner Körperhaltung benannt hat, weil die Fangarme aussehen, als ob es beten würde. Er nickt höflich. Ich frage, wie das Tier in Tansania genannt wird. Er lacht laut auf. «Keine Ahnung, wir interessieren uns hier nur für die Tiere, die man essen kann.» Ich setzte die Gottesanbeterin ins Gebüsch. Wir gehen weiter.

Die Pilgerstätte besteht aus einem Kreuz und der Gedenktafel, die mein Urgroßvater 1911 hier selbst angebracht hat, geprägt bei «Otto Hägemann Hannover». Der Ausblick von hier aus ins Tal ist herrlich. Saria sagt, früher sei hier eine wichtige Handelsstraße verlaufen; er deutet auf einen Trampelpfad. Sklavenhändler hätten sich hier bei den Häuptlingen mit Menschenmaterial versorgt. Außerdem sei es ein wichtiger Ausguck gewesen, während der Stammeskriege. Die Angreifer hätten nämlich den steilen Hang der Schlucht hinaufkommen müssen, da hätte man sie gut mit einem Hagel von Pfeilen empfangen können. In die Schlucht habe man außerdem die Leichen von Frauen geworfen, die während der Geburt gestorben waren. Man glaubte nämlich, sie seien vom Bösen besessen und selbst schuld daran, nicht überlebt zu haben. Man warf die Körper deshalb einfach weg, wollte sie schnell loswerden. Ein bedeutender Ort also.

Saria fängt an zu singen, wir alle singen mit. «Geh aus, mein Herz, und suche Freud» von Paul Gerhardt. Die Tansanier können es besser als wir Deutschen. Die Frauen legen meiner Mutter eine Perlenkette um und sagen, sie sei nun die «Mutter der Gemeinde». Meine Mutter weint vor Rührung. Saria dankt Gott und spricht davon, es sei ein Wunder, dass die Gutmanns zurück seien. Ein Segen. «Sie hätten überall hingehen können, aber nein, sie sind hier, in unserer Heimat.»

Wir stehen unter einem Baum, der von lila Blüten übersät ist, Saria sagt: «Halt dich an alte Menschen, denn mit alten Menschen kann nichts schiefgehen.» Das wiederum hört meine Mutter jetzt nicht so gerne.

Pater Kawa erzählt, man wolle an diesem Ort ein Memorial Center errichten, eine Gedenkstätte für Gutmann, mit Gebetsraum und Gästehaus. Und man sei sicher, dass die Gutmann-Familie gekommen sei, um dabei zu helfen. Man bitte darum. Herzlich. Kawa reißt ein Drachenbaumblatt ab. Mir fällt auf, dass es dieselbe Pflanze ist, die auch in Freddy Machas Wohnzimmer vor dem Fenster steht. Hier sind mehr Drachenbäume als in jeder Ikea-Pflanzenabteilung. Bei den Dschagga heiße diese Pflanze Isale, sagt er. Sie sei heilig. Während ich mir gerade noch verkneife, ihm zu sagen, dass sein heiliges Pflänzchen in Deutschland ein Studentenbuden-Unkraut ist, macht er einen Knoten in das Blatt und reicht es mir. «Wenn man so ein Blatt überreicht bekommt, darf man eine Bitte nicht ablehnen», sagt Kawa. «Unter keinen Umständen. Sonst droht Unglück.»

Reverend Saria blickt nachdenklich. Das sei eine starke Geste, meint er. Vor einigen Jahren habe einmal ein Junge ein Mädchen vergewaltigt. Die Eltern des Mädchens hätten ihn angezeigt. Die Eltern des Jungen seien dann zu dieser Familie gegangen, hätten um Gnade gebeten und ein Isale-Blatt überreicht. Doch die Angeflehten hätten es wütend ausgeschlagen und auf den Boden geworfen, sogar zertrampelt. Der Junge habe sich dann aus Scham erhängt. Seitdem sei jede Tochter jener Eltern, die das Blatt zertreten hätten, kurz nach der Heirat gestorben. «Ein Jammer, so schöne Mädchen – ich habe gestern wieder eines beerdigen müssen», sagt Saria. Ich blicke auf das Blatt in meiner Hand, will etwas sagen, aber mir fällt nichts ein. Ich blicke Saria an, aber Saria blickt gen Himmel. Er stimmt «Lobet den Herren» an.

Verflucht.

DER PIFF-PAFF-PUFF-KRIEG

Kurz vor unserer Abreise hatte mir meine Mutter einen Brief von Bruno Gutmann geschickt.

Meine liebe Gertrud!
Heute hat jemand Geburtstag, und diesen Geburtstag haben vor zehn Jahren Mohren, Türken und Deutsche mitgefeiert. Wie viele von ihnen wohl heute daran denken werden? Aber es gibt schon noch solche, die ihn feiern und die tun das jetzt mit großer Liebe. Weißt Du auch wessen Geburtstag das ist? Als wir ihn vor zehn Jahren feierten, lagst Du schön friedlich in deinem Kinderbettchen zu Moschi, denn Du warst da erst 4 Monate alt. Der Tag war voll Sonne wie heute, aber an der Grenze sammelten sich schon die Buren, um hereinzubrechen in unser Land. Und am 19. März bist Du dann mit uns gefangen genommen worden, das heißt, Ihr Kinder und die Mama und Onkel Mau und Oldewages, mich hatten sie schon an Mamas Geburtstag, also am 18. März eingesperrt.
Du bist damals ganz still gewesen und immer blasser geworden, und wer weiß, wie es Dir ergangen wäre in dem heißen Neu-Moschi, wenn uns die Engländer nicht am dritten Tage hätten loslassen müssen. Am 21. März durften wir wieder nach Moschi auf unsere Missionsstation hinauf. So hatte es Burengeneral Smuts dem Engländergeneral Stewart befohlen. Das hat ihm Gott eingegeben gehabt. Die Dschaggachristen brachten zwar Milch hinunter, damit Ihr Kinder etwas Richtiges zu essen hättet, aber diese Milch haben die hungrigen Soldaten ihnen weggenommen. Aber die braven Schwarzen haben sie nicht hergeben wollen, und manche sind dafür sehr geschlagen worden.

Schon so haben die Dschagga für Euch Kinder Schmerzen und Schläge ausgehalten, weil sie Euch helfen wollten. Das sollt Ihr ihnen nie vergessen und auch für sie beten.
Ich schreibe Dir in aller Morgenfrühe. Der Bote wird gleich kommen und die Briefe nach Neu-Moschi tragen wollen. Hoffentlich bringt er dann auch einen Brief von Dir. Es sind schon dreimal die Boten mit Post gekommen, ohne dass von Dir etwas dabei war. Aber das letzte Mal kam aus Burgbernheim ein dreifacher Brief dafür, von dem lieben Onkel, der lieben Tante und von Dir, Deiner allerdings im Schlittschuheifer geschrieben. Diese Freude hast Du in diesem Winter reichlich genießen können. Davon bist Du nun hoffentlich recht standfest und gelenkig in Deinen Füßen geworden. Und das spürt die liebe Tante sicherlich auch in ihrer Hauswirtschaft. Da gehst Du ihr gewiss treu und brav zur Hand. Die Mama lässt Dich heute nur von Herzen grüßen. Sie liegt zu Bett an Influenza, doch geht es ihr schon etwas besser. Und nun behüt Dich Gott, mein Herzenskind. Sei treu und brav und mach Freude. Grüße Onkel und Tante recht herzlich. Das nächste Mal können wir hoffentlich mehr schreiben, auch einen dreifachen Brief, wenn auch nur ihrer, das heißt richtiger, unser zwei.
In herzlicher Liebe Dein Vater

Der Geburtstag, den Bruno Gutmann hier beschreibt, ist der Geburtstag von Kaiser Wilhelm. Der andere Tag, der 18. März 1916, ist der schwärzeste seines Lebens. Denn an diesem Tag endet der Krieg für ihn. Er wird gefangen genommen, und es zeichnet sich ab, dass es bald kein Deutsch-Ostafrika mehr geben wird.

Der Erste Weltkrieg kommt 1914 über das Land. Gutmann ist mit seiner Frau seit sechs Jahren wieder am Kilimandscharo. In Moschi führen Bruno und Elisabeth ein afrikanisches Familienleben. Sie haben sich in der Missionsstation eingerichtet und in kurzer Zeit vier Kinder bekommen: Gottfried, Hermann, Ilse und Gertrud. Die Kinder sind sein ganzer Stolz. Nun hat er sich das perfekte Idyll geschaffen. Er ist weit ab von Deutschland, mit einer eigenen Familie und seiner geliebten Schwester in der Nähe.

Eigentlich ist Europa weit weg. Anders als in der Heimat herrscht unter den 4000 deutschen Einwohnern der Kolonie keine Kriegsbegeisterung. Und die Truppen, die in Deutsch-Ostafrika stationiert sind, bestehen vor allem aus schwarzen Hilfssoldaten. Erst am 5. August 1914 trifft die Nachricht vom Krieg in Europa überhaupt ein. Doch der befehlshabende General Paul von Lettow-Vorbeck wittert die Chance, ein Kriegsheld zu werden, und befiehlt den im Norden stationierten Einheiten per Telegramm, die benachbarten britischen Kolonien im heutigen Kenia und Uganda anzugreifen: «Sofort antreten, englische Grenztruppen vernichten, Bahn bei Voi zerstören, äußerste Initiative.» Sein Ziel ist es, so viele Truppen der Engländer wie möglich in Afrika zu binden, um so die heimischen Streitkräfte zu entlasten. Auch Belgisch-Kongo und Portugiesisch-Ostafrika im Süden, das heutige Mosambik, greift er an. Zunächst scheint der Plan aufzugehen. Als 8000 britische und indische Soldaten in Tanga anlanden, werden sie von der zahlenmäßig weit unterlegenen Schutztruppe zurückgeschlagen. Dies schafft einen verhängnisvollen Mythos. Nun begeistern sich auch die Einwohner der Kolonie für den Krieg. Mit dem Leben zahlen dafür vor allem die Afrikaner. Denn als die Briten 1916 wieder an der Küste landen, hat ihnen Lettow-Vorbeck nur noch wenig entgegenzusetzen. Die Schutztruppe wird immer weiter ins Land zurückgetrieben. Offene Kämpfe werden vermieden, stattdessen plündert man die Dörfer. Erst als Lettow-Vorbeck am 13. November 1918 vom Waffenstillstand in Europa erfährt, endet das Blutvergießen. Fast eine Million Menschen, in der Mehrzahl Afrikaner, sterben bei den sinnlosen Kämpfen und ihren Folgen.

Bruno Gutmann hält sich vom Krieg fern, soweit es geht. Sein Freund Paul Rother allerdings ist vom nationalen Eifer erfasst. Er hisst die deutsche Flagge an seiner Missionsstation am Pareberg, schmettert dazu ein dreifaches Hurra und feuert drei Schüsse aus seiner alten Mauser-Büchse. Er organisiert einen Wachdienst und ist flugs ganz Kriegspartei. Auf Rat von Bekannten hin lässt sich Missionar Rother zum Oberbefehlshabenden der umliegenden Häuptlingsschaften erklären und sich von den Häuptlingen 200 bewaffnete Krieger zur Verfügung stellen. Die Schmiede der Umgebung weist er an, die Produktion von Pfeilspitzen zu steigern.

Der Bezirksamtmann überzeugt Rother, sich den Schutztruppen angliedern zu lassen, da leicht der Fall eintreten könne, dass er sich den Engländern gegenübersähe. Ohne soldatischen Rang könne er dann als Franktireur behandelt werden – und mit Partisanen wird kurzer Prozess gemacht. Rother wird in der Liste der 5. Schützenkompanie geführt, die ihren Standort in Wilhelmstal hat, er trägt nun eine schwarz-weiß-rote Binde und einen Revolver, den ihm sein Bruder Emil, der auch am Kilimandscharo wohnt, geliehen hat.

Es ist eine seltsame Art, Krieg zu spielen. Mit Pistolen und Pfeil und Bogen.

Eines Tages kommt ein Bote zu Rother und überreicht einen Zettel, mit Bleistift geschrieben: «Verehrter Missionar! Wir kommen von einer Bahnsprengpatrouille zurück, mussten laufen, sind fast verhungert und fast ohne Kleidung. Können Sie uns einige Lebensmittel und einige Kleidungsstücke schicken? Gruß! Zitzmann, Gürke, Klein». Solche Post bekommt man im Kolonialkrieg. Gutmanns Schwester Frieda packt einen Korb mit Essen, Hemden und Hosen. Sie gehen in die Steppe, den drei Kriegern entgegen. Dort treffen sie jenen Sergeanten Zitzmann und auch Gürke und Klein. Zitzmann trägt nur Unterhosen, Gürke einen Mantel, darunter nur ein Hemd, keine Hosen. Dafür hat Klein nur eine Hose, sie hängt in Fetzen. «Es ist alles in den Dornen der Steppe hängengeblieben», berichtet Zitzmann. Während sich die Soldaten über den Fresskorb hermachen, erzählen sie. Sie waren mit einigen Askaris und Trägern unbemerkt bis an die englische Bahnlinie gekommen. Schleunigst packten sie Sprengstoff unter das Gleis. Als sie knapp damit fertig waren, kam schon der Zug. Gerade hatten sie Deckung gefunden, da wurde die Lok von der Detonation schon in die Höhe gerissen, fiel auf die Seite und überschlug sich den Bahndamm hinab. Sie riss die Waggons mit sich, die voller Soldaten waren. Die schrien und stöhnten. Einige befreiten sich aus den Wracks und nahmen die Verfolgung auf. Klein bekam einen leichten Streifschuss am Bein. Jeder suchte seinen Weg durch die Dornbüsche, und die Kleider blieben im Geäst hängen. Erst in der einbrechenden Dunkelheit mussten die Verfolger die Jagd aufgeben. Am zweiten Tag fanden sich die drei Soldaten wieder zusammen. Fortan wanderten sie drei Tage ohne Lebensmittel und mit kaum Wasser durch die Steppe, bis sie an die Pareberge kamen, zur Missionsstation. Eine tolldreiste Geschichte, findet Rother. Als die Soldaten sich satt gegessen haben, verabschieden sie sich. Sie wollen nun keine Kleider mehr, weil es mehr Eindruck schindet, wenn sie in Fetzen und Lumpen bei ihrem Standort in Mombo einziehen würden.

So ist der Krieg. Ein Räuber-und-Gendarm-Spiel. Piff, paff, puff. Aber je länger der Krieg dauert, desto mehr bekommen auch die Missionare ihn zu spüren. Die Missionsstationen werden dafür eingespannt, Nachschub für die Truppe im Land zu organisieren. Während Gutmann davon verschont bleibt, hat der Soldat Rother bald alle Hände voll zu tun. Er muss Ochsen und Schafe für den Krieg auftreiben. Immerhin kann er gut dafür in Silberrupien zahlen. Auch Mais, Bohnen, Maniok, Bananen, Süßkartoffeln, Yamswurzel, Straucherbsen schafft er für die Truppe heran. Rothers Missionsstation ist bald Militärbasis.

Die Schutztruppe plant nämlich Anschläge auf die Uganda-Bahn der Engländer und nimmt dafür den Ort Gonja, in dem

Rother wohnt, als Ausgangspunkt. Seine Station wird zum Versorgungsbetrieb. Rund um die Uhr wird geschlachtet, es wird geräuchert und Brot gebacken. Das ertragen Rother und Frieda mit Geduld. Allerdings möchte der in Gonja stationierte Hauptmann Döring auch seine Frau in der Nähe wissen. Die Dame wird in der Missionsstation untergebracht und lässt sich vom frommen Rother bedienen. Frau Döring schläft bis zehn Uhr und braucht mit ihrer Morgentoilette bis zum Mittag. Dass Frau Hauptmann die Missionsstation als Hotel benutzt, während Frieda von Sonnenaufgang bis Sonnenuntergang schuftet, will ihm nicht in den Kopf. Eines Tages kommt die Anfrage, ob man einen Ballen Wolle verarbeiten könne. Die Kinder in der Schule sollen Socken für die Askaris stricken. Man brauche jetzt noch jemanden, der ihnen das Stricken beibringt. Rother fragt bei der Dame Döring an, ob sie das übernehmen könne. Die Hauptmannsgattin ist erstaunt, geradezu entrüstet. Man könne ihr doch kaum zumuten, sich zu den schwarzen Kindern zu stellen. Nein, das vermöge sie nun doch nicht, da würden sich wohl andere Frauen finden.

Wenig später wird auch die Frau von Major Fischer in Rothers Hütte einquartiert. Frau Fischer hat sogar ihren schwarzen Diener mitgebracht. Leider ist er für den Kriegseinsatz auch nur bedingt tauglich. Er sitzt meist herum. In Rother brodelt der heilige Zorn.

Eines Tages beklagt sich seine Frau. Sie hat dem Boy der Frau Major gesagt, er möge seiner Herrin die Badewanne hinauf in ihr Schlafzimmer bringen. Frau Fischer möchte nämlich baden. Er hat geantwortet: «Das ist nicht meine Arbeit.» Rother stampft die Treppe herunter und herrscht den Diener an: «Was, du hast meiner Frau abgelehnt, die Badewanne deiner Bibi hinaufzutragen?» Der Diener erklärt wieder: «Das ist nicht meine Arbeit.» Rother haut ihm voller Wut ein paar links und rechts herunter und droht: «Nun trag die Wanne schleunigst hoch, oder es gibt noch bessere.» Heulend trägt der Geprügelte nun die Wanne.

Wenig später trifft Rother die beiden Militärgattinnen schluchzend auf der Veranda sitzend. So viel Rohheit sind sie nicht gewohnt. «Aber Sie hätten nicht gleich so derb zu sein brauchen», sagt die Frau Major, «wenn Sie's mir gesagt hätten, so hätte der Boy die Arbeit schon getan.» Rother erwidert: «Ich bedaure, gnädige Frau, aber dazu habe ich keine Zeit.»

Trotz all der Schlachterei und Ohrfeigen wird die militärische Lage immer schwieriger. Eilig werden der Hauptmann und der Major abberufen. Die beiden Damen werden in der Obhut des Missionars gelassen. Allerdings kommt bald ein Telegramm, die Frau Major solle zu ihrem Mann kommen. Sie kommt leider nur noch rechtzeitig, um seine Leiche zum Friedhof von Tanga zu begleiten. Major Fischer hatte Befehl, die Westseite des Kilimandscharos gegen die Briten zu verteidigen. Leider verlor er die Übersicht, versagte und schoss sich eine Kugel durch den Kopf, weil er die Schande nicht ertrug.

Der Berg ist nun in der Hand der Briten. Auch das Pare-Gebirge ist besetzt. Rother wird nach Tanga in ein Internierungslager gebracht. Auch Bruno Gutmann muss mit Frau und Kindern seine Missionsstation verlassen. Er wird in der Kapelle in Neu Moschi auf Arrest gesetzt. Das Schreiben, das Gutmann dazu auffordert, ist in vorbildlicher britischer Höflichkeit formuliert. Man versichert ihm, dass der Häuptling von Moschi angehalten worden sei, weder das Haus noch den Besitz des Missionars anzutasten. Die Anweisung des Militärs schließt: «Ich bin, Sir, Ihr ergebener Diener.»

Während sein Freund Rother nach Tanga muss und später sogar nach Ägypten deportiert wird, darf Gutmann nach wenigen Tagen wieder zurück auf die Station, so wie er es im Brief an seine Tochter beschreibt. Allerdings erwähnt er nicht, was der Grund war. Der britische Kilimandscharo-Bevollmächtigte Sir Morris hat nämlich das Denkmal entdeckt, das Gutmann zu Ehren der britischen Missionare Fitch und Steggal errichtet hat, die hier die ersten Menschen am Kilimandscharo getauft haben. Er ist sehr ergriffen von dem Respekt, der seinem siegreichen Volk hier zuteil wurde, und hält Gutmann für einen Freund der Briten. Deshalb weigert sich Morris, den Missionar in das Internierungslager zu überstellen. Gutmann bleiben allerdings nur einige Monate. Nach dem Krieg werden alle Deutschen des Landes verwiesen. Die Gutmanns landen zunächst in Berlin, bevor sie auf Vermittlung eines Freundes nach Ehingen kommen. Bruno Gutmann nennt es «Exil».

DER GARTEN VON MASAMA

Jetzt ist es so weit. Wir haben Ärger. Mutter will beim Frühstück wissen, warum ich ständig so mürrisch bin. Ich muffele sie an, dass ich gar nicht mürrisch sei. Mir gehe es prima. Mutter sagt, sie bewundere meine Frau, dass sie es mit so einem schlechtgelaunten Stoffel aushalte. Ich stehe auf und gehe raus. Wortlos. Beleidigt. Natürlich bin ich muffelig. Ich weiß aber nicht, warum. Es sind zu viele Dinge, die mich hier aus der Bahn bringen. Saria will irgendetwas von mir, ich weiß nicht, was. Ich bin mit einem Isale-Blatt verhext worden. Ich fühle mich alt, gleichzeitig macht mich das Alter meiner Eltern unwirsch. Und alle reden hier ständig von Gott. Und von Gottes Sohn, Gutmann. Draußen sehe ich eine Eidechse über die Steine huschen. Sie ist ganz und gar blau. Und da fällt mir ein, was vermutlich gerade mein größtes Problem ist. Ich habe seit unendlich langer Zeit nichts mehr zu trinken bekommen.

Saria karrt uns heute nach Kirua. In Kirua war Saria selbst seit sieben Jahren nicht mehr. Man muss durch den Dschungel, um dorthin zu gelangen. Saria sagt, es sei die Gemeinde, die von der Missionsstation in Alt Moschi am weitesten entfernt lag. Im Dschungel gebe es Affen und manchmal Elefanten. Und man wisse nie, wie weit man komme. Er sei einmal diesen Weg gefahren, bei Nacht. Da habe ein umgefallener Baum auf der Straße gelegen. Wenn hier ein Baum umfällt, dauert es lange, bis jemand ihn entfernt. Es gab kein Vorbeikommen, er habe die ganze Strecke zurückfahren müssen. Im Rückwärtsgang. Ohne wenden zu können. Und alles bei Nacht.

Das beeindruckt mich sehr, denn Nacht bedeutet in Tansania: richtig Nacht. Die Nacht ist so, als würde Gott das Licht ausknipsen. Sie kommt schnell über das Land, sie hält sich nicht lange mit Dämmerung auf. Danach sind nur noch Zikadenklänge in der Luft und Sterne über dem Kopf. Das Sternbild des Tukans, der Pendeluhr, des chemischen Ofens.

Noch beeindruckter bin ich, als ich sehe, was für einen Weg wir nach Kirua fahren müssen. Er führt an einem Hang entlang, es geht steil hinab. Ein Auto, das von dem schmalen Weg abkommt, tritt eine ungemütliche Reise ohne Widerkehr an. So etwas scheint Saria aber nicht zu beschäftigen. Er fühlt sich in seinem Wagen sicher wie in einem Panzer. Oder er ist schon mit dem Kopf im Jenseits.

In Tropenwald ist jeder Meter bewachsen, und zwar von Pflanzen, die ich alle schon kenne. Die afrikanischen Tropen sind gewissermaßen ein großes deutsches Wohnzimmer der spießigsten Art. Alles voll von Gummibäumen, Fensterblättern und Studentenblumen. Eine rücksichtslose Vegetation, die sich sofort zurückholt, was der Mensch mal eben nicht verteidigt. Wir kommen an Hütten vorbei, die erst kürzlich aufgegeben worden sind. Sie werden von den Pflanzenranken regelrecht verspeist.

Auf einmal tut sich eine Lichtung hangaufwärts auf. Baumstümpfe stehen da, auf Bauchnabelhöhe abgesägt. Saria stoppt den Wagen. «Baumdiebe», sagt er. Sie holzen ohne Rücksicht die Hänge ab, um das Holz zu verfeuern. Es scheint ihn sehr aufzubringen. Klar, denke ich, ein Baumdieb ist eben etwas anderes als ein gewöhnlicher Dieb, er stiehlt nicht aus einer Handtasche, er stiehlt von der Schöpfung. Das regt einen Pfarrer schon mal auf. Aber wenig weiter erkennen wir, warum der Reverend in Wirklichkeit so beunruhigt war. Der Weg ist überschwemmt. Jemand hat auf der Talseite einen schmalen Baumstamm eingegraben, auf der Höhe, wo ein Bächlein über den Weg floss. Nun hat sich das Wasser am Stamm gestaut, auf dem Weg hat sich ein Teich gebildet. Saria steigt aus, schaut sich das Gewässer lange an. Wir können nicht da durch, meint er, es sei ungewiss, wie tief es sei. Die Baumdiebe hätten das Wasser gestaut, um den Weg unpassierbar zu machen.

Mir ist der Gedanke an die mögliche Präsenz von Leuten, die Wege unpassierbar machen, gar nicht angenehm. Ich habe vielleicht zu viele Räubergeschichten gelesen. Vielleicht fällt mir aber auch gerade auf, dass wir in einem Land sind, in dem 90 Prozent der Bevölkerung in Armut leben – und vermutlich so mancher keine Hemmungen hätte, eine in Safarihemden daherkommende weiße Familie schnell mal auszurauben. Ebenso unangenehm ist mir der Gedanke, dass wir nun vielleicht im Rückwärtsgang wieder zurückfahren müssen.

Nur mein Vater ist völlig ruhig. Er steigt aus und schaut sich die Sache an. «Wir müssen graben», sagt er schließlich, kniet sich auf den Boden, taucht seine Hände in die Brühe und hebt Schlamm heraus. Er buddelt wie ein kleiner Junge in der Pfütze. Er fordert uns dazu auf, mit ihm zu graben. Ich erinnere mich, dass wir als Kinder mit meinem Vater immer wieder im Wald hinter unserem Haus Bäche gestaut haben. Das war ein großer Spaß. Ich habe mir als Kind immer vorgestellt, dass in dem Wald Räuber unterwegs seien. Nun grabe ich schon wieder neben meinem Vater im Wald, nur dass es jetzt tatsächlich Räuber gibt. Die Stimmung meines Vaters ist allerdings bestens. Es gelingt uns, einen Kanal unter dem eingegrabenen Stamm zu graben, das Wasser läuft langsam ab und rinnt den Hang hinunter. Bald ist der Pfad wieder trockengelegt. Ein Felsbrocken kommt in der Senke zum Vorschein. Wäre Saria einfach durch das Wasser gepflügt, hätten wir Achsbruch erlitten; die Baumdiebe scheinen ihr Handwerk zu verstehen. Mein Vater allerdings auch. Er ist hoch zufrieden; er ist in Afrika angekommen. Das Land beginnt ihm Spaß zu machen.

Der Wagen erreicht bald wieder bewohntes Gebiet – wenn man das Gebiet so nennen möchte. Es ist Bananenhain an Bananenhain, in der Mitte jeweils eine kleine Hütte, manchmal taucht hinter einer Kurve ein Lädchen auf, in dem Tomaten aus dem hauseigenen Gemüsegarten feilgeboten werden. Die Kirche des Ortes ist klein und schäbig. Der Glockenturm besteht aus einem Mast, an dem ein Blecheimer hängt, man kann mit einem Klöppel dagegenschlagen. Hier gebe es nicht viele Lutheraner, sagt Saria. Die meisten im Ort seien römisch-katholisch. Man habe damals ein Abkommen geschlossen, dass die verschiedenen Kirchen einander in ihren Einflussbereichen nicht in die Quere kommen sollten. Die Mission Gutmanns – sie wurde hier gestoppt. Er aber wäre auf seinem Esel Fallada wohl noch viel weiter geritten.

Als wir zurückfahren, sehen wir viele kleine Verschläge, vor denen Männer sitzen, in ihren Händen blaue Plastikbecher, die Blicke leicht glasig. Wir kommen an einem Marktplatz vorbei, auf dem ein Mann mit nacktem Oberkörper zu Musik aus einem Radio tanzt. Die Stimmung auf der Straße ist seltsam enthemmt und aggressiv. Jemand tritt an unser Auto heran und klopft gegen die Scheibe. Saria fährt weiter. Zum ersten Mal sehe ich, dass er von etwas angewidert ist. «Die Leute haben hier ihr ganz eigenes Verhalten», meint der Gottesmann. Und schnell wird klar, was er meint. Sie trinken. Alle trinken hier. Das ganze Dorf ist hackedicht. Es besteht offenbar aus Menschen, die einander nur besoffen entgegentreten, den ganzen Tag.

«Männer trinken, werden faul, arbeiten nicht – tot», brummt Saria. Tatsächlich sehen die Leute hier anders aus als in Moschi. Sie wirken alt und angeschlagen. Als ich all die besoffenen, zahnlosen Figuren betrachte, fällt mir erst auf, wie wenig Betrunkene ich sonst in den Straßen gesehen habe. Nun verstehe ich besser, warum Bruno Gutmann den Alkohol so verachtet hat.

Saria hält neben einem der Ausschänke und winkt die Wirtin herbei. Er lässt uns einen Becher Bananenbier bringen. Die Frau schöpft es aus einem ausgedienten Ölfass. Es wird in einem großen, zerkratzten blauen Becher gebracht, dem man ansieht, dass schon Hunderte aus ihm getrunken haben.

Bananenbier ist eine schaumige braune Brühe, voller Schwebstoffe, die zwischen den Zähnen kleben bleiben und ein pelziges Gefühl im Mund hinterlassen. Es schmeckt, wie es riecht. Ich kenne das Aroma aus meiner Schulzeit, so strömte es aus meiner Brotdose, wenn ich darin eine Banane über die Ferien vergessen hatte. Es ist nur ein kleiner Schluck, den ich trinke, und ich finde ihn widerlich. Aber ich versuche mir vorzustellen, dass unser heimisches Bier vielleicht genauso widerlich für Fremde ist. Und dann spüre ich an meinem Gaumen einen alten Bekannten: den Alkohol. Und dann trinke ich noch einen widerlichen Schluck und noch einen. Das Zeug haut voll rein, denke ich, das muss ich mir merken. Der Reverend nimmt das Bananenbier wieder an sich. Er grimmt: «Bananenbier bringt dich auf direktem Weg zu Gott, hat Gutmann gesagt.» Er deutet gen Himmel.

Wir kommen an einem Laden vorbei, der Särge verkauft. Der Verkäufer hat sich neben einen seiner Kästen ins Gras gelegt. Wie tot. Saria lacht laut.

Er wolle uns noch eine Wirkungsstätte von Bruno Gutmann zeigen, meint Saria. Das Örtchen Masama. Meine Mutter ist begeistert: Masama, das ist der Ort, an dem Bruno Gutmann und Elisabeth nach dem Ersten Weltkrieg gewohnt haben, bevor sie wieder nach Moschi umgezogen sind. Viele der Briefe, die sie bislang gelesen hat, bei denen sie Silbe für Silbe die dichtgeschriebenen Wörter des Missionars entziffert und in die Tastatur ihres Rechners getippt hat, kommen aus Masama. Nun werden wir die kleine Veranda sehen, auf der Elisabeth saß, wenn sie schrieb – und den Gemüsegarten. Und die Vöglein, die in den Bäumen singen.

Wir fahren an einem Wochenmarkt vorbei, mit auf Tüchern ausgebreiteten Bananen und angepflockten Ziegen. Rennende

Kinder. Es ist immer wieder überwältigend, die Schönheit dieses Landes zu sehen. Nicht nur die phantastischen Panoramen der Bergwälder und Bananenhaine, sondern auch die vielen Miniaturen. Das goldene Licht auf der Haut der Menschen, die zimtrote Erde. Lila Blütenteppiche, die unter Bäumen auf dem Boden liegen. Es erscheint ganz selbstverständlich, dass dieser Kontinent die Wiege der Menschheit war. Für jeden Menschen ist es hier, wie nach Hause zu kommen, nicht nur für Nachfahren von Bruno Gutmann.

Wir biegen auf einen Weg ein, der zu einer kleinen Kirche führt. Das also ist die Masama-Gemeinde. Ein weiß verputztes Kirchlein, vor dem Kinder spielen. Sie spielen dort nicht etwa, weil sie die Nähe zum Sakralen so schätzen – auf dem glatten Granitboden können sie einfach ihre Gummibälle gut springen lassen.

Aber wo ist die Missionsstation? Neben der Kirche befindet sich tatsächlich ein flacher Bau mit Veranda. Das muss das Gemeindebüro sein, allerdings scheint es eindeutig neuerer Bauart zu sein, auf der gefliesten Veranda stehen Plastikstühle. Saria bittet uns, dort Platz zu nehmen. Und zu warten. Es ist nämlich niemand da. Wir müssen lange warten. Zeit ist das Einzige, von dem es viel gibt. Ich höre Orgelklänge und gehe ihnen nach, durch einen Nebeneingang in die Kirche. Oben auf der Empore spielt ein Mädchen «Lobet den Herren», das scheint hier beliebt zu sein. Sie lächelt schüchtern. Ich bleibe einfach stehen und höre ihr zu. Wann war ich das letzte Mal so ruhig?

Saria ruft uns zu sich. Jetzt ist jemand da. Ein ehemaliger Pastor lädt uns ein, in sein Büro zu kommen. Er hat gehört, dass Nachfahren Gutmanns hier seien, und hält ein paar zusammengebundene Blätter in der Hand – darin habe er die Geschichte der Missionare aufgeschrieben. Ich frage freudig, ob wir im Gemeindebüro eine Kopie davon machen können. Das sei bestimmt möglich, sagt er. Er wolle nur einen Test machen. Er betätigt den

Lichtschalter. Kein Licht. Ach nein, das gehe jetzt wohl doch nicht, sagt er. Heute kein Strom.

Stattdessen führt er uns aus dem Haus, an der Kirche vorbei, einen Weg entlang. Wir gelangen an die historische Missionsstation. Das Haus steht also doch noch. Mit Veranda. Die Vöglein singen. Da ist auch der Gemüsegarten, den Gutmann angelegt hat, allerdings wächst hier nichts mehr. Im ehemaligen Missionshaus ist jetzt eine Vorschule, auf der Treppe stehen 32 Paar kleine Schuhe. Der Dachfirst ist mit Schnitzarbeiten verziert, als hätte man einen Schreiner aus dem Schwarzwald beauftragt. Die Säulen auf der Veranda sind blau gestrichen, was ganz hübsch ist. Die Kinder winken uns aus Brunos ehemaligem Arbeitszimmer zu. Es ist ihnen keinerlei Ehrfurcht anzusehen. Ich weiß nicht, wie Bruno das gefunden hätte.

Im Garten stehen drei alte Grabsteine, alle verfallen. Auf einem steht «Missionar Paul Winkler». Der starb als junger Mann in Masama an der Spanischen Grippe. Er war nur 28 Jahre alt und erst fünf Jahre im Land. Ein sächsischer Handwerkersohn wie mein Urgroßvater. So hätte auch Bruno enden können – und mich hätte es nie gegeben.

Neben dem Grab hat jemand Wäsche aufgehängt. Ich stehe noch eine Weile betroffen herum.

DAS HEILIGE DORF

Nachdem der Krieg für das Deutsche Reich verloren ist, verweisen Briten Deutsche des Landes. Am Tag, als Gutmann von seiner Gemeinde Abschied nehmen muss, hängt der Kibo in Wolken. Es schmerzt ihn, dass er keinen letzten Blick auf den Berg erhaschen kann. Die Dorfältesten kommen und die Abgesandten des Häuptlings. Alle weinen, auch die Männer. Gutmann setzt einen Gemeindepfleger ein, Filipo Njau. Er ist einer der hochbegabten Aufsteiger in der Gemeinde. Während sein Clan in der Zeit vor Ankunft der Missionare keine Rolle spielte, ist Filipo nun ein wichtiger Mann. Er ist Lehrer und gehört zur Schicht der Gebildeten. Als der Missionar wieder in Deutschland Quartier bezogen hat, erhält er regelmäßig Briefe von seinem Gemeindepfleger. Immer wieder schreibt er Briefe an den Missionar in Deutschland, berichtet von der erfolgreichen Missionsarbeit («Was die Gemeinde betrifft, so ist zu melden, dass am 23. April 1922 59 Menschen getauft worden sind ... Der Gemeindesäckel hat jetzt zugenommen, weil jetzt von den säumigen doch ein Teil die Steuern nachgezahlt haben.») und von den Schwierigkeiten («Ja, auch bei uns bedarf die Mission so sehr Arbeiter. Da gälte es, Samen zu streuen, die Sämlinge zu bewässern. Damit sie wachsen und jedes an seinen Sonderort angepflanzt werden könne, Schatten zu spenden und Früchte zu tragen – und es sind ihrer so viele, die jetzt zu vertrocknen drohen, weil sie der Männer entbehren, die der Pflanzarbeit kundig sind ... Oh, ihr Hirten in Leipzig und in ganz Deutschland, gebt euch Mühe um uns in euren Gebeten zu Gott!»).

Gutmann richtet Briefe an die Gemeinde, so wie es einst Paulus gemacht haben muss, als er an die Christen in Griechenland schrieb, stets in Sorge, die Gemeinschaft könnte zerbrechen. Er predigt in seinen Briefen, er lobt und mahnt. Obgleich Gutmann im fränkischen Ehingen sitzt, gibt er den Anspruch nicht auf, geistiger Führer der Dschagga zu sein. Njau schreibt dem verbannten Missionar regelmäßig zurück. Seine Briefe kommen öfters mit dem amtlichen Vermerk «Durch Seewasser beschädigt» mit verlaufener Tinte an. Die Briefmarke ist abgelöst, der Poststempel französisch.

Njau versucht, Gutmann so zu behandeln, als sei er noch immer da. Er richtet Grüße von Häuptling Salema aus. Und natürlich vom Bezirksvorsteher, von den Ältesten und dem ganzen Rest der Gemeinde. Er schreibt davon, wie hart das Leben am Kilimandscharo ist und wie schön: «Vorgestern empfingen wir Deinen Brief, den zweiten aus Europa. Von dem Hirten Eisenschmidt erfuhren wir, welche Mühe Ihr Euch gebt, uns andere Hirten zu senden. Ich denke an den Psalm 103. Wir müssen Gott für Trübsale und Freuden danken, die er uns schickt, denn sie sagen immer sein Erbarmen an. Deine Briefe bekunden, dass Du allzeit unser Hirte bleibst, mit Deinen Mühen für uns und mit Deiner Liebe, die Du für uns im Herzen hegst. Mit uns steht es gut. An den Sonntagen ist das Gotteshaus übervoll. Und die Festtage feiern wir in der Ordnung, die Du uns gelehrt hast. Gott helfe uns, Dir zu danken für alle Bemühungen, die Du mit Weisheit des Kopfes und des Herzens an uns gewendet hast. Was Du uns als letztes hinterließt, die Sorge um die Vergliederung der Sippen, haben wir treu umsorgt, aber es ist sehr schwer, weil die geringen Leute dem nicht folgen wollen, was man ihnen sagt. Da verlässt sich jeder auf seinen Kopf. Und die Großen wollen auch nichts hergeben, um wie einst, den Schwachen auszuhelfen, weil sie sehen, dass bei den Schwachen sich jeder auf seinen Arbeitgeber verlässt, sei er weiß oder schwarz. Wir müssen anhalten mit Bitten, dass Gott uns Weisheit schenke, unsere Sippenzucht wieder in Ordnung zu bringen. Aber unsere Christenversammlungen sind in Ordnung und machen uns jetzt sogar weniger Mühe als Ihr hier wart.»

Bei solchen Briefen dämmert es Gutmann, dass ohne seine Anwesenheit die Ordnung nicht aufrechtzuerhalten sei. Die traditionellen Sippen würden auseinanderfallen. Und auch die Sittlichkeit bei der Eheschließung. Er hat immer davon abgesehen, Njau in eine verantwortliche Position zu bringen, denn als Hirte taugen würde nur er selbst. Ein Gemeindepfleger könnte seine Sache nur pflegen, nicht voranbringen. Und Njau hat dazu noch eigene Sorgen.

«Was mich länger abhielt, Dir zu schreiben, war eine große Freude. Am 6. Oktober 1921 hat Gott der Schöpfer sich unserer erbarmt und uns ein Kind fürs Vatererbe gegeben. Und ganz überraschend ist es geboren worden. Noch in der Geburtsstunde versammelten wir uns, Sippenbrüder und Nachbarn, und sangen das Lied: *Danket dem Herrn*. Wir haben uns damals so gefreut. Und am zweiten November ist das Kindlein wiedergeboren worden und empfing den Namen Kawuvedi. Es ist gesund geblieben bis zum heutigen Tag, wo wir versammelt sind, Mann, Frau und Kinder, und Dich, unseren Hirten als den grüßen, der sich auch um unser irdisches Leben väterlich gesorgt hat, zusammen mit Deiner Frau, die voller Liebe und Erbarmen war, und sich so um unsere Kranken Kindlein mühte. Wir grüßen sie, die Hausmutter mit allen Kinderlein.

Nach der Geburt des Knaben erkrankte meine Frau an großen Schmerzen und das dauert bis heute, doch ändert sich ihr Befinden etwas, als wollte sie besser werden. Ich selber war bei der Geburt des Kindes aber auch krank. Und Du selber weißt, wie ein Mann bei uns zu tun bekommt, wenn die Frau in die Wochen kommt: Speise für die Wöchnerin, Essen für die Kinder, Futter für die Rinder und fünf Stück Kleinvieh, Ackern, Krauten und Bewässern. Und dazu kommt bei mir die Gemeindearbeit. Ich bin darum an jedem Abend rechtschaffen müde. Und gerade jetzt, wo meine Frau anfängt, besser zu werden, sodass sie doch das Jüngste im Sitzen waschen kann, wenn man ihr das Wasser heranbringt, erkrankt der mittlere Bub heftig an den Masern. Er wurde so schwer krank, dass die Leute alle Hoffnung aufgaben, aber meine Frau und ich trösteten uns an seinem Namen: Ainaini (= Er mit mir) und vertrauten, dass unser Gott, der mit ihm ist auch mit uns sei. In solchem Fühlen musste ich Deiner herzlich gedenken und Dir danken für die Ordnung, die Du in die Namen gebracht hast, dass wir nun Namen unserer Sprache wählen. Das ist wahrlich etwas Großes, was Du da gearbeitet hast.»

Später im Jahr schreibt er: «Meine Körperkraft hat seit meiner Krankheit sehr abgenommen. Ackere ich auch nur kurze Zeit, so bekomme ich ganz heftiges Herzklopfen. Und doch sehe ich es vor mir: ackere ich nicht, dann muss ich Hungers sterben mit meinen Kindern.»

So liest Gutmann aus seinem Afrika. Und ist in großer Sorge, dass es nicht mehr sein Afrika wäre, wenn er einst zurückkommen würde. Er kann nichts weiter tun, als Briefe zu schreiben und zu beten.

Sieben Jahre leben die Gutmanns in Ehingen. Sie waren dort auf Vermittlung eines Freundes hingekommen. Nachdem die Familie vom Kilimandscharo vertrieben worden war, strandete sie zunächst in Berlin. Aber Gutmann war nicht für eine Großstadt geeignet. Die Kinder wurden in der Schule gehänselt, weil sie ein so merkwürdiges Deutsch sprachen. Voller Worte, die sie von ihrem Vater gelernt hatten, die aber im Berlin der 20er Jahre niemand mehr verstand.

In Ehingen aber finden sie Zuflucht in einem kleinen Häuschen. In Ehingen, einem einfachen Bauerndorf in Mittelfranken, gibt es die Verlockungen der Großstadt nicht. Hier ist er selbst die größte Attraktion. Er lädt die Kinder und Jugendlichen des Dorfes in sein Wohnzimmer ein und erzählt ihnen Geschichten aus Afrika. Und in der Adventszeit organisiert er Umzüge. Er führt das «Anklopfen» ein. Die Kinder tragen einen Lichterbaum mit sich, einen Mast mit vielen Laternen daran. So ziehen sie von Haus zu Haus in Ehingen, singen und bitten um Spenden für die Mission. Manch ein Dorfbewohner verschanzt sich in seinem Häuschen. Geld für die Afrikaner zu geben, das kommt dann doch nicht jedem in den Sinn.

Bruno Gutmann verbringt nun viel Zeit in seiner Arbeitsstube. Er kann die Afrikaner nicht mehr taufen, er kann nicht mehr predigen, aber er kann sich alles von der Seele schreiben. Er schreibt «Das Dschaggaland und seine Christen», er schreibt «Unter den Trutzbaum», «Gemeinde-Aufbau aus dem Evangelium». Und vor allem arbeitet er an einem Monumentalwerk: «Das Recht der Dschagga». Er will das gesamte Rechtssystem des Dschagga-Volkes zwischen Buchdeckel bringen. Es soll der Beweis sein, dass die Eingeborenen keineswegs unterentwickelt sind, sondern, im Gegenteil, ein ausgefeiltes Sozialwesen haben, welches dem des Abendlandes in wenig nachsteht. Es wird ein 732 Seiten starker Band werden, und er wird dem Handwerkersohn die Ehrendoktorwürde der Universität Erlangen bringen – und Ansehen als Wissenschaftler. Die Manuskripte dafür hat er aus Afrika mitgebracht, er hatte sie glücklich durch den Krieg gerettet.

Der wahre Wert dieser Arbeit wird erst viel später zutage treten. Denn kaum einer macht sich in diesen Tagen die Mühe, ein derart komplexes Bild von einem Stammesleben zu zeichnen. «Das Recht der Dschagga» wird eine der wenigen Quellen sein, die später noch Einblick in das Rechtsgefüge eines Eingeborenenstammes in Ostafrika geben.

Die Mission zahlt ihm weiter sein Gehalt, Bruno reist durch Deutschland und hält Vorträge über das Christentum auf dem anderen Kontinent. Und er hat noch eine andere Leidenschaft: Er sammelt Wurzeln im Wald, bei seinen Spaziergängen am Hesselberg in den dichten Fichtenwäldern. Und im Dezember holt er säckeweise Moos aus dem Wald. So ist es Tradition im

Erzgebirge, aus dem er stammt. Zur Adventszeit wird die halbe Stube zum Weihnachtsberg umgebaut. Das bedeutet, dass der Boden mit Moosplacken bedeckt und mit Steinen, Wurzeln und Zweigen eine vollständige Landschaft aufgebaut wird, in der die Geschehnisse der Weihnachtsnacht dargestellt werden. Allerdings ist der Weihnachtsberg in der Gutman'schen Stube von ganz besonderem Format. Er nimmt das gesamte Wohnzimmer ein. Und er besteht aus mehreren Abschnitten. Da gibt es etwa den alttestamentarischen Teil, der von der Verkündung Jesu handelt. Man sieht Maria unter einem Baldachin stehen, auf dem zu lesen ist: «Aus einer Wurzel zart». Dies ist ein Motto, das auf das alttestamentarische Buch Jesaia Bezug nimmt und vom Messias kündet: «Und ein Reis wird hervorgehen aus dem Stumpfe Isais, und ein Schössling aus seinen Wurzeln wird Frucht bringen.»

Neben dieser Szene erhebt sich der Engelberg, ein mit Moos bedeckter, monströser Hügel, der fast bis zur Decke der Stube reicht. Das Gebilde ist über und über mit Gipsengeln besetzt, die alle möglichen Gerätschaften tragen. Sie haben Gesangbücher im Arm, Harfen, Lauten und Palmenzweige. Es sind jene Engel, die meine Mutter einmal vom Dachboden bergen wird. Das Gerüst, das den Engelberg stützt, hat sich Gutmann im Erzgebirge bauen lassen, der ganze Berg hat etwa 90 Reichsmark gekostet, das ist zu dieser Zeit sehr viel Geld. Elisabeth stöhnt, als sie erfährt, wie teuer der Engelsberg war. Aber für Gutmann ist das Geld bestens angelegt. Denn der Engelberg symbolisiert die Verbindung zwischen dem Irdischen und dem Himmlischen. Gott ist auf die Erde gekommen. Und dann ist da schließlich die eigentliche Krippenszene mit dem frommen Kind, den Hirten und allerlei morgenländischen Figuren und Tieren und wieder Engeln. Alles strömt herbei, um das Kind zu sehen. Natürlich auch die drei heiligen Könige. Aber die unterscheiden sich von den Königen, die man so kennt. Gutmann hat sich bei einem Krippenbaubetrieb in Marktredwitz keine morgenländischen, sondern deutsche Könige formen lassen. Die sitzen auf stämmigen Gäulen aus dem Frankenland. «Da reiten sie nun, wie aus der deutschen Erde hervor, dem Heiland entgegen», freut er sich. Überall in der Wohnung hat er kleine Nadelbäumchen aufgestellt, auf die er geschnitzte Holzvögel gesteckt hat. Es sieht aus, als wäre Jesus im Fichtenwald geboren worden. Im Hintergrund hat er auf Leinen ein Bergpanorama aufgehängt, das bayerische Watzmannmassiv mit dem Königssee.

Die Krippe ist im vorweihnachtlichen Ehingen nicht nur bei den Kindern eine Sensation. Man muss eine kleine Spende in den «Nickneger» werfen, eine Spardose, auf der die Figur eines betenden Schwarzen kniet. Wenn man eine Münze einwirft, sorgt ein Mechanismus dafür, dass die Figur mit dem Kopf nickt. Die Leute spenden gerne, denn solch ein Weihnachtswunderland hat man noch nicht gesehen. Und nichts macht Bruno Gutmann mehr Freude als Weihnachten. Wenn er ehrlich ist, ist Weihnachten das Einzige, was ihn wirklich glücklich zu machen vermag. Wenn er Weihnachten feiert, ist er wieder der kleine Junge mit dem Pfefferkuchenpferd. Wenn er Weihnachten feiert, ist er wieder Kind. Kind Gottes.

ZWEI MILLIONEN

Ich bin nicht abergläubisch. Das kann mir niemand nachsagen. Ich setze mich in Flugzeugen ohne Furcht in die Reihe 13 und habe keine Probleme mit schwarzen Katzen. Höchstens manchmal mit den schwarzen Katzen meiner Eltern. Ich habe auch als Kind nie meinen Teller leergegessen, nachdem ich verstanden hatte, dass mein Appetit entgegen der Äußerung meiner Eltern das Wetter überhaupt nicht beeinflusste. Und trotzdem: Seit Pater Kawe mir dieses Blatt reichte, habe ich es nicht aus der Hand gegeben. Nicht dass es auf den Boden fällt und dann Missverständnisse aufkommen. Ich bin Vater zu vieler Töchter, als dass mir das egal sein könnte. Und so bin ich sehr dafür, dass unsere Familie eine Geldspende leistet. Wir beschließen, 1300 Euro zu geben. Für das Bruno-Gutmann-Klinikum und die Bruno-Gutmann-Gedenkstätte. Meine Eltern finden das Klinikum wichtiger, aber ich habe mich für die Gedenkstätte eingesetzt, das Isale-Blatt in meinen Fingern knetend.

Um Geld zu bekommen, braucht man eine Bank. Eine Bank in Tansania erkennt man daran, dass ein Wachmann mit Schrotflinte davorsteht. Es gibt auch Banken, da tragen die Wachmänner Maschinenpistolen. Es ist aber schwer zu sagen, ob das deswegen die besseren Banken sind. Solche Gedanken sind es, die mir durch den Kopf gehen, während ich mit meinem Vater in der Warteschlange stehe. Ich frage mich, was hier so lange dauern kann, wo die Leute hier doch alle nur Geld abheben wollen. Stets sieht es aus, als wenn das Phänomen des Geldabhebens gerade neu entdeckt wäre. Oder es müsse ein ganz besonderer Aspekt dieses Vorgangs gerade intensiv ausgeleuchtet werden. So, als wäre noch nie jemand in diese Bank gekommen, um etwas von seinem Konto abzuheben. Vielmehr ist so eine Auszahlung offenbar ein unerwartetes Ereignis, das ohne Vorwarnung auf die Menschen am Bankschalter hereinbricht. Nach dem Prinzip Versuch und Irrtum tasten sich anschließend Kunde und Bankangestellter gemeinsam durch die Untiefen des Computerprogramms. Und wieder und wieder ist es ein tolles gemeinsames Erfolgserlebnis, wenn es tatsächlich wider Erwarten geklappt hat, dem Kunden sein Geld auszuzahlen. Man freut sich gemeinsam, fast möchte man um den Schalter herumtanzen. Beim nächsten Kunden geht wieder alles von vorne los.

Während ich nervöse Schübe bekomme, ist mein Vater in eine Art Wachkoma gefallen. Er spürt nichts, fühlt nichts, denkt nichts. In diesem Zustand könnte er zwei Stunden so verharren oder zwei Jahre. Ich hingegen habe ständig das Gefühl, dass mir die Zeit wegläuft. Wenn mein Smartphone funktionieren würde, könnte ich jetzt wenigstens Mails checken. Aber so stehe ich einfach neben meinem Vater, der so tut, als habe man einfach Zeit. Das macht mich noch nervöser. Wenn ich wenigstens telefonieren könnte. Ich löse mich aus der Schlange, um mir eine SIM-Karte zu kaufen.

Das, dachte ich, macht man in einem Geschäft, in dem ein großes Schild einer Telefongesellschaft prangt. Das ist bei fast jedem Geschäft der Fall, an dem nicht ein Schild von Coca-Cola hängt. Als ich den Laden aber betrete, merke ich, dass hier mitnichten vornehmlich SIM-Karten an den Mann gebracht werden, sondern gebrauchte Handys, gefälschte Uhren, Haarwaschmittel und Stifte. Im nächsten Shop das Gleiche. Fast überall das identische Sortiment. Man meint, man müsste doch mal in einer Einkaufsstraße in Moschi etwas anderes ausprobieren, vielleicht ein Geschäft mit Blumen oder eines mit Brötchen, aber das scheint absolut nicht die Art zu sein, wie man hier Business macht. Nur DVDs kauft man nicht im Laden, die gibt es bei einem Händler auf der Straße (es gibt hier übrigens sehr interessante DVDs mit Titeln wie «Hansel und Gretel – Witchhunters»). Es ist in Shops nicht einfach herauszufinden, wer Kunde ist und wer Verkäufer. Es geht niemand zielgerichtet auf einen zu, die Verkäufer schauen sich genauso unbestimmt um wie die Kunden. Das Einzige, was es in einem Laden mit Telefonschild an der Tür auf keinen Fall gibt, sind SIM-Karten. Nach Besuchen in mehreren Geschäften, die glücklicherweise dicht an dicht stehen, finde ich heraus, dass es einerseits kleine Vouchers gibt, auf denen ein Code zum Freirubbeln gedruckt ist, mit dem man SIM-Karten aufladen kann. Zum anderen gibt es offenbar Geschäfte, die SIM-Karten als solche anbieten. Es gibt aber niemals beides in einem Geschäft. Wo ein Geschäft zum SIM-Kartenkauf ist, weiß man aber in einem Geschäft zum SIM-Karten-Voucherverkauf nicht. Es macht den Eindruck, als sei ich der erste Kunde, der überhaupt so etwas Seltsames fragt.

Ich finde schließlich einen Stand am Straßenrand, auf dem ein Telefongesellschaftslogo und das Wort «Registration» prangen. Eine junge Frau in einem langen blauen Kleid steht hinter dem Klapptischchen. Sie spricht etwas Englisch. Als ich mein Begehr ausdrücke, verschwindet sie erst einmal, um Informationen an einem anderen Stand einzuholen. Vielleicht fragt sie, wie man eine SIM-Karte verkauft. Oder wie man eine SIM-Karte an einen weißen Idioten verkauft. Oder ob man an weiße Idioten überhaupt SIM-Karten verkauft. Oder woher überhaupt dieser weiße Idiot kommt. Was weiß ich. Jedenfalls kommt sie wieder und fragt, ob ich eine Kopie meines Ausweises dabeihabe. Es liegen einige Kopien von Ausweisen auf dem Tischchen. Ich habe keine dabei. Sie verschwindet wieder. Derweil fegt ein Windstoß die Blätter weg, ich renne hinterher und sammele sie wieder ein. Als ich fertig bin, ist die junge Frau auch wieder da, diesmal zusammen mit einem jungen Mann, der mir erklärt, ich müsse nur meinen Namen auf einen Zettel schreiben. Ich schreibe meinen Namen auf einen Zettel. Daraufhin kommt eine weitere Frau hinzu, die eine SIM-Karte in ein altes Handy legt und allerlei Informationen, die zu meiner Registrierung beitragen, in das Telefon tippt. Sie macht das so, als ob sie dabei gelangweilt Kaugummi kauen würde. Obgleich kein Kaugummi in ihrem Mund ist. Dann zahle ich, woraufhin der junge Mann irgendwohin mit meinem Geld verschwindet, nach fünf Minuten aber mit Wechselgeld zurückkommt. Nach weiteren 20 Minuten bin ich Vodakom-Kunde und kann mich in ein SIM-Karten-Vouchergeschäft begeben, die kenne ich ja mittlerweile.

Als ich wieder in der Bank bin, ist mein Vater gerade an der Reihe. Er gibt der Bankangestellten, einer Dame mit weißer Bluse und dicker Brille, seine Maestro-Karte. Die Dame kann damit leider nichts anfangen. Sie tippt auf ihrer Tastatur herum, verschwindet. Wir warten. Nach einer Weile kommt sie zurück. Mit einer anderen Dame, die sich als General Manager ausgibt und sagt, man würde leider «nicht mit diesem Produkt handeln». Man Vater versucht es mit der Visa-Karte. Nein, mit diesem Produkt handeln sie auch nicht. Wir müssten zu einer anderen Bank gehen, dort Geld abheben und dann das abgehobene Geld wiederum in bar einzahlen. Man weiß allerdings nicht, wo man eine Bank findet, die mit diesen Produkten handelt.

Draußen treffen wir auf Mutter, Annette und Anna. Sie warten bei dem Mann mit der Schrotflinte und sind etwas irritiert darüber, dass die Männer der Reisegruppe es nicht fertigbekommen, Geld abzuheben. Ich grolle etwas. Wir machen uns gemeinsam auf die Suche nach einer Bank, ziehen im Familienverband durch die Straßen, drücken uns an Händlern mit Bananen vorbei und solchen, die uns eine Tour auf den Kilimandscharo verkaufen wollen. Dann entdecken wir eine Bank, vor der gleich zwei Männer mit automatischen Waffen stehen. Das muss eine gute Bank sein. Sie hat auch einen Geldautomaten, und der Automat handelt mit unserem Produkt. Leider gibt er als Höchstbetrag 400 000 Schilling aus, wir brauchen aber zwei Millionen. Ich stecke also fünfmal die Karte hinein. Jedes Mal, immerhin das funktioniert, spuckt der Automat einen Stapel Geld aus, den ich schnell meiner Schwester zustecke, die ihn dann in ihren Rucksack verstaut. Es dauert eine ganze Weile, bis der Spendenbetrag zusammen ist, und uns kommt der Gedanke, dass es für die Menschentraube, die sich mittlerweile um uns herum gebildet hat, ganz einfach sein könnte, uns diesen Rucksack, der etliche Durchschnittsgehälter enthält, abzunehmen. Aber glücklicherweise kommt niemand auf die naheliegende Idee.

Schließlich haben wir eingezahlt und die Spendenquittung in der Hand. Wir sind glücklich und stolz, dabei haben wir ja nicht Geld gewonnen, sondern Geld verloren. Draußen wartet der Wagen von Reverend Saria, er sagt, er werde mit uns nun in die Savanne fahren, wir sollten vorher besser noch viel Wasser trinken: «It's hot.»

Wir fahren an der großen Serengeti-Beer-Brauerei vorbei. Ein Gebäude, das mein Urgroßvater bestimmt nicht gemocht hätte. Ich versuche mich an den Geschmack von Bier zu erinnern.

Die Straße aus der Stadt raus ist überraschend gut ausgebaut – aber leider wird in Moschi eine Straße, die keine Schlaglöcher hat, mit künstlichen Fahrthindernissen versehen, mit Schwellen und Rinnen. Das Gefühl, einfach mal voranzukommen, darf hier schlichtweg nicht entstehen. Links und rechts der Straße nur Zuckerrohr, Zucker, Zucker, Zucker. Ein kleines Werksbähnchen kreuzt unseren Weg, das Waggons voller Zuckerrohr hinter sich her zieht. Die Gleise enden vor einer Fabrik, die aussieht wie eine einzige riesige Maschine. Eine große Walze dreht sich, oben aus dem Schlot dampft es, und überall ist der verführerische Duft von Kandis. Wir kommen durch eine Hüttensiedlung. Es sind kleine Backsteinblöcke, die tatsächlich auch den Namen «Block» tragen. Block 12, Block 13, Block 15. Jeder Block hat ein Wellblechdach. Es gibt abseits der Sandpiste keine Infrastruktur, keine Straßen. Außer struppigem Gras nur Ödnis. Wer hier arbeitet, dem wird ein Dach über dem Kopf geboten, mehr nicht.

Überall stapfen Arbeiter umher. Männer mit hochgekrempelten, verschwitzten, verdreckten Hemden und Macheten in der Hand. Es ist ein Bild, das Europäer sofort an die Zeit der Sklaverei erinnert. Nur dass man heute ein Lohnsklave ist. In der teilstaatlichen Zuckerplantage TPC, Tanzanian Planting Company.

Plötzlich biegen wir in eine Oase ein, in einen Garten mit Palmen, Bananen und Blumen, und kommen schließlich vor dem Gemeindehaus zum Stehen. Wie schaffen es diese Lutheraner nur, alles hier aussehen zu lassen wie das Paradies?

Der Raum ist hellblau gestrichen, die Wand scheint so bröselig zu sein, dass man keinen Nagel hineinschlagen kann, alle Bilder sind an eine Holzleiste direkt unter der Decke genagelt. Ein Foto, das die Partnergemeinde in Marienwerder bei Hannover geschickt hat, ein Bild des Bischofs, klar.

Wir lassen uns in schwere Sessel fallen, die mit Blumen bestickt sind, auf einem flachen Tisch in der Mitte des Raumes steht wieder das Essen bereit. Auch dies, erfahren wir, ist eine Gemeinde, die Bruno Gutmann besucht hat. Bis hierher ist er gekommen, in einer Zeit, als es noch keine Straßen gab. «Gutmann says: Where I have been, is history», sagt Saria. Mein Urgroßvater war sich seiner eigenen Geschichtsträchtigkeit offenbar sehr bewusst.

Wir erfahren, dass die Fabrik früher viele Arbeiter hatte und ein wichtiger Geldgeber in der Region war. 5000 Menschen ackerten hier. Nun wird ungefähr noch die Hälfte davon beschäftigt. Nur zu Ernteeinsätzen kann man sich hier als Saisonkraft verdingen, es gibt nur noch Zeitverträge, und viele Leute bleiben ohne Arbeit.

«They have machines now and computers», sagt eine Frau mit buschigen Haaren und wild bedrucktem Kleid. Für uns in Deutschland sind Computer eine Bereicherung des Lebens, hier machen sie arm.

Der Pastor zeigt uns sein Haus. Es besteht im Wesentlichen aus einem Raum, in dem gegessen und gekocht und auch geschlafen wird. Den meisten Platz nimmt das kleine Motorrad weg, das in der Mitte geparkt ist.

Ich spreche die Frau mit den buschigen Haaren auf Marienwerder an. Sie sagt, sie sei da schon einmal zu Besuch gewesen, auf Einladung der Partnergemeinde. Deutschland habe sie gemocht: «I love the ice cream!» Aber ein Land, um länger dort zu leben, sei das nicht. Zu kalt. Zu grau. Man beneidet uns hier offenbar nicht um unsere Herkunft. Nur um das Eis.

In der Schule nebenan lernen Schüler gerade nähen. Auf Pfaff- und Singer-Maschinen mit Riemenantrieb. Pfaff ist hier der eindeutige Marktführer bei Nähmaschinen. Man sieht sie so oft, dass man gar nicht glauben möchte, dass die Firma längst pleite und verschwunden ist. Sie hätten eben nicht anfangen sollen mit all dem elektrischen Kram, das hätte ihnen auch Gutmann geraten.

«Wenn ich Gutmann im Himmel treffe, werde ich ihn fragen, ob wir es hier alles richtig gemacht haben», meint der Pfarrer. Ich sage, dass ich davon überzeugt bin, dass er sehr stolz auf sie wäre.

Wir bekommen das Gästebuch gereicht. Ich schreibe meinen Namen hinein. Die Frau mit den tollen Haaren liest: «Prufer?»

Draußen nimmt mich Saria zur Seite. Er ist ernst. Er sagt, die Leute gäben hier eine Menge für uns. «You have to give them something back.» Offenbar schaue ich ihn unglaublich verwirrt an. «No presents – give them words.» Mehr sagt Saria nicht.

Mehr muss er auch nicht sagen. Ich bin schon seit einer Woche in seinem Land unterwegs und habe die ganze Zeit gedacht, es ginge hier um mich. Wie ich mich fühle, wie ich es finde, wie es mir schmeckt, wie ich mich mit meinen Eltern verstehe. Ob ich gerade zufrieden bin oder nicht. Mir ist nicht der Gedanke gekommen, dass ich hier völlig unwichtig sein könnte. Dass die Leute gar nicht mich und meine Familie treffen wollen, sondern Bruno Gutmann. Und dass es nicht die Frage ist, ob ich an Gott glaube oder nicht oder auch nur ihre Euphorie meinem Urgroßvater gegenüber teilen kann. Es geht um die Frage: Kann ich ihnen Gutmann geben?

Ich gehe in das Haus zurück, nehme das Gästebuch zur Hand, streiche meinen Namen aus und schreibe «Tillmann Gutmann» hinein.

Pater Saria will uns nun die Massai zeigen. Auch dort gebe es Christen, meint er. Die Massai seien heute Freunde der Dschagga, das war nicht immer so. Früher haben sie die kleineren Dschagga verachtet und ihre Dörfer überfallen. Sie seien Nomaden. Die Männer würden seit Jahrhunderten jagend den Rinderherden hinterherziehen. Die Frauen aber bleiben zu Hause und machen alles andere. Die Frauen seien es sogar, die Häuser bauten. Das sei keine Männerarbeit, ein Mann würde sich in Grund und Boden schämen, ein Haus zu bauen. Das mache es natürlich etwas schwierig, meint der Geistliche. «They just don't care», sagt er.

Und wir verstehen schnell, was gemeint ist. Gleich nach dem Ende des Dschagga-Bezirks, nach der Querung einer Brücke, ist die Straße zu Ende. Das Auto fällt in etwas hinein, was man nur als Sandloch bezeichnen kann. Es ist aber die Straße auf Massai-Gebiet. Wir stöhnen vor Schreck auf. «But they are happy», sagt Saria.

Bei der Zuckerrohrfabrik ist der Pfarrer zugestiegen, er predigt auch bei den Massai. Wir fahren, besser gesagt wühlen uns durch einen Landstrich, der aussieht, als wäre alles Leben aus ihm gewichen. Trockenes Gestrüpp im Sand, Buschwerk, das aussieht, als würde es wie Zunder brennen, sobald man ein Streichholz daranhielte. Dazwischen immer wieder Hütten aus Lehm. Manchmal ein Affenbrotbaum, manchmal ein Grab im Sand: ein Zementblock, auf den ein Kreuz gepflanzt ist. So fahren wir dahin, raus aus der Zivilisation – hinein ins Nichts.

Der Sand staubt um unser Fahrzeug, als würde der Unterboden qualmen. Er scheint in der Luft zu stehen und die Grenze zwischen Himmel und Erde zu verwischen. Immer wieder taucht der Wagen heulend in Senken ein, aus denen er sich dann mit allen vier Rädern wieder ausgraben muss.

Am Kilimandscharo war uns das Land zerklüftet und verwunschen vorgekommen. Ein Zusammenspiel aus Tälern und Hängen, wo hinter jeder Kurve eine Überraschung wartet. Hier erfahre ich erstmals, was mit den Weiten Afrikas gemeint ist. Der Horizont ist eine verschwommene Linie, die unerreichbar erscheint, weil einen die Sonne auf dem Weg dorthin in ein Stück Leder verwandeln würde. Weil einen der Boden verschluckt, man bis zu den Knöcheln im Sand versinkt. Es ist ein Land, das erbarmungslos ist und stärker als man selbst. Wer hier eine Autopanne hat, kann sein Testament machen. Ich denke über mein Testament nach, wem ich meine Schulden vermachen würde und wem mein Aquarium. Aber der Wagen ruckelt zu sehr, um Notizen zu machen. Ich bewundere meine Eltern, die sich stoisch an den Türgriffen festhalten und es einfach ertragen. Das muss man sich in ihrem Alter eigentlich nicht mehr antun. Sie tun es aber doch.

Manchmal, wie bunte Punkte im Nirgendwo, entdecken wir Massai. Mit langen Schritten wandeln sie zwischen den Büschen, pechschwarze Haut in bunten Tüchern. Mal um den Kopf geschlungen, mal gebunden, als kämen sie aus der Badewanne. Sie haben stets einen etwa einen Meter langen Stab bei sich. Mal legen sie ihn über die Schultern und lassen ihre Arme darüberhängen, mal schwingen sie ihn wie einen Spazierstock. Immer scheinen sie auf einem langen Weg, von nirgendwoher kommend, nirgendwohin gehend. Sie sind einfach da. Um die Massai herum sind meist Ziegen, die einzigen Tiere, die in dieser Trockenheit noch etwas Futter finden. Sie stemmen sich auf die Hinterbeine, um im Gestrüpp nach den letzten Blättern zu suchen.

In Moschi schien jeder im Gewusel etwas vorzuhaben. Doch diese hochgewachsenen, hageren Männer im Busch mit ihren kahlgeschorenen Köpfen haben offenbar gar nichts vor. Es gibt keinen Termin, sie sind der Termin. Sie starren auf kein Handy, sie wollen keine Meinung hören, sie verlangen keine Aufmerksamkeit. Menschen, die weder zu viel noch zu wenig Zeit haben – für die es Zeit einfach nicht gibt. Deswegen sehen sie heute noch aus wie vor hundert Jahren, es gibt keinen Grund, sich anders zu kleiden, es hat sich nichts für sie geändert.

Der Wagen hält zwischen Sträuchern. Und tatsächlich, da ist schon wieder eine Kirche. Man kann am Ende der Welt sein, eine Kirche findet sich trotzdem. Sie hat nur Fensterlöcher, ohne Scheiben oder Gitter darin, und besteht aus rohem Stein auf einem Betonfundament. Der Reverend erklärt, er habe sie zusammen mit den Frauen des Dorfes gebaut. Die Männer könnten ja nicht mauern. Tagsüber sei es zu heiß gewesen, deswegen habe man nachts gearbeitet, im Licht der Autoscheinwerfer.

Der Bau ist klein wie eine Garage. Beeindruckend aber ist, dass er überhaupt hier steht.

Welche Frauen eigentlich, welches Dorf? Da, hinter den Büschen, deutet der Reverend, und tatsächlich sind im Gestrüpp einige karge Hütten, Frauen strömen heraus, gekleidet in allen Farben. Eine nimmt meine Mutter an der Hand. Es ist eine alte Frau, der die Härten ihres Daseins ins Gesicht gezeichnet sind. Sie hat riesige Ohrlöcher, in die ein Taubenei hineinpassen würde. Sie zieht meine Mutter hinter sich her, führt sie zu ihrer Hütte, die gerade so groß ist, dass die beiden Stühle, die darin stehen, Platz finden. In einer Ecke blökt ein Zicklein verzweifelt nach seiner Mutter. Es hat keine Augen mehr. Die Frau schenkt meiner Mutter zwei Anhänger aus Perlen. Der Schmuck der Massai. Davon, erklärt die Alte, habe sie ihr Haus finanziert, ganz alleine. Sie ist stolz. Meine Mutter möchte ihr etwas Geld geben. Die Frau sagt: «Wir machen keine Geschäfte mit Freunden.»

Wir gehen wieder zum Wagen. Mein Vater deutet plötzlich

auf einen Holzkörper: «Was macht denn hier draußen ein Boot?» Tatsächlich: Ein auf den Rücken gedrehtes altes Holzboot, es ist schon etwas löchrig, liegt mitten im Busch, als ob es von einem See erzählen wollte, der hier einmal war. Keiner antwortet.

Die Büsche um uns herum werden immer dichter, und wir sehen auch mehr und mehr Tiere. Unter die Ziegen mischen sich plötzlich auch Esel. Und neben den Eseln sehen wir Kühe. Und immer mehr Nomaden. Sie fahren auf Fahrrädern oder ziehen einen Karren hinter sich her. Ich kann sogar einen auf einem kleinen Motorrad ausmachen. Wir sehen eine kleine Wellblechdach-Bar, sogar einen Billardtisch in der Wildnis. Dann reißt das Buschland auf, und vor uns erscheint ein See. Ein weiter See mit grünem Uferbewuchs, eine grünblaue Oase mitten im Staub. Dutzende Menschen am Ufer und Hunderte Tiere. Dazu braucht man also ein Boot in der Steppe. «Sie nennen diesen See das Haus Gottes», sagt Saria. In einem Ton, der klarmacht, dass dies ganz bestimmt nicht das Haus Gottes ist.

Wir kommen vor dem echten Haus Gottes zum Stehen, im Örtchen Korongo, einer Häusergruppe in der Nähe des Sees. Wieder ein Rohbau, eine Holzkonstruktion trägt das Wellblechdach. Es gibt keine Tür. Als Ersatz hat man einen Dornbusch in den Eingang gelegt, vermutlich um Tiere davon abzuhalten, die Kirche als Schattenplatz zu benutzen. Wir gehen hinein, Massai-Frauen kommen zu uns, scheu und trotzdem neugierig. Das Haus ist aus unverputzten Mauerblöcken gebaut, alle tragen die Prägung TLC. Meine Mutter fragt, ob das eine besondere liturgische Bedeutung bei den Massai habe. Der Reverend antwortet, das sei einfach die Abkürzung des Herstellers der Blöcke.

Gerade will ich mich einer Ziege widmen, die zwischen den Kirchenbänken herumspringt, da steht der Dorfchef vor uns. Auch er hat einen Hirtenstab in der Hand, aber sein dicker Bauch und sein blaues Polohemd verraten, dass er schon lange keine Kühe mehr treiben muss. Er hat Ohrlöcher, die bis auf die

Schultern hängen, und einen traurig-würdevollen Blick. Saria stellt ihn vor und verrät, dass man ganz besonders stolz darauf sei, dass man im schwierig zu christianisierenden Massai-Land einen christlichen Dorfchef habe. Tatsächlich müssen die Massai ziemlich schwer zu missionieren gewesen sein. Jedenfalls hat Bruno Gutmann damit wenig Erfolg gehabt. Was hilft auch ein liebender Gott, wenn die wahren Götter die Rinder sind? Was macht man mit einer Kirche, wenn man die ganze Zeit durch das Land zieht? Bruno Gutmann hat die Massai nicht christianisiert, aber Reverend Saria versucht es. Allerdings nicht ohne Kompromisse. Der Dorfchef darf nämlich seine zahlreichen Ehefrauen behalten. Erst jetzt wird mir klar, dass all die Frauen, die um den Chef herumstehen, in Wahrheit mit ihm verheiratet sind. Und alle Kinder seine Kinder sind. Das hätte Bruno Gutmann niemals zugelassen. Wenn er die Chefs taufte, mussten sie sich zunächst von allen Frauen bis auf eine trennen. Nur die zuerst geheiratete wurde anerkannt. Das war natürlich die älteste. Mit dem Polygamie-Christentum kommt man offenbar deutlich weiter. Und es hat ja auch Vorteile.

Je mehr Frauen, Kinder und Enkel, desto mehr Täuflinge. Saria ist da Pragmatiker.

Das Handy des Chefs klingelt. Es ist irritierend, hier ein Handy zu hören. Wie geht denn das? Der Chef geht kurz zum Telefonieren raus, obgleich der Unterschied zwischen draußen und drinnen ja nicht so groß ist. Mittlerweile hat er alle seine Frauen und Kinder in der Kirche versammelt, sie nehmen brav auf den Bänken Platz. Dann kommt der Chef wieder und spricht. Er sagt, in Korongo brauche man nicht viel: Milch, Kühe, Ziegen. Es gebe auch nicht viel, man wolle den Gästen, den Nachkommen des großen Gutmann, allerdings doch etwas anbieten. Es werden Schüsseln herbeigebracht. Sie enthalten Fisch, frischer Fang aus dem See. Fisch mit Tomatengemüse gekocht, Fisch gebraten und Reis. Es schmeckt phantastisch. Gleichzeitig ist es absurd. Jetzt sitzen wir in der Savanne zusammen mit Kuhhirten und essen den besten Fisch unseres Lebens.

Saria sieht mich unglaublich durchdringend an. Und diesmal verstehe ich. Ich erhebe mich aus dem Plastikstuhl, und ich spreche. Ich sage, wie sehr wir uns geehrt fühlen, hier, so weit entfernt von zu Hause, als Freunde aufgenommen zu werden. Ich sage, wie seien begeistert, dass das Evangelium auch an diesem Ort die Menschen erfreue. Ich sage, Gutmann wäre stolz auf sie alle. Saria scheint erleichtert. Endlich kapieren die Deutschen, dass auch sie den Leuten etwas bieten müssen. Die Wirkung dieser wenigen Sätze verblüfft mich. Die Massai applaudieren, jubeln und trällern, sie singen, sie tanzen, hängen uns Tücher und aus Perlen gefädelte Kreuze um. Ich bekomme das größte. Ein Klunker aus blauen Perlen, massiv wie ein Kardinalskreuz. Ich fühle mich wie ein Kirchenführer.

Dann ertönt der Choral, den ich schon öfter als Klingelton von Reverend Saria gehört habe. Er nimmt den Anruf an und sagt, wir müssten nun zurück.

Der Bischof erwartet uns zum Essen.

DIE WIEDERKEHR DES APOSTELS

Die Massai, die uns so freudig empfangen haben, sind das Volk, das bei den Deutschen am populärsten ist. Dabei ist ihr Ansehen in Tansania eher schlecht. Die Massai-Männer schicken die Kinder meist nicht zur Schule. Ihre Töchter verkaufen sie zuweilen gegen Rinder an die Ehemänner. Zum Teil sind Mädchen ab acht Jahren Freiwild, Vergewaltigungen sind häufig.

Gutmann hat sich nie für die Missionierung der Massai eingesetzt. Auch nach seiner Rückkehr blieb er bei den Dschagga. Im Jahr 1926 darf Gutmann endlich wieder sein Quartier am Berg beziehen. Das ehemalige Deutsch-Ostafrika ist nun britisches Protektorat. Die Kaiser-Wilhelm-Spitze heißt wieder Kibo und ist nicht mehr der höchste Berg Deutschlands.

Die Gutmanns werden mit Freuden am Kilimandscharo empfangen. Bevor sie zurück nach Moschi gehen dürfen, richten sie sich zunächst in Masama ein, der Station, die Gutmann einst gegründet hat. An einem Tag kommt eine Klasse von Schulkindern den Berg hinauf, singend und in die Hände klatschend, um die Gutmanns zu feiern. Sie sind sieben Stunden durch die Steppe gelaufen. Sie singen für den Missionar, dann legen sie sich zum Schlafen auf eine Kuhhaut, die sie mitgebracht haben. Alles ist wie früher – und doch ist etwas anders. Keines ihrer eigenen Kinder haben die Gutmanns wieder mit nach Afrika genommen. Sie sollen in Deutschland zur Schule gehen. Die Jungs werden von den Mädchen getrennt und bei Pfarrersfamilien in fränkischen Kleinstädten untergebracht. Gutmann, der die Familie zum Mittelpunkt des Christentums erkoren hat, hat seine eigene Familie der Mission geopfert. Das schlechte Gewissen, das er dabei hat, liest man eher zwischen den Zeilen seiner Briefe.

Der Vater schrieb fast nie über Gefühle – aber er mahnt, mahnt, mahnt.

Lieber Gottfried.
nun ist die Regenzeit da! Pünktlich ist sie gekommen wie schon seit vielen Jahren nicht. Um die Frühlings Tag- und Nachtgleiche darf man auf sie warten – und muss es oft recht lange. Aber diesmal kam sie mit dem 21. März selber. Da sah man die gewaltigen Wolkenburgen im Abendglanze durch die Bäume schimmern. Und als die Dunkelheit hereinbrach, zuckten die gewaltigen Flächenblitze über Steppe und Gebirge, die da anzeigen, dass ein ganzes Land gesegnet werden soll. Und wir dachten an Euch Kinder, wie Ihr immer so fröhlich wart, wenn die Regenzeit im Anzuge war und die Nebelschwaden in die Moschischluchten zogen. Dann tanztet und spranget Ihr vor Freude umeinander. Aber schöner war es noch auf die Wolkengebirge über der Steppe hinauszusehen. Gelt, darauf besinnt Ihr Euch noch? Solche einzigartigen Lebensäußerungen unseres Erdballes vergisst man nie wieder. Ihr braucht uns aber für dieses Jahr nicht zu beneiden, weil wir es wieder mit leiblichen Augen schauen dürfen. Hier auf Masama ist uns der Ausblick auf die Steppe verwehrt. Umso unheimlicher wirkte es aber, als sich vorgestern Nacht die Wolkenheere in Bewegung setzten. Bei uns aber war die Natur totenstill. Am Morgen aber brach die Flut über uns herein. Euch scheint hoffentlich die Frühlingssonne nach einem leidvollen Winter. Haltet Euch brav im neuen Schuljahr und nehmt zu an Selbstzucht, denn die Gefahren für leibliche und seelische Gesundheit wachsen. Ihr habt ein hohes Ziel: dafür stählt alle Kräfte. Von Euch, einer reinen deutschen Jugend her, soll es auch wetterleuchten: das göttliche Licht will sich in Euch sammeln. Bleibt Christi Glieder!
In herzlicher Liebe Dein Vater

Elisabeth schreibt derweil an die jüngste Tochter Gertrud: «Ich träume nachts von Dir und bin im Traume viel auf Reisen. Du warst ganz vergnügt und spieltest Ball. Hast Du jetzt wieder Deinen Ball? Wie lang sind Deine Zöpfe und wie lang bist Du selber? Die Jungen haben ihr Gewicht geschrieben und ihre Länge. Der Gottfried ist größer als ich und der Hermann ist auch bald so groß.»

Zopflängen, Körpermaße – das ist alles, mit dem Bruno und Elisabeth noch am Leben ihrer Kinder teilhaben können. Elisabeth schreibt ihren Söhnen: «Es kommen jetzt mit jedem Schiff Deutsche, die sich hier wieder ansiedeln wollen, und mancher der früher eine eigne Pflanzung hatte, muss jetzt Dienste beim Griechen oder Inder nehmen. Viele bringen auch ihre Kinder mit, weil sie daheim nicht für sie sorgen können oder es ihnen zu schwer fällt, sich von ihren Kindern zu trennen. Mir tun die armen Kinder leid, die mit herübergeschleppt werden. Sie lernen nichts, sind dem ungesunden Klima ausgesetzt und verwildern an Leib und Seele. Ich habe es noch keinen Augenblick bereut, dass wir euch daheim ließen. Und mir tun die armen weißen Kinder herzlich leid und ich wünsche ihnen von Herzen eine kräftige deutsche Luft und Erziehung. Also seht es als ein Glück an, dass Ihr im schönen Bayernlande sein dürft und eine gute Schule habt und liebe Menschen, die sich Euer annehmen.» Und die allerdings nicht ihre Eltern sind.

Der Berg, zu dem Gutmann zurückkehrt, ist ein anderer als der, den er verlassen hat. In der Zwischenzeit hatten amerikanische Missionare die Station betreut und die Bäume abgeholzt, um sie zu verfeuern. An der Westseite des Hauses in Moschi stand einst ein großer Lebensbaum. Manchmal saß sein Sohn Hermann in der Krone und schaute zu ihm ins Arbeitszimmer herüber. Nun ist Hermann weg und der Baum auch. Aber auch andere Dinge sind anders. Dinge, die man nicht sieht, aber spüren kann.

Das Böse ist da, es hat sich angesiedelt in den prosperierenden Städten Mombasa und Tanga und in den Köpfen der Leute. Es kommt mit der Eisenbahn. Es lungert in Neu Moschi herum und empfängt die Menschen, die vom Hügel hinabsteigen. Es kommt in Form der Mücken. Für die Dschagga wird es eng im Bananengürtel am Hang des Kilimandscharo. Immer mehr Familien ziehen hinunter in die Ebene um Neu Moschi herum, in die Nähe der Bahnstation. Doch unten sind die Moskitos, die Malaria wütet erbarmungslos bei den Neuankömmlingen, die Kinder sterben ihnen weg, und sie selbst magern ab. Dies steht für Bruno Gutmann symbolisch dafür, dass den Dschagga Unheil droht, wenn sie den Schutz ihres Berges verlassen.

Andererseits muss man den Berg nicht verlassen, um das Schlechte zu treffen, es kommt gerne zu Besuch – in Form der «Mombasagänger». Mombasa ist «die Schule des Teufels», wie Gutmann die Stadt nennt. In Mombasa gibt es Kinos, in Mombasa gibt es Alkohol, in Mombasa gibt es keine Zucht, nur Verlockungen. Wer nach Mombasa geht, muss glauben, er komme aus der Vergangenheit und sei um alles betrogen worden, was die Gegenwart zu bieten habe. Wer nach Mombasa geht, muss glauben, dass man am weitesten kommt, wenn man seine Sippe hinter sich lässt

«Raubüberfälle und Taschendiebstähle kommen jetzt häufig in Neu Moschi und auf den Wegen vor», schreibt Bruno Gutmann an seine älteste Tochter Ilse: «Das Kino mit seinen schlechten Bildern zeigt den Schwarzen richtig, wie sie es machen müssen, wenn sie stehlen und einbrechen wollen. Und es ist so traurig, dass alle diese Verführungen von Europa und Amerika kommen, wo sie sich schon lange gar nichts mehr dabei denken, wenn sie schlechte Dinge tun, die andere Menschen verderben müssen, nur damit sie Geld verdienen. Seht, wenn die weißen Völker wirkliche Christen wären, da brauchte kein Missionar zu den Afrikanern geschickt zu werden, sondern sie würden Christen durch den Umgang mit den Europäern, die ja tausenderweise zu ihnen kommen. Aber nun müssen wir den Afrikanern auch helfen, dass sie den europäischen Verführungen nicht erliegen.»

Eines Tages kommt ein altes Mütterchen zu ihm, voller Aufregung. Ihr Sohn habe sie vom Hof gejagt. Dort habe sie aber fünf Rinder stehen, die sie mit ihrer eigenen Arbeit bezahlt habe. Der Sohn ist einer der hochmütigen Mombasagänger, einer, der sich in bunte Gewänder kleidet und einen Gurt mit Messer daran trägt. Gutmann trifft ihn beim Kartenspiel. Er ist nicht auf dem Hof, er kümmert sich nicht um die Rinder, sondern sitzt mit Freunden unter einem Baum und zockt. Gutmann aber ist nicht blöd. Er weiß, dass es wohl nicht genügen wird, vor diesen jungen Mann zu treten und ihm eine Standpauke zu halten. Denn Autorität ist eine fragile Konstruktion. Wenn man will, dass man als überlegen angesehen wird, muss man diese Überlegenheit immer wieder unter Beweis stellen. Gutmann hört mit Schauder Geschichten von Missionaren, die verprügelt und vertrieben wurden. Wenn man einmal zulässt, dass die Autorität untergraben wird, ist man am Ende, das weiß er. Gutmann fragt, wer der engste Freund des Ungehorsamen sei. Es meldet sich tatsächlich jemand aus dem Kreise. Gutmann nimmt ihn zur Seite und sagt ihm, er solle auf seinen Kameraden einwirken. Die Mutter, die ihn geboren habe, nicht zu ehren sei eine schwere Sünde. Er müsse dringend darüber reden – am nächsten Tage. Der Freund überbringt die Botschaft seinem Kameraden. Der aber spricht Gutmann direkt an und fragt, warum er sich denn wohl auf solch ein Gespräch einlassen solle. Da spricht der Missionar: «Meinst du, dass sich eine Frau auf deinem Hof niederlassen möchte, wenn sie weiß, wie wenig du deine eigene Mutter ehrst?» Das trifft. Man vereinbart also ein Treffen für den nächsten Tag.

Als man sich dann bespricht, ist Gutmann wieder in seinem Element. Der junge Mann lässt sich dazu überreden, das Mütterchen wieder ins Haus zu lassen. Er sieht ein, dass es seinem Ansehen in der Gemeinde schwer schaden würde, wenn er im Zerwürfnis mit seiner eigenen Mutter lebte. Es interessiert den Missionar aber vor allem, was zum Zerwürfnis mit ihr geführt hat. Es stellt sich heraus, dass die Verlobte des Mannes für den Streit gesorgt hat. Gutmann erfährt, dass die Braut ohne Einschalten eines Brautwerbers gefunden worden war. Das ist gut, denn nun kann Gutmann für das Problem eine Ursache benennen, die nicht zwischen ihm und dem Frevelhaften steht. Ein Brautwerber hätte freilich für ein gutes Verhältnis zwischen Mutter und Schwiegertochter gesorgt, sagt der Missionar. Eine arrangierte Ehe ist in dieser Beziehung der Liebesehe überlegen. Schnell wird ausgemacht, dass die Brautwerbung nach alter Sitte wiederholt wird und dann alles seinen guten Gang geht. Gutmann hat noch einmal gewonnen.

Mombasa ist für Gutmann wie Babylon. Einer der Älteren erzählt, er habe in Mombasa den Teufel gesehen, er habe ihn hocken sehen in einer frechen und selbstgefälligen Haltung. «Niemand kann nach Mombasa gehen und anständig bleiben.»

Ein anderer Christ sagt: «Auch in unserem Land geht der Teufel um, er versteckt sich nicht mehr, er trägt sein Haupt aufrecht und frech.» Als Gutmann so mit seiner Gemeinde spricht, recken sich plötzlich die Hälse nach oben, denn sie sehen eine Schlange im Gebälk des Daches. Die Schlange hat gerade einen Gecko ergriffen, hält ihn im Maul und will sich mit ihm herabfallen lassen. Aber ein anderer Gecko wiederum hat die Schlange angegriffen. Da stochern die Männer mit einer Stange nach dem Reptil, sodass es herabfällt. Sie erschlagen es sogleich.

Gutmann aber nimmt das Ereignis sogleich als Gleichnis: «So wie die Schlange ihr Gift in den armen Gecko gespritzt hat», sagt er, «so spritzt der Satan mit seinen Moden sein Gift in euch. Und so wie der andere Gecko nach der Schlange gebissen hat, so müsst auch ihr aufeinander aufpassen. Der kleine Gecko beschämt uns, denn er ist schwach und bringt doch den Mut auf, um seines Kameraden willen das böse Tier anzugreifen. So sollt auch ihr aufeinander aufpassen, damit es euch nicht ergeht wie dem armen Gecko.»

Die Männer schauen auf Bruno Gutmann, dann schauen sie auf die kleine Echse, die neben der zertrümmerten Schlange auf dem Boden liegt, so als versuchten sie, die beiden Bilder zusammenzubringen. Vom anderen Gecko, dem heldenhaften, ist nichts mehr zu sehen.

Eines Tages wird ein junger Mann an Gutmann herangeführt. Er kommt aus dem Gefängnis und bittet um Wiederaufnahme in die Gemeinde. Gutmann erschrickt, als er hört, was das Vergehen war. Der Junge hatte ein Mädchen geraubt, in seine Hütte geschleppt und dort vergewaltigt. Als der diensthabende Missionar eingreifen wollte, bedrohte er den Gottesmann und warf ihn hinaus, ließ das Mädchen aber nicht aus seinen Fängen. Was Gutmann aber noch mehr beunruhigt: Der Junge und sein Vater meinten, es sei nicht notwendig, beim Häuptling und bei den Eltern des Mädchens vorstellig zu werden, um um Vergebung zu bitten. Seine Strafe habe er ja schon abgesessen. «Du glaubst, du kannst in Sachwerten büßen?», meint Gutmann. Da liege er falsch. Er müsse die Bande erneuern, damit er wieder Teil der Gemeinde werden könne. Das Gericht könne kein Unrecht ungeschehen machen. Das könne nur Gott.

Zerknirscht willigt der junge Mann ein. Gutmann hat es gerade noch geschafft. Vergewaltigung – wo hatten das die Jungen gesehen, fragt Elisabeth. «Frag das Kino», sagt Gutmann. Das Kino kommt aus Amerika. Alles Schlechte kommt aus Amerika.

Meine liebe Gertrud!
Wenn ich nachts auf die weite Steppe hinunterschaue von

unserem Hause aus, da blitzt hier und da ein großes Licht auf und dann sieht man es eine Weile dahin rennen, als ob es ein Stern wäre, der sich auf die Erde verlaufen hat und den Himmel sucht. Es sind aber die Laternen an den Autos mit ihren Scheinwerfern. Und da denk ich immer daran, was für Ungeheuer diese Autos sind. Wenn Du im Märchen liest, dass einem Drachen jedes Jahr eine Jungfrau geopfert werden müsste, da denkst Du doch gewiss: das ist aber ein schreckliches Tier gewesen. Nur gut ist, dass solche Drachen nur im Märchen vorkommen. Aber die Autos bringen täglich viel Kinder auf Erden um. In der einzigen Stadt New York in Amerika werden jeden Tag 9–10 Kinder von Autos totgefahren. Denk nur an und die könnten alle ein bissel langsamer fahren, wenn sie nur wollten. Aber die Autofahrer sagen, die Kinder sind selber schuld, weil sie nicht aufpassen. Nun freilich sollten die Kinder besser aufpassen. Als wieder einmal so viel Kinder in New York überfahren worden sind, haben sich die großen Buben Schilder gemacht und sind durch die Stadt gegangen und auf die Schilder haben sie in großen Buchstaben geschrieben, man soll vorsichtig sein, wenn man über die Straße geht. Wenn man eine Straßenbahn kommen sieht, soll man nicht noch vor ihr über die Straße rennen, weil ein Auto neben ihr fahren könnte, in das würde man dann hineinrennen. Auf einem anderen Schild stand geschrieben: A nut takes more changes than a squirrel. Das heißt: Eine Nuss hat mehr Aussicht als ein Eichhörnchen. Wenn man nämlich wie ein Eichhörnchen hin und her rennt in seiner Angst, das ist viel schlimmer, als wenn man ruhig stehen bleibt und wartet. Andere Schilder sagten: «Gedankenlos laufen bringt den Menschen ins Hospital.», «Ein Elefant lebt hundert Jahre, aber er ist sein ganzes Leben über vorsichtig.», «Lieber sich verspäten, als sein Leben zertreten.», «Weiche nicht nach der falschen Seite aus.» Das muss man aber auch gelernt haben, nach der richtigen Seite hin auszuweichen. Habt Ihr das in Eurer Schule gelernt? Und

nun behüt Dich Gott, mein Trudelein, haltet schön zusammen,
Du und Ilselein und helft Euch gerne.
In herzlicher Liebe Dein Vater

Die Stimmung für die Europäer ist nun schlechter als zu Beginn der Kolonialzeit. Und zwar je schlechter, desto weiter sich die Welt der Weißen um den Kilimandscharo ausbreitet. Die Löhne steigen, die jungen Männer bringen nun Geld in die Dörfer. Wer Geld hat, fühlt sich dem Häuptling nicht mehr untertan. Nicht einmal die Beschwörungen der Zauberer verfangen noch wirklich. Alles wird irgendwie relativ. Auch das Ansehen der Weißen. Hat Gutmann noch anfangs auf den erhabenen Gestus gesetzt, auf die stolze Haltung und seine korrekte Kleidung, um die Überlegenheit des Christentums zu dokumentieren, gibt es nun zur Genüge Gegenbeispiele. Die Weißen stellen sich als überhaupt nicht überlegen heraus. Die Pflanzer sind ungepflegt, sie stinken, saufen und sind geile Hurenböcke, dumm wie Kokosnüsse. Sie sind ganz genau das Gegenteil von Jesus, von dem Gutmann gesprochen hat.

Unter den Häuptlingen findet man auch weniger Freunde. Für sie sind die Verhältnisse schlechter geworden, je weiter die Zivilisation vorgedrungen ist. Hatten sie vorher in Willkürherrschaft alleine walten können, wird ihre Herrschaft nun ständig in Frage gestellt. Es gilt nichts mehr, Häuptling zu sein.

Zuvor reichte ein böser Traum eines Häuptlings, um schreckliche Schlachtungen vollführen zu lassen. Einmal erschien einem Häuptling der Geist des Vaters im Traum. Der Vater war wütend. Also ließ er beim Nachbarstamm Krieger entführen und dem Geist des Ahnen als Opfer darbringen. Nun gibt es Behörden, die über den Häuptlingen stehen. Der Bund mit Jesus ist keine Garantie für Macht. Jesus bedeutet für sie nicht mehr Herrschaft, sondern vor allem Unterwerfung. Jesus bedeutet Entbehrung und vor allem, nur eine Frau haben zu dürfen.

Und da ist noch die Konkurrenz: Denn nicht nur die katholische Mission ist um den Kilimandscharo unterwegs, sondern auch die muslimische. Viele der Hilfssoldaten im Kolonialheer waren Muslime, sie kamen oft aus dem Sudan und blieben, nachdem die Deutschen geschlagen waren. Mit den Sudanesen zog auch der Islam ein. Dazu bildeten sich an den Regierungsstationen Händler-Niederlassungen. Araber und Somalier waren da. Gutmann sieht im Islam einen gefährlichen Gegner. Schließlich ist dies nicht nur eine Religion, die ohne die christliche Demut auskommt, wo man dem Feind nicht beide Wangen hinhalten muss, sondern ihm den Kopf abschlagen darf. Dazu darf man im Islam auch so viele Ehefrauen haben, wie man will.

Für das, was geschieht, gibt es ein Wort, man spricht es nur zögerlich aus: Kizungu. Die Lebensweise der Europäer. Kizungu bedeutet, dass man Geldwerte schätzt und alles, was Geld bedeutet, zusammenhält. Es bedeutet, die Welt in Sachwerten zu bemessen und nur solche gelten zu lassen. Es bedeutet, für eine Leistung Geld zu verlangen und Geld zu geben, wenn man etwas will.

Kizungu bedeutet, dass man eine lange Wanderung zu den Parebergen macht und danach von Hunger bedroht ist, weil einem die Menschen nur etwas geben wollen, wenn man einen Schilling hat – und man lange suchen muss nach jemandem, der einem auf seinen Hof einlädt, nach Art der Väter.

Kizungu – Gutmann mag das Wort nicht, er mahnt seine Gemeindemitglieder, man könne es ebenso Kimombasa oder Kitanga nennen, die Lebensweise von Tanga und Mombasa. Die gute, christliche Lebensweise gebe es überall, genau wie die schlechte. Gutmann berichtet von dem Dorf in Mittelfranken am Fuße eines stattlichen Berges, ganz ähnlich dem Kilimandscharo, nur nicht so hoch. Dort habe er die Jahre des Exils verbracht, weil ihn die Engländer nicht in der Kolonie lassen wollten. Dort, in diesem kleinen fränkischen Ort, gebe es noch die Nachbarschaften, die Fürsorge untereinander. Dort gebe es wahre Gliedschaft. Und wenn im Ort geschlachtet werde, gingen die Buben durch den Ort, sodass jedem sein Stück Fleisch zuteilwerde.

Was Gutmann seinen gelehrigen Zuhörern noch nicht sagt: Vor allem gibt es in Ehingen die deutsche Weihnacht. Die kann der Islam nicht bieten. Diese Weihnacht, ahnt Gutmann, könnte eine Waffe sein.

ESSEN MIT DEM CHEF

Auf dem Weg zurück in die Stadt empfange ich auf dem Handy mit der Telefonkarte, die ich mir besorgt habe, eine SMS. Es gibt hier zwar kein fließendes Wasser und keinen Strom, das Handynetz ist aber hervorragend, stelle ich fest. Mir wird mitgeteilt, was «Ich liebe Dich» auf Ungarisch heißt: «Szeretlek». Alle zwei Tage wird man hier vom Mobilfunkanbieter per SMS mit solchen Informationen versorgt. Das ist praktisch, könnte ja sein, dass man sich mal in eine Ungarin verliebt. Das Handy spielt hier eine enorme Rolle. Sarias Handy mit dem Kirchenchoral-Klingelton ist im Dauerbetrieb, allerdings verpasst man sich trotzdem dauernd. Es geht nicht darum, dass man mit dem Handy den Alltag besser auf die Reihe bekommt, es geht darum, es einfach zu benutzen. Darüber hinaus scheint es keine Erleichterung des Lebens zu sein. Saria möchte jeden Tag von uns angerufen werden, das ist ihm unglaublich wichtig. Wenn wir uns dann morgens melden, um zu sagen, dass es uns gutgeht und wir gut geschlafen haben, sagt er nur: «Aaah! Good!» Mehr nicht. Es scheint wichtig zu sein, bei allem, was man tut, möglichst oft unterbrochen zu werden. Ich kann mir gut vorstellen, was Bruno Gutmann seinen Kindern in den Briefen über das Unheil der Funkfernsprecher berichtet hätte. Er hätte zum Beispiel darüber geschrieben, dass die Leute jetzt sogar telefonieren, während sie fahren, obgleich man bei diesen Straßen wirklich, wirklich beide Hände am Steuer behalten sollte: Als wir wieder in die Stadt kommen, etwa auf Höhe der Serengeti-Brauerei, kippt der Wagen fast um, weil die Straße auf der einen Fahrzeugseite gerade mal abwesend ist. Das scheint aber niemanden zu beunruhigen. Saria hat sein Telefongespräch jedenfalls nicht unterbrochen.

Moschi ist am Abend erfüllt von den Gerüchen der Bäume und der Fäulnis. Die Straßen sind dunkel wie auf dem Land, nicht einmal Leuchtreklamen gibt es, es leuchten nur die Scheinwerfer der chinesischen Motorräder, die durch den Sand knattern, und die Handydisplays, die überall Gesichter erhellen. Man kann hier keine dunklen Ecken meiden, denn Moschi ist eine einzige dunkle Ecke.

Der Bischof wartet im Hotel. Das Hotel gehört ihm gewissermaßen, es wird von den Lutheranern betrieben, und wenn er hier auftaucht, muss er nichts zahlen. Also lädt er uns zum Abendessen ein. Ich habe den Bischof schon so oft auf den Bildern in den verschiedenen Büros der Lutheraner gesehen, dass er mir nun wie ein Bischof-Darsteller vorkommt. Er hat einen walzenförmigen Körper, trägt ein lila Hemd, um seinen Hals eine goldene Kette mit Kreuz, am Finger ein dicker Siegelring. Der Gesichtsausdruck ist der eines Mannes, der mit einem freundlichen Lächeln auf den Lippen eingeschlafen ist. Alle Bewegungen des Bischofs sind gemächlich und würdevoll, als müsse er die Arme ständig durch zähen Honig ziehen. Er scheint ausschließlich aus Würde zu bestehen.

Wenn er einen Raum betritt, scheint seine Aura darin alle Sünde zu verdrängen. So wie in einer U-Bahn-Station ein einfahrender Zug dafür sorgt, dass einem die Haare zerzaust werden, weil er eine Art Luftpolster vor sich herschiebt, schiebt auch der Bischof ein Würdepolster vor sich her, und hätte ich nicht schon längst meinen Hut vom Kopf genommen, um ihn nervös in den Händen zu kneten, wäre er mir wohl vom Kopf geweht worden. Doch es ist der Bischof, der unser Zusammentreffen als die viel größere Ehre empfindet, weil er leibhaftige Nachkommen des großen Gutmann in seiner Diözese begrüßen darf. Und wir sind alle froh, im Hotelzimmer noch schnell ein frisches Hemd angezogen zu haben, um als Nachfahren des heiligen Bruno einen nicht ganz so ungewaschenen Eindruck zu machen.

Ein Abendessen geschäftlicher Art beginnt man in Tansania am besten damit, dass man seine Freude darüber kundtut, dass man zusammen isst. Meine Eltern und meine Schwester sind in andächtige Schockstarre verfallen, Anna eher in angestrengte Langweile. Für Anna könnte hier wahrscheinlich auch der Papst sitzen, und es würde überhaupt keinen Unterschied machen. In ihrem Alter macht, glaube ich, nichts einen Unterschied. Also muss ich es sein, der etwas sagt, ich überbringe gewissermaßen die Grußbotschaft meiner Eltern, die offenbar auch nur noch aus Würde bestehen. Ich erkläre, dass wir uns geehrt fühlen, dass der Bischof nach seinem sehr anstrengenden Arbeitstag noch Zeit für Gäste aus Deutschland hat. Der Bischof sagt, seit Tagen versuche er, einen Termin zu finden, an dem er uns treffen könne. Es sei ihm ein ganz besonderes Anliegen, Nachkommen seines Idols zu begegnen. Ich weiß nun, wie sich Nachkommen verstorbener Popstars fühlen müssen. Man wird ständig auf das große Idol angesprochen, jeder verbindet irgendetwas mit diesem Menschen. Und jeder drückt dabei implizit aus, dass man selber leider nicht halb so beeindruckend ist.

Die Vorspeise wird gereicht. Es ist das erste Mal seit Tagen, dass wir mit Messer und Gabel von Tellern essen und nicht mit den Fingern in Näpfe greifen. Die Situation ist so westlich, dass sie fast surreal ist, und die Stimmung ist derart getragen, als säße Bruno Gutmann mit am Tisch und habe noch niemandem das Wort erteilt.

Der Bischof hat seinen Sekretär mitgebracht, dessen Vater Gutmann als Priester gekannt hat. Der Sekretär meldet sich und sagt, dass er eine Geschichte erzählen möchte. Der Bischof gestattet es ihm. Zu Lebzeiten sei Gutmann in Moschi in einen Clan aufgenommen worden, den der Maki. Man habe ihm sozusagen Familienehren zuteilwerden lassen. Im Clan der Maki allerdings habe es strenge Regeln gegeben. So musste regelmäßig ein Stier geschlachtet und von den Familienmitgliedern eigenhändig zerteilt werden. Die Schlachtpflicht ging reihum. Dabei sei ein komplizierter Kodex einzuhalten gewesen. Der Schlachtende musste jedem einen bestimmten Teil des Tieres zukommen lassen, der der Würde desjenigen entsprach. Also ein Stück des Nackens, der Lende oder des Rückens beispielsweise. Je nachdem, wer mit dem Verteilen an der Reihe war, veränderte sich die Konstellation. Jemandem ein falsches oder auch nur ein falsch zugeschnittenes Stück Fleisch zukommen zu lassen galt als grobe Beleidigung. Und es sei sehr leicht gewesen, falsch zu schneiden. Schon ein Zentimeter daneben bedeutete, dass man demjenigen nicht das zubilligen wolle, was ihm zustünde. Das allerdings könnte man büßen, indem man dem falsch zerteilten Rind eine richtig zerteilte Ziege folgen lasse. Wenn es dabei einen Fehler gebe, noch eine Ziege, noch eine Ziege und noch eine – bis der Zuschnitt endlich perfekt sei.

Ich frage, wie viele Ziegen denn ihr Leben lassen mussten und ob die Fleischkammern des Maki-Clans danach zum Bersten voll gewesen seien. Ich kann mir lebhaft vorstellen, wie ein Missionar ungelenk an einem toten Rind herumsäbelt, blut- und schweißgebadet Sehnen zerschneidend, blanke Panik im Gesicht. «Keine natürlich», antwortet der Sekretär fast beleidigt: «Alles war perfekt.»

Das hätte ich mir wohl denken können. Mein Urgroßvater wäre natürlich auch ein hervorragender Metzger gewesen. Wenn man hier etwas anderes als Superlative hören will, sollte man nicht über Bruno Gutmann reden. Ich frage mich nur, ob der Maki-Clan damals nicht etwas weniger Perfektion nahrhafter gefunden hätte.

Mein Vater übergibt die Spende. Dem Bischof gefällt das. Dann reden wir. Natürlich reden wir über Bruno Gutmann. Der Bischof sagt, die Dschagga hätten Bruno zu verdanken, dass sie ihre kulturellen Wurzeln bewahren konnten. «Er hat uns nicht nur den Glauben gebracht, sondern auch einen großen Beitrag zu unserer Kultur geleistet», spricht er und senkt sein Messer in das Lammkotelett, das er bestellt hat. «Er ist der einzige Missionar in Tansania, den wir unseren Vater nennen.» Er selbst habe seine Doktorarbeit über Bruno Gutmann geschrieben.

Meine Mutter ist von der Huldigung ganz benommen. Bruno Gutmann, Vater der Dschagga. Er steht nun so übergroß über unserem Tisch, dass sich niemand mehr traut, etwas anzumerken. Das Gespräch kommt denn auch auf Politik. Der Bischof möchte wissen, wie es in Deutschland um die Muslime steht. Ob sie auch so gefährlich seien wie in Tansania. Wir können das nicht bejahen. Der Bischof erzählt, in Tansania hätten die Muslime eine gefährliche Strategie: Sie sollten Christen heiraten. Hm – in Deutschland würde man das Multikulti nennen. Das Gespräch dreht sich nun um die angespannte Situation in Tansania; es seien von Fundamentalisten Kirchen angezündet worden. Ein Säureanschlag auf Sansibar, ein Terroranschlag in Aruscha. Tansania sei als Land umgeben von äußerst schwierigen Nachbarn. Das unruhige Uganda, gegen das man schon Krieg führen musste. Kenia, wo Terroristen kürzlich in einem Einkaufszentrum ein Blutbad angerichtet haben. Und dann sei da noch das zerstrittene Uganda. Meine Mutter erzählt von den somalischen Flüchtlingen in Deutschland, von denen sie auch einige in der deutschen Sprache unterrichte. Der Bischof nickt bedächtig. Mein Vater fragt, wie es denn zwischen Hutu und Tutsi in Ruanda stehe. Reverend Saria erklärt, dass es noch lange dauern werde, bis die Bürgerkriegskatastrophe verarbeitet sei.

Zwischen Hutu und Tutsi habe eine Stimmung geherrscht, bei der jede Seite glaubte, die andere Seite werde sie auslöschen und man müsse dem zuvorkommen. Sogar in Ehen zwischen Hutu und Tutsi seien die Partner aufeinander losgegangen und hätten versucht, den jeweils andern umzubringen. Ich merke an, dass das doch in der Ehe ein ganz normaler Zustand sei. Der Bischof lacht laut auf. Bruno Gutmann hat offenbar gerade mal weggehört.

Zum Abschied wiederhole ich noch einmal, wie sehr uns der Austausch mit unseren Brüdern und Schwestern in Moschi am Herzen liege und dass wir dankbar seien, dass das Erbe unseres Vorfahren hier so hervorragend gepflegt werde. Ich wünsche das Beste für die weitere Verkündigung des Evangeliums. Der Bischof nickt würdevoll. Als wir zu unseren Zimmern gehen, knurrt meine Schwester: «Schleimer!»

Ja, denke ich. Aber ein Schleimer vor dem Herrn.

DAS GANZ GROSSE WEIHNACHTEN

«Du weißt, dass bei mir nicht viel dazugehört, um meine Weihnachtsfreude aufzuwecken. Die schläft das ganze Jahr über gar leise und ein bisschen Moos und ein Tannenzweiglein oder eine Weihnachtsmelodie machen sie gleich ganz munter.» Das schreibt Bruno Gutmann seiner Tochter Ilse.

Weihnachten ist für Gutmann nicht nur ein Fest. An Weihnachten wandelt sich die Welt. Selbst das, was hart und kalt ist, wird warm und weich. Jene, die das ganze Jahr darüber nachdenken, wie sie Geld machen können, denken nun daran, wie sie ihr Geld in Gaben für andere umwandeln können. Weihnachten ist der Gegenentwurf zur wenig erbaulichen Realität. Das Gute legt sich über all das Schlechte, so wie der weiße Schnee sich auf die schmutzigen Städte legt. So wie die Landschaft sich verändert, verändert sich der Mensch.

Weihnachten ist das Gefühl des kindlichen Erstaunens. So wie das Glück, das Bruno Gutmann gefühlt hat, als er als kleiner Junge den Reiter aus Pfefferkuchen am Baum hängen sah. Weil wir wie staunende Kinder auf die Schönheit der Welt blicken sollen, zeigt sich Gott zu Weihnachten als Kind in der Krippe. Sein ganzes Leben sucht der Missionar nach dem weihnachtlichen Gefühl, dass er erlebt hat, als er mit seiner Mutter unter dem Christbaum saß. Und er spürt: Ob das Christentum am Kilimandscharo ein Erfolg werden wird, wird auch damit zusammenhängen, ob die Menschen lernen, Heiligabend zu feiern.

Dass Weihnachten ein Erfolg werden könnte, erkennt Gutmann schon früh. An seinem ersten Adventssonntag im Dschagga-Land sitzt er einsam in der Kirche von Madschame am Harmonium und singt Adventschoräle. Plötzlich steht der

Stationshirte hinter ihm, ein ehemaliger Sklave. «Was willst du?», fragt Gutmann. «Singen» ist die Antwort. Dann beginnt sein Gesang, alle Sorgen singt er sich von der Seele. Und immer mehr Leute kommen herbei und stimmen ein. Am Schluss singen alle zusammen «Ein feste Burg ist unser Gott». Gutmann musste nicht predigen, er musste nur singen, um das ganz große Gefühl zu wecken. Daraus muss sich etwas machen lassen, denkt Bruno: dieses gemeinsame Gefühl, das Gefühl von Weihnachtlichkeit.

Als Kind des Erzgebirges versteht Bruno zwar etwas von Weihnachten. Im Erzgebirge gibt es seit Jahrhunderten eine starke Krippentradition, sie war aus der Not geboren. In der dunklen Jahreszeit, wenn eisige Kälte herrschte und meterhoher Schnee lag, der die Arbeit draußen unmöglich machte, setzte man sich im Erzgebirge an die Schnitzerei. Da der Erzabbau nicht mehr zum Broterwerb reichte, wurde die Schnitzkunst immer wichtiger. Man schnitzte Pferdchen aus Holzreifen und stach Bäumchen aus Spänen. Die Schnitzer wurden für ihre Technik berühmt. Sie bauten bald prächtige Krippen. Die Krippen aus dem Erzgebirge stellten nicht nur die heilige Familie dar, sondern erzählten ganze Geschichten, waren geschmückt mit Engelschören und Schafherden. Jesus ist in diesen Krippen kein Kind, das in Heu und in Stroh liegt. Jesus ist ein Superstar. Ein Säugling, den noch in der Nacht seiner Geburt ein nicht enden wollender Strom von Menschen aus aller Herren Länder besuchen wird. Ganz Betlehem und das halbe Morgenland ist bei solchen Krippenausbauten auf den Beinen: geschnitzte Marktfrauen, Bauern, Kinder. Jeder will in dieser Nacht Jesus sehen, als hätte sich die Geburtsnachricht per Twitter verbreitet. Die Leute aus dem Erzgebirge bauten auch Kerzenbögen und Räuchermännchen, die Weihrauchduft verbreiteten, und sie konstruierten herrliche mehrstöckige Pyramiden. Mehr noch als die eigentliche Schnitzkunst war der Einsatz von Licht die Stärke dieser Kunstwerke. In einer Gegend, wo der Winter grimmig war wie nirgends sonst, war ein Kerzenlicht eine wahre Wohltat für die Seele. Also ließ man es im Erzgebirge funkeln, dass es eine Freude war. Und dieses Funkeln, das ihm als Kind bei aller Not und Knappheit sein Herz gewärmt hatte, dieses Licht würde auch am Kilimandscharo seinen Zauber verbreiten können. Da ist sich Bruno Gutmann sicher.

Sein erstes Weihnachtsfest feiert er schon wenige Jahre nach seiner Ankunft in der Gemeinde Usaa. Er lässt die zwölf Säulen der Kapelle mit Palmwedeln schmücken. Die Sensation aber ist der Christbaum, der zum Einsatz kommt. In Tansania gibt es keine Tannen, auch keine Fichten oder Kiefern. Es gibt aber Wacholder. Gutmann hat im Wald einen hochgewachsenen Farn geschlagen und in dessen Stamm unzählige Löcher bohren lassen. In diese Löcher steckte er Wacholderzweige. Und zwar so dicht, dass man die Konstruktion kaum mehr von einem Christbaum aus der Heimat unterscheiden kann. Der Gutmann-Baum ist eine Attraktion. Vor allem, weil der Missionar ihn mit Lametta und Kerzen schmückt, die er sich aus Leipzig hat schicken lassen. Dazu hängt er noch zwei Herrnhuter Weihnachtssterne in der Kapelle auf und hat Papierlaternen basteln lassen.

Dieses Ensemble ist so aufregend, dass sich schon am Tage eine Menge vor der Kapelle versammelt hat, um die Show nicht zu verpassen. Kaum ist die Sonne hinter den Wolken verschwunden, drängt die Menge, es sei nun Nacht. Gutmann solle den Lichterbaum entzünden. Das tut er, mit dem Gestus des seligen Familienvaters, unter dem Jubel der Menge. Dann lässt er zuerst die Kinder in die erleuchtete Kapelle eintreten. Die werden ganz still unter dem Eindruck der dämmrig-bunten Schummer-Beleuchtung. Es ist der Glanz der Weihnacht. Dann stimmt Gutmann das Lied an, das er mit ihnen zuletzt geübt hat. «Gelobet seist Du, Jesu Christ, dass du Mensch geworden bist.» Die Jungen, die Alten, alle sind entrückt. Draußen bricht ein Gewitter los. Drinnen ist Weihnachten. Es ist ein Punktsieg für Jesus. Er kann etwas, was sonst keiner kann, kein Geist, kein Mohammed: Er kann die weihnachtliche Verwandlung herbeiführen.

«Sei gesegnet, Du nordischer Winter, wie liest sich in Deinem Schnee die Spur zwischen den Tannen so leicht. Sei gesegnet, Du deutsche Weihnacht! Wie macht Dein heimlich Leuchten die Augen wacher, dass sie die leichten, flüchtigen Spuren der Seele vorm Verschwinden erfassen und eine sich zur anderen finde durch ein Dunkel, dass kein Schneelicht mildert!», schreibt Bruno einmal. Weihnachten, das geht für Gutmann nur so, wie er das Fest kennt. Es ist die heilige Nacht, die aus Schnee und Kerzenschein besteht. Aus klingenden Glöckchen, Tannenbäumen und frommen Liedern.

Und der Kilimandscharo ist für ihn wie geschaffen, um die deutsche Weihnacht zu feiern. «Vergesst den schimmernden Altar des Kibo nicht im Lichtkreise der Weihnacht», mahnt er. Der Kibo, einer der wenigen Orte in Afrika, wo Schnee liegt, ist für Bruno Gutmann der Weihnachtsort schlechthin. Und er hat sogar einen «Weihnachtsberg» in der Gegend für sich entdeckt und getauft. Etwa 80 Kilometer von Moschi entfernt steht der Meru. Der Vulkankegel ist pyramidenförmig, und Gutmann sieht in dem Berg den «Zirkelpunkt der Sonne, um den sie ihren Jahrbogen schlägt». Er schwärmt: «Keine schöneren Augenblicke kann die Erde bieten, als wenn der scheidende Himmelskörper seine edelsten Farben um den blauen Steinling her über Himmel und Erde hin zur Einheit ordnet und vor der seligen Pracht für Traumesspanne vergessen lässt, dass sie etwas trennt.»

Wenn am Meru die Sonne untergeht, werden Himmel und Erde eins. Wenn das Jahr jedoch seinem Ende zugeht, geht die Sonne nicht mehr am Meru unter, sondern das Spektakel wandert südwärts. Und wenn es zur Weihnacht hingeht, bleibt die Sonne statt am Meru an einem Berg hängen, der «wie ein geheimnisumblautes Riesenmal über die dämmernde Steppe zu uns hergrüßt». Jener Dreitausender heißt bei den Dschagga Kisale, aber Gutmann nennt ihn den Weihnachtsberg: «Wiesen und Waldstreifen umkleiden ihn, aus seinen Quellen trinkt die Antilope noch ungescheut vom Menschen, und um ihn her weiden die Büffel- und Zebraherden, als sei das Paradies noch wirklich da auf Erden, so wie es sich aus Holz und Stein der fromme Bergbewohner im fernen Nordland aufbaut.»

Dieser Berg ist also Krippe live. Die Sonne, die sich ihm nähert, «weckt die Weihnacht auf – und mit einem Male ist sie da und die ganze Welt wird gewandelt in ihrer Lichternacht Seligkeit.»

Bruno Gutmann hat sogar einen Vers darauf gedichtet:

Bald wird die liebe Sonne
Beim Weihnachtsberge sein.
Für Christkinds Lichtgepränge
Holt sie das Sterngehänge,
Flicht's in die Lichtnacht ein.

Weihnachten ist das Happy End, der Triumph des Guten. Das Fest, bei dem alle wieder Kinder werden und die elterliche Geborgenheit spüren. Gutmann schreibt: «Umkehren und werden wie die Kinder, sagt der Heiland, das ist der Weg ins Himmelsreich für jeden Menschen.»

Und deswegen ist Weihnachten so wunderbar für ihn: «Dank sei Dir, Du liebe deutsche Weihnacht! Du hast uns die Kindlichkeit bewahrt als ein Wurzelgut unseres Volkes!»

Das Einzige, an dem es am Kilimandscharo allerdings mangelt, sind geeignete Bäume. Denn es gibt zwar alles mögliche beeindruckende Gehölz – aber keine Nadelbäume im europäischen Sinne. Gutmann schreibt: «Eine Josephsunruhe kommt vor Weihnacht über jeden deutschen Missionar; er sorgt sich, wie er dem Christkind die Stätte bereite. Und auch der Kilimandscharo ist geheiligt durch die Spuren der Christbaumsucher, die seine

Täler und Bergwälder durchkletterten nach einem schönen Weihnachtsbaume.»

Der Baum, der am ehesten für die Weihnacht in Frage kommt, ist die Wacholderzeder. Gutmann sammelt Schösslinge dieses Zypressengewächses und legt auf dem Gelände der Mission einen ganzen «Weihnachtswald» an. Dort vereint er «Zedern, Blauzypressen, Großfruchtzypressen und Zypressenfichten.» Alles eben, was eine Kerze tragen kann.

Aber am wichtigsten ist natürlich die Krippe in der Kapelle. Schon Tage vor dem Fest lässt Gutmann einige Bankreihen aus der Kapelle tragen, um mehr Platz für die Krippe zu haben. Dann kommen die Kinder des Dorfes mit Wacholderzweigen. Der ganze Boden der Kapelle wird damit ausgelegt, um den würzigen Duft zu verbreiten. Der Krippenaufbau gliedert sich in drei Teile. Wo in Deutschland das Watzmann-Massiv im Hintergrund hervorragte, sind es hier nun der Kibo und der Mawensi. Das Bild ist von Moos gerahmt. Es wird auch eine Mooswiese modelliert, auf der Engel und Hirten mit den Schafen weilen und die frohe Botschaft verkündet bekommen. Dazu hat Gutmann eine Dschagga-Hütte aufgebaut: eine fast ein Meter hohe Moschi-Hütte aus Bananenstroh mit allen Einzelheiten. Drum herum ist auf dem Moos ein Bananenwald aufgesteckt. Er besteht aus Schösslingen ausgewachsener Stauden, die sehen fast genauso aus wie richtige Bananenpflanzen. Unter dem Torbogen der Dschagga-Hütte aber findet man Maria und Josef mit dem Jesuskind. Und allerlei Getier huldigt dem Messias. Elefant, Kamel, Pferd, Ochs, Esel, Schaf und Ziege. Sie verstecken sich im Bananenhain oder präsentieren sich vor der Hütte. Für Bruno Gutmann wurde das Christkind in einer Bananenhütte geboren. Und von dort würde es kommen und die Welt retten.

Die Weihnachtskrippe, die er in Kidia aufbaut, wird zur Sehenswürdigkeit. Sogar den fränkischen Brauch des «Anklopfens» hat Gutmann an den Kilimandscharo gebracht. In der Adventszeit ziehen seine Schüler singend mit Laternen durch das Land, von Hof zu Hof. Anklopfen können sie freilich nicht, es gibt ja meist keine Türen. Dafür lernen die Dschagga das Singen umso mehr. Gutmann bringt seinen Konfirmanden 36 Weihnachtslieder bei.

Heiligabend ist eine Superwaffe.

AUF GOTTES ACKER

Ich habe vier Kinder gezeugt, ich komme seit 20 Jahren für mich selbst auf. Ich arbeite in einem Beruf, in dem ich mich viel mit anderen Menschen auseinandersetzen muss. Es gibt auch Konflikte zu lösen. Ich bin eigentlich ganz gut darin. Außer ich mache Urlaub mit meinen Eltern. Dann bricht alles, was ich an persönlicher Charakterentwicklung erfahren habe, in sich zusammen. Ich sitze brummelnd am Frühstückstisch und habe keine Ahnung, warum ich eigentlich so schlechte Laune habe. Zusammen mit meinen Eltern, die sich darüber Gedanken machen, warum ich so mies gelaunt sein könnte, und meiner Schwester, die meint, ich solle doch einfach aufhören, mit meiner schlechten Laune die Stimmung zu verpesten. Alles ist wie früher, außer dass nun Anna dabei ist, die zu alledem gar keine Meinung hat. Ich weiß nicht, warum, aber ich retardiere in beeindruckendem Tempo. Eine Woche mit meinen Eltern hat mich wieder zu einem 14-jährigen gemacht. Nach einer weiteren Wochen werde ich mich ins Kleinkindstadium zurückentwickelt haben, dann wird es nicht mehr lange dauern, bis ich ein sabberndes und schreiendes Etwas bin, dem man ein Fläschchen gibt. Wenigstens brauche ich dann auf dem Rückflug keinen eigenen Sitz mehr. Ist es die Bemühtheit meiner Eltern? Dass sie nichts falsch machen wollen – und mich trotzdem wie ihr Kind behandeln? Das ich ja auch irgendwie bin?

Jetzt schließt sich Anna meiner schlechten Laune an. Sie kann heute keinen Toast Hawaii bekommen. Der dauert in der Küche etwa eine halbe Stunde, wir haben aber nicht so viel Zeit. Saria will uns heute früher abholen, weil wir auf eine Hochzeit eingeladen sind. Allerdings verspätet er sich, und wir stehen untätig herum. Anna sagt, dass sie ja doch einen Toast Hawaii hätte essen können. Ich sage gar nichts. Als Saria dann kommt, telefoniert er schon wieder die ganze Zeit. Er soll als Gebietsverantwortlicher der Zeremonie beiwohnen, um dem Ganzen noch mehr Würde zu verleihen. Zu welcher Uhrzeit die Trauung losgehen sollte, hat aber offenbar niemand erwähnt. Und niemand weiß es. Als wir nach langer Fahrt durch das rote Land an der Kirche ankommen, ist die Zeremonie schon beendet. Ich bin erleichtert, nicht schon wieder eine Kirche besichtigen zu müssen, die Braut hätte ich aber schon gerne gesehen. Aber in den Genuss komme ich doch noch, denn das glückliche Paar tritt gerade ins Freie. Dieses Eheglück, das da in den offenen Jeep steigt, ist vereint mindestens vier Zentner schwer. Offenbar drückt man hier Wohlstand noch durch Körpermasse aus, so wie in Deutschland in den 50er Jahren. Im Westen demonstriert man Reichtum heute mit der zur Schau gestellten Fitness und Schönheit. In Afrika will man der Umwelt zeigen, dass man bestimmt nicht von Hunger bedroht ist.

Pater Saria parkt den Wagen mit Sicherheitsabstand und lauert hinter dem Lenkrad wie ein Leopard. Er will nicht, dass gesehen wird, dass er bei der Trauung nicht anwesend war, das würde seinem Ansehen schaden.

Der Bräutigam trägt kein traditionelles Gewand, sondern einen Anzug mit gelber Fliege, die Braut hat ein Kleid aus schwerem weißem Stoff und einen Blazer an. Ihre Locken sind mit viel Haarspray gebändigt und zu Korkenziehern gedreht worden, die unter einem bauschigen Tüllschleier hervorquellen. Sie ist allerdings keinesfalls so dick wie die quietschgelb gekleideten Brautjungfern, die in einem Pick-up dem Hochzeitspaar vorausfahren. Dem Brautwagen folgt ein weiterer Pick-up mit der Kapelle, die sogleich lostrompetet. Weiße Toyota-Pick-ups sind in Afrika als ideale Bürgerkriegsfahrzeuge bekannt, sie leisten aber auch bei Hochzeiten gute Dienste.

Wir schließen uns unauffällig dem Konvoi an. Saria merkt,

dass sein Boss, der Bischof, auch bei der Trauung anwesend war, das hebt seine Stimmung nicht. Die Familie wird immer gut gespendet haben. Aber dann, wenn die Kirche liefern muss, ist sie nicht da. Und dazu hat er auch noch seinen Boss alleine gelassen. Ich könnte tröstend sagen, dass Gott niemanden alleine lässt, verkneife es mir aber.

Als wir ankommen, sollen wir zunächst einmal auf den Plastikstühlen sitzen, die auf der Veranda aufgestellt sind. Es sind die stapelbaren Modelle, die man überall auf der Welt findet und mit denen ganz Tansania möbliert ist. Diese hier sind zum großen Teil mit Aufdrucken von Coca-Cola versehen.

Die Brautjungfern putzen sich gegenseitig den Straßenstaub von ihren gelben Hintern, während Reden gehalten werden. Die Braut schaut angestrengt, als wäre es weniger ein freudiger Anlass, sondern einer, bei dem man nichts falsch machen dürfe. Ihr Mann wirkt überfordert, er hält sich sein Sitzkissen vor den Bauch. Aus einem Lautsprecher dudelt Keyboardmusik, von der ich nur die Worte «Jeso Kristo» und «Halleluja» verstehe. Mittlerweile scheint sich herumgesprochen zu haben, dass die Gutmanns hier sind, wir werden zum beliebten Motiv. Ständig steht jemand mit ausgestrecktem Arm und Handykamera vor uns. Endlich wird angestoßen, Jubel, Triller, Applaus. Ich glaube es kaum – Braut und Bräutigam haben ein Glas Fanta in der Hand. Also hat mein Urgroßvater auch das versaut. Wer hier christlich ist, dessen größter Exzess ist offenbar ein Glas Orangenlimonade. Nicht einmal Cola. Coca-Cola wird sich ärgern, denke ich mir, schließlich haben sie hier das ganze Parkett bestuhlt. Die Fanta ist in Tansania übrigens gelber als in Deutschland. Sie sieht aus wie Fanta auf Ecstasy.

Beim Empfang gehören wir zur klerikalen Kulisse. Das Paar speist im Wohnzimmer, wir werden in einen Vorhof positioniert, wo auch Saria, der Bischof und der ehemalige Bischof ihren Tisch haben. Vor den beiden sind allerlei Speisen aufgetischt.

Wir und eine ganze Riege von geladenen Pastoren werden zu einem Buffet gebeten, wo uns Reis, Fleisch und Bananen auf den Teller geladen werden, und zwar nicht zu knapp. Neben dem Büffet stehen Stühle, auf denen Vertreter der ärmeren Dorfbevölkerung Platz genommen haben. Es gehört zum guten Ton, auch ihnen zur Hochzeit etwas zu spendieren. Aber sie dürften offenbar erst ran, wenn sich der Klerus satt gegessen hat, und wir gehören zum Klerus. Auf dem Tisch, an dem wir sitzen, steht ebenfalls Fanta. Ich schenke mir ein Glas ein. Sie ist wahnsinnig süß. Man könnte davon high werden.

Zwei Männer bringen zwei gegrillte Ziegen ins Zelt. Sie wurden am Stück zubereitet, der Kopf ist noch dran, die Zunge hängt heraus, die Augen sind offen. Zehn Minuten später liegen nur noch Knochen da. Die Tiere blicken ungläubig in die Gesellschaft, so als ob sie es nicht fassen können, wie schnell sie gegessen wurden. Der Bischof bekommt den ersten Teller Ziegenfleisch, er nimmt sich etwas und lässt ihn weiterreichen zu den Gutmanns. «Das ist eine große Ehre», flüstert Saria. Ehre, Ehre, Ehre, denke ich – können die damit nicht mal langsam aufhören?

Kaum haben wir fertiggegessen, nehmen Braut, Bräutigam und deren Eltern Aufstellung zum Verabschiedungsspalier. Alle müssen gratulieren, ihre Spende abgeben und verschwinden. Innerhalb weniger Minuten ist das Zelt leer. Es gibt noch ein Gruppenfoto, auf dem wir direkt hinter dem Brautpaar stehen sollen.

Auf dem Heimweg frage ich, warum bei Hochzeiten eigentlich nur Fanta getrunken wird. Saria bricht hinter dem Steuer in Lachen aus. Er sagt, die restliche Gesellschaft gehe jetzt in die Stadthalle und feiere mit Whiskey und Bier. «We are the Fanta guys, they want us to go off as soon as possible!» Wenn das Bruno wüsste.

Auf einmal fragt Saria: «Wollt ihr meine Farm sehen?»

«Sie haben eine Farm?», frage ich ungläubig. Ich kann mir einen Priester nur schwer auf einem Traktor vorstellen. «Uuuuuuh, yes, I'm a farmer!» Als Pastor allein könne niemand in Tansania überleben, das Gehalt reiche nicht. Man müsse einen Nebenjob haben, einen sauberen: «Keine Drogen, keine Waffen, kein Alkohol.» Das schränkt die Berufswahl in Tansania offenbar ziemlich ein. Schon holpert der Toyota von der Straße und wühlt sich durch den roten Sand, vorbei an zwei Affenbrotbäumen, die so dick aussehen, als hätten sie gerade zwei andere Affenbrotbäume verspeist.

«Wisst ihr, warum die Äste der Affenbrotbäume so aussehen wie Wurzeln?»

Wir wissen es nicht.

«Nun, als Gott die Bäume schuf, schuf er auch den Affenbrotbaum. Er gab ihm einen Stamm, dick wie eine Tonne. Der Affenbrotbaum schaute aber auf die anderen Bäume, die viel wohlgeformter waren, und beschwerte sich. Er beschwerte sich so lange, bis Gott wütend wurde, ihn aus der Erde riss und verkehrt herum wieder in den Boden steckte. Also muss der Baum nun mit den Wurzeln nach oben wachsen.» Affenbrotbäume sind übrigens die einzigen Bäume, die in Tansania in Ruhe gelassen werden, weil ihr Holz zu absolut nichts nutze ist.

Gerade ist die beeindruckende Geschichte zu Ende erzählt, da rollt der Wagen auch schon auf dem Boden der Farm aus. Es gibt ein paar Schuppen, eine kleine Hütte mit Veranda («Ich muss sie mal fertig bauen»), ein paar Schlafhütten für eine Hand voll Farmarbeiter («Es ist so schwer, Leute zu finden, die gute Landarbeit machen können»). Am meisten beeindruckt uns aber ein riesiger Wassertank. Er ist über eine Rohrbrücke mit einem Brunnenhäuschen verbunden. Saria weist einen der Arbeiter an, die Pumpe anzuwerfen, sogleich sprudelt klares Wasser aus dem Rohr in den Tank. Wir schauen Saria fragend an. Es ist zweifellos die modernste Anlage, die wir bisher in Tansania gesehen haben. Er zwinkert: «Entwicklungshilfe!» Er sei nach Israel gefahren, auf eine Landwirtschaftskonferenz. Man habe dort gestaunt, dass sich ein Pastor für Farming interessiere. Dabei liege den Dschagga das Farming doch im Blute. Er selbst habe alles von seiner Großmutter gelernt. Auf der Konferenz habe er sich mit den neusten technischen Errungenschaften auseinandergesetzt. Schließlich hätten die Israelis das beste Landwirtschafts-Know-how der Welt. «Sie haben kaum Platz, müssen aber autark sein, weil sie von Feinden umgeben sind.» Schließlich habe er sich für diese Anlage entschieden und angegeben, als Pastor etwas für die Bauern der Region tun zu wollen. Bei verschiedenen Organisationen habe er dann tatsächlich Mittel bekommen. Und es sei ja auch völlig richtig. Die Bewässerungsanlage sei für alle Bauern auf dieser Fläche. Er verrät allerdings nicht, ob er auch beim Eintreiben der Gelder angegeben hat, dass damit vor allem sein eigener Acker bewässert werden soll.

Von dem Tank geht eine Leitung zum Pumpenhaus. Von dort wird das Wasser auf die Äcker gebracht. Mit vielen kleinen Schläuchen, die viele kleine Löcher haben, aus denen das Wasser tropft. So kann der Acker selbst bei Trockenheit nach Belieben bewässert werden. Hightech für Saatgut.

Saria durchschreitet stolz sein Reich. Er zeigt uns den Acker, auf dem er Wassermelonen gepflanzt hat. «Sie wachsen in zwei Wochen.» Dann den Acker mit den Tomatenpflanzen, dann die große Pflanzung mit Paprika. Er wisse immer, was der Markt brauche, er könne immer liefern. Und er hat noch größere Pläne: Papaya. Eine Reihe mit Papaya bringe auf dem Markt 20000 Schilling, jede Woche! Und dann werde er irgendwann Gewächshäuser kaufen: Dann könne man unabhängig vom Wetter Tomaten und andere Gemüse anbauen.

Auch auf dem Heimweg kommt er aus dem Erzählen gar nicht mehr heraus. Kaffeeanbau, das sei vorbei. Zu großer Aufwand: pflanzen, pflücken, enthäuten, trocknen – und dann bekomme man auf dem Markt kaum etwas dafür. Obst und Gemüse seien die Zukunft. Er erzählt, dass die Dschagga-Bauern nicht verstanden hätten, wie wichtig der Markt sei. «Wenn du dein Gemüse verkaufst, wirst du reich. Wenn du nur für deinen eigenen Magen arbeitest, bleibst du arm.»

Ich überlege, ob ich anmerken sollte, dass Bruno Gutmann genau gegenteiliger Meinung gewesen sei. Die Dschagga-Bauern sollten ihre Bananen für sich selber anbauen, damit sie zu essen hätten, und nicht ihre Ernte verkaufen und vom Markt abhängig sein. Ich lasse es aber. Der Reverend hat gerade zu gute Laune, er ruft meinem Vater zu: «Volker, warum lässt du das nicht mit der Zahnarztarbeit bleiben und baust mit mir die Farm auf? We're gonna be rich!» Mein Vater scherzt: «Und dann geben wir alles Geld der Kirche!» Saria, nun gar nicht mehr im Scherz: «Nein, nur die Hälfte!»

Ich frage Saria, ob sein Kirchenamt und die Farm nicht ganz schön viel Arbeit seien. Er sagt: «I will rest in heaven, there I will rest long.»

Der Wagen kurvt auf dem Weg zurück zu unserem Hotel durch die dunklen Alleen von Moschi, wo der Blütenduft der Flammenbäume sich mit dem Geruch des abkühlenden Asphalts mischt. Saria erzählt von seinen Neidern. «Sie meinen, ich wäre reich, nur weil ich die Schule der Nachbarskinder bezahle und drei Kühe im Stall habe.» Er berichtet von den Leuten in Kigali, die korrupt seien und Spendengelder verschwinden ließen. Er sei schon immer angeeckt. Einmal habe er gehört, dass ein Mädchen entführt worden wäre, um sie zwangszuverheiraten. Saria trat mit seinen Leuten vor das Haus der Entführer; sie hörten das Mädchen drinnen schreien und weinen. Saria rief: «Öffnet die Tür, oder ich brenne das Haus nieder!» Die Kidnapper flohen durch das Fenster, und er konnte das Mädchen retten. «Ich habe geschworen, jeden zu verfolgen, der jungen Frauen Gewalt antut.» Das hört sich nun gar nicht mehr nach der Lehre des gütigen Bruno Gutmann an. Saria erzählt, dass die Älteren ihn gebeten haben, sich zurückzuhalten. «Sie sagten: Saria ist verrückt.» Und ein junger Kerl habe angekündigt, ihm, Saria, nach dem Leben zu trachten. Saria schweigt kurz, während er den Wagen durch die Verkehrskreisel steuert. Dann sagt er: «Aber wenig später hat er mich auf dem Totenbett um Verzeihung gebeten. Wir waren Freunde, als er starb.» Ich frage, woran er denn gestorben sei, der junge Mann. «Through the hand of God», antwortet Saria. «It was God's revenge.» Schweigen im Wagen. «He did it for me.»

Es ist bestimmt einfacher, ein gütiger Mensch zu sein, wenn Gott notfalls das Killerkommando übernimmt.

Beim Abendessen (ich wollte auswärts beim Chinesen essen, aber meine Eltern weigerten sich) wagen wir uns zum ersten Mal an den Salat. Ich versichere, dass das Gemüse bestimmt von Sarias Acker komme, er werde sicher nicht zulassen, dass eine kirchliche Institution woanders ihr Gemüse kaufe.

Beherzt stopft sich Anna Tomaten in den Mund. Sie sagt, sie könne das Essen bei den Lutheranern langsam nicht mehr ertragen, es sei «grenzwertig». In der Nacht muss sie sich übergeben und hat Durchfall. Möglicherweise God's revenge.

RINGEN MIT DEN JUNGEN

Bruno Gutmann arbeitet am Kilimandscharo an der Volkskirche. Man würde es heute Gottesstaat nennen. Er will die Menschen nicht nur zu Jesus bekehren, sondern auch in ein soziales Gespinst einflechten. Der Einzelne soll so stark in die Gemeinschaft eingebunden sein, dass niemand mehr allein ist. Es beginnt mit den Nachbarschaften. Die einzelnen Höfe sind weit über die Hänge des Kilimandscharo verstreut, und Gutmann verpflichtet die jeweiligen Nachbarn, füreinander zu sorgen. Sie sollen sich umeinander kümmern, falls jemand krank wird – und vorbeischauen, wenn der Nachbar dem Gottesdienst ferngeblieben sein sollte.

Die zweite Organisationseinheit sind die Altersklassen, das Netzwerk aus Gleichaltrigen, mit denen man aufwächst. Ganz besonders ist es Gutmann aber an der Macht der Familien gelegen, an den großen Clans, in denen die Ältesten das Sagen haben, in denen bestimmt wird, wer wen heiraten soll, und die auch den Ältestenrat der Häuptlingsschaft stellen. Bruno Gutmann sieht das nicht als willkürliche Organisation, sondern als natürliche Ordnung.

Für ihn leben die Menschen am Kilimandscharo, die ihr Essen ausschließlich für sich selbst anbauen, so, wie Gott es für sie vorgesehen hat. Und alles Zivilisatorische, mit dem diese Kultur konfrontiert wird, ist Teufelszeug.

Er ist sehr vom Rassendenken erfüllt, dabei sieht er die eine Rasse keineswegs als minderwertiger als die andere. Im Gegenteil: Hier, in den afrikanischen Strukturen, entdeckt er vieles, was er in der weißen Zivilisation vermisst. Doch auch die «braunen Brüder» entwickeln sich nicht alle so, wie Gutmann es sich wünscht. Sein Traum ist, das traditionelle Gemeinwesen zu erhalten. Der westliche Mensch ist aus seinen natürlichen Zusammenhängen herausgefallen. In den anonymen Städten haben sie keine richtigen Nachbarn mehr, auf die sie sich verlassen können. Sie sind von ihren Familien abgeschieden und haben oft nicht einmal mehr enge Freundschaften. Im Westen ist das nicht mehr zu retten, da hilft nur noch Gott. In Afrika hilft Bruno Gutmann.

Doch so umfassend sich der heilige Geist auch ausgebreitet hat – das Dschagga-Volk verändert sich trotzdem. Es entsteht eine neue Klasse von Dschagga, man könnte sie als das Bürgertum bezeichnen. Es sind die, sie sich schon früh den Missionaren zugewandt haben. Denn wo Missionare sind, da ist auch Bildung und Kontakt zum Westen. Bruno Gutmann hat die Initiative dieser jungen wissenshungrigen Frauen und Männer immer sehr geschätzt. Dass sie aber gleichzeitig die alten Strukturen in Frage stellen, ist ihm ein Gräuel. Die Jungen sind ihm zu naseweis. Er lässt sie deshalb mit voller Absicht nicht an die entscheidenden Ämter in der Gemeinde. Nur wer alt ist, hat nach Gutmanns Ansicht das Zeug zur Führungskraft.

In den zwanziger Jahren, als der erste Weltkrieg verloren ist, ändern sich auch die Missionare. Bislang gab es Pragmatiker und Romantiker wie Bruno Gutmann. Doch nach dem Krieg kommt – mit Duldung der Briten – ein neuer Typus Missionar an den Kilimandscharo. Menschen, die eine Bitternis in sich tragen. Leute wie Georg Fritze. Fritze ist jünger als Bruno Gutmann, er hat Deutschland den Krieg verlieren sehen. Auch Fritze sucht die urtümlichen Bindungen bei den Dschagga. Aber seine Vergangenheitsbezogenheit hat etwas Dringliches. Er ist herrisch und autoritär. In Masama, der Station, die Gutmann einst eröffnet hat, interpretiert er die Schildschaften auf seine Weise, eröffnet eine Altersklassen-Schule, in der alle Jungen eines bestimmten Jahrgangs interniert werden. Fritze sagt, er werde sie zu Kriegern machen, sie sollten starke Glieder der Gemeinschaft werden, und er marschiert mit den Jungen sogar.

Es kommt zu ersten Konflikten mit den Eingeborenen. Ein Beispiel dafür ist der Kleidungsstreit. Als Gutmann 1902 an den Kilimandscharo kommt, tragen die Dschagga in der Mehrheit das traditionelle Gewand, den von den Arabern gegen Ende des 19. Jahrhunderts übernommenen Kanzu. In den Augen vieler Missionare ist diese große Tunika das angestammte Eingeborenengewand, dabei ist es nur das, was getragen wurde, als die Missionare ins Land kamen. Eine Mode eben. In den nächsten Jahrzehnten beginnen die Afrikaner allerdings, europäische Kleidung zu tragen, als Symbol des neuen Selbstbewusstseins und der Hoffnung, bald alleine die Geschicke des Landes steuern zu können. Für viele konservative Missionare ist das reine Provokation. In Aruscha nagelt sogar ein Missionar die Kirchentür zu, weil ihm die Gemeinde nicht traditionell genug gekleidet ist. Sie haben die Schwarzen lieber als gelehrige Kinder denn als Menschen, die ihre eigene Identität ausdrücken.

Das alles führt Ende der 20er Jahre zum großen Knall, als Bruno Gutmann gerade in Deutschland weilt. Missionar Fritze vertritt ihn. Fritze ist ein gelernter Kaufmann aus Prenzlau, ein herrisches Gemüt mit dichtem Bart. Er nimmt für Gutmann an den Sitzungen des Ältestenrates teil und teilt auch die Sakramente aus. Bei solch einer Sitzung kniet auch eine schwarze Frau vor ihm nieder. Sie trägt gute europäische Kleidung und sogar einen Hut.

Fritze nimmt ihr den Hut vom Kopf. Die Frau ist die Ehefrau von Joseph Merinyo, und der ist nicht gewillt hinzunehmen, dass Fritze seine Frau demütigt. Merinyo ist einer der einflussreichen Jungen bei den Dschagga. Er spricht Suaheli, war als Junge einmal in Deutschland und arbeitet als erster Sekretär der Kaffeegenossenschaft. Er ist eine Respektsperson. Merinyo schreibt einen langen Brief nach Leipzig und beschwert sich über die Siedler, die das Land ausplündern, und über einzelne Missionare, die sich wie Kolonialherren benähmen. Er beklagt, dass Missionare nun zusammen mit den «unangezogenen» Älteren Gesetze über die Kleidung machen wollten: «Es ist uns gesagt, die Christen müssen Schuhe ausziehen, wenn die in Kirche gehen und ebenso wenn es in Abendmahl sind.» Merinyo fordert die Ordination afrikanischer Pastoren, aber er bekommt keine Antwort aus Leipzig.

Stattdessen schickt man Gutmanns Kollegen, Missionar Raum, um die Gemeinden zu besuchen. Er äußert sich zufrieden, dass man überall «Merinyos Agitation» fern sei. Raum demütigt den angesehenen Merinyo, in dem er ihn mit seinen Anhängern öffentlich auftreten lässt, um seine Vorwürfe zu wiederholen. Merinyo muss alleine kommen, da sich niemand traut, mit ihm zu gehen. Die Missionare benehmen sich wie bei der Niederschlagung eines Aufstandes. Georg Fritze selbst setzt dem Ganzen die Krone auf: Er nimmt ein Gerücht, Merinyo habe Ehebruch begangen, zum Anlass, ihn aus der Kirche auszuschließen.

Die Proteste des Geschassten helfen nicht. Dann bekommt seine Frau ein Kind. Fritze weigert sich, es taufen zu lassen. Merinyo weiß nun, was zu tun ist. Er lässt das Kind katholisch taufen.

Als Gutmann nach Alt Moschi zurückkehrt, ahnt er die Katastrophe. Er tadelt Fritze, dass er nicht aus Sorge um die Tradition gegen die Kleidung sei, sondern aus einem Überlegenheitsgefühl. Bruno holt Merinyo zurück in die Gemeinde; es ist das erste Mal, dass er die Schwarzen auch gegen die Mission verteidigt. Damit macht er sich keine Freunde. Die Zeit der Kanzus aber ist bald vorbei.

Der Streit um die Kleiderordnung ist nur Teil eines viel umfassenderen Konflikts. Die Jüngeren kämpfen gegen die Alten, wollen aus den Strukturen ausbrechen, die sie behindern. Sie wollen, dass Afrika so wird, wie man Europa schon kennt. Die Alten aber wollen genau diese alten Strukturen konservieren. Die Häuptlingschaft, die Ältestenräte und die Privilegien. Für die Alten sind die aufmüpfigen Jungen eine Bedrohung. Die Jungen, das sind vor allem Lehrer, die zu dieser Zeit in Tansania einen anderen Status haben als heute in Deutschland. Lehrer sind nicht die Loser, die von der öffentlichen Hand ernährt werden. In Tansania sind Lehrer die neue Elite. Sie haben das Wissen, das sie herausstechen lässt, deswegen genießen sie großes Ansehen.

Das macht sie zu schwierigen Partnern für Bruno Gutmann. Einerseits braucht er sie dringend – andererseits fürchtet er ihre Kühnheit. Es sind Menschen wie Filipo Njau, in deren Händen er einerseits die Zukunft der Dschagga weiß – von denen er gleichzeitig aber auch die Tradition bedroht sieht. Schon zu Anfang seiner Mission hat Gutmann beklagt, dass die Sippen sich auflösten. Früher hatte am Kilimandscharo jeder Familienclan sein eigenes Siedlungsgebiet. Der Älteste, der ja auch der Erfahrenste war, war Oberhaupt. Im 20. Jahrhundert siedeln sich die Menschen aber überall an, also lösen die Sippen sich langsam auf. Viele wissen schon gar nicht mehr, welcher Sippe sie eigentlich angehören. Sie halten sich an das, was der Häuptling sagt – wenn überhaupt.

Das ist Gutmann zuwider. Er will die Sippen wiederbeleben. Einmal ruft er den Ältestenrat ein und hält einen langen Vortrag. Er spricht vor den alten Männern – es sind aber auch zwei junge Lehrer vor Ort – und vom Heil der Sippe. Die Sippe habe sie ernährt, in der Sippe habe jeder sich um jeden gesorgt, in der Sippe würden die Alten geehrt und nicht weggestoßen. Und, ja, die Sippe erst habe den Dschagga vorbereitet für die Botschaft des Evangeliums. Dort werde schließlich die Nächstenliebe, die Jesus einfordere, täglich praktiziert. In seinem Plädoyer wirbt er dafür, alles zu tun, die Sippen wieder aufleben zu lassen. Er will ein Sippenfest veranstalten, er will, dass die Sippen wieder Sitzungen abhalten, er will, dass sie gemeinsam die Äcker bebauen. Die alten Männer hocken im Schneidersitz um den weißen Missionar mit dem bebenden Bart herum. Sie nicken, aber der Zweifel steht ihnen ins Gesicht geschrieben. «Das ist ein Werk, so groß, dass es unmöglich von einer Generation getragen werden kann», sagt einer schließlich. «Dann ist es nun umso notwendiger, ein gutes Fundament zu legen», antwortet Gutmann.

Die Gemeindemänner beschließen, was Gutmann angeregt hat. So wie sie eigentlich immer beschließen, was Gutmann anregt. Es wird tatsächlich ein Sippenfest abgehalten, eine Sippe baut sogar ein Denkmal, das heute noch steht. Doch zu einer Wiederbelebung der Sippen kommt es nicht. Das wäre den Alten zu anstrengend gewesen. Sie lassen die Order des Missionars versickern. So wie sie längst nicht alles umsetzen, was Gutmann anregt. Als er am Sonntag nach dem Gottesdienst Spiel und Tanz für die Jugend einführt, protestieren die Alten. Ihnen sind die Jungen schon aufmüpfig genug, die will man nicht auch noch tanzen lassen.

Genauso erfolglos ist Gutmann damit, das Biertrinken auf Festen einzuschränken. Auch hierzu gab es einen eindeutigen Beschluss des Ältestenrates. Da aber einige der Mitglieder selbst aus Hirse oder Bananen Bier brauen, haben sie gar kein Interesse an weniger Konsum. Sie hoffen einfach, Gott werde ihnen das bisschen Bier schon verzeihen.

Erfolgreicher ist da schon die Wiederbelebung der Schildschaft. Wenn Jungen konfirmiert werden, werden ihnen immer einige Gleichaltrige zur Seite gestellt, mit denen sie künftig eine Schildschaft bilden. Bruno Gutmann hat dies aus heidnischen Dschagga-Bräuchen abgeleitet. Früher gingen Jugendliche, wenn sie erwachsen wurden, mit anderen in einen heiligen Hain, in dem ihnen eine Nacht die Geheimnisse des Mannseins gelehrt wurden. Mit jenen jungen Männern blieb man ein Leben lang verbunden. Gutmann überträgt dies einfach auf den Konfirmationsunterricht. Nun hat man mit seinen Mitkonfirmanden eine lebenslange Verbindung. Noch heute wird am Kilimandscharo in solchen Gruppen konfirmiert. Es ist das einzige Erbe, das Gutmann bewahren kann.

DER TAG IN DER GEMEINDE

Der Tag ist gekommen, an dem wir vor die Gemeinde treten sollen. Saria fährt mit uns in eine Kirche in einer der besseren Gegenden von Moschi, dort, wo die Männer Jobs haben und nicht trinken. Wir hätten eigentlich nach Kidia gehen wollen, in die Gemeinde, in der mein Urgroßvater lebte. Aber Saria hielt das für keine gute Idee. Man sei da nicht auf uns vorbereitet. Es ist schon das zweite Mal, dass er schlecht von der Gemeinde an der Missionsstation redet. Offenbar möchte er nicht, dass unsere Spende in die Hand der Kidia-Leute gerät, er traut ihnen nicht. Es scheint einiges schiefgegangen zu sein mit der Moral in der Gemeinde, seit mein Urgroßvater sie verlassen hat.

Die Kirche ist ein weiß gekalkter Ziegelbau. Wohl groß genug, um 500 Leute zu fassen. Der Altarbereich ist mit einem Zaun eingefasst wie ein Bärengehege.

Es ist der zweite Gottesdienst des Morgens. Einer ist um sieben, der zweite um zehn. Es gibt zu viele Gläubige für nur eine Messe. Das Haus Gottes ist zu klein für all die Kinder Gottes.

Die Glocken läuten schon, alle Gemeindemitglieder haben sich so gut zurechtgemacht, wie es eben geht. Die Frauen haben die Haare hochgesteckt und die gefälschte Gucci-Tasche unter dem Arm. Die Männer haben mindestens eine Stoffhose und ein Hemd an. Wer etwas vermögender ist, kommt im Anzug. Es sind alle Altersgruppen da, von Kindern, die gerade zur Schule gehen, bis zu alten Menschen. Ich traue mich gar nicht, das innerlich mit einem heimischen Gottesdienst zu vergleichen, wo die Kirche ein tröstlicher Ort für Einsame und Ausgestoßene ist.

In Tansania sind in der Kirche kaum Kruzifixe zu finden, Jesus ist hier nicht der hingerichtete Leidensmensch, der sich für die

Sünden der anderen opfert, er ist der Sieger. Der Supermann, dem wir uns alle anschließen wollen. In afrikanischen Kirchen drehen sich über den Köpfen Ventilatoren, es gibt auch so etwas wie ein ewiges Licht, das sich in Europa nur in katholischen Kirchen findet. Allerdings ist dieses Licht hier aus einer roten Leuchtstoffröhre gemacht. Die Kirchendächer sind aus Wellblech.

Saria nimmt uns mit in die Sakristei, wo schon der örtliche Pfarrer und der Vikar warten. Die Sakristei ist gleichzeitig das Gemeindebüro und moderner ausgestattet als alles, was ich bisher in Moschi gesehen habe; es gibt einen neuen Computer und einen Laserdrucker, allerdings auch ein Wählscheibentelefon, bei dem die Scheibe mit einem Vorhängeschloss gesichert ist. Eine Art Wegfahrsperre für Ferngespräche. Die Uhr an der Wand zeigt zwei Minuten vor zehn, auf dem Zifferblatt prangt ein kitschiger Jesus mit Gold-Plastikumrandung in der Machart von Kreuzberger Import-Export-Läden. Es ist eben Platz für viele Geschmäcker in der afrikanischen Kirche.

Vor dem Gottesdienst geht es zu wie in der Kabine vor einem Fußballspiel. Es gibt eine kurze Mannschaftsbesprechung. Saria sagt, er werde uns nach dem ersten Teil des Gottesdienstes vorstellen, dann solle einer von uns etwas sagen, anschließend werde er predigen. Über Thanksgiving, Erntedank.

Er legt seinen Koffer auf den Tisch und öffnet ihn so wie ein Boule-Spieler den Koffer mit seinen Kugeln. Es sind die sparsamen Bewegungen des Profis. Saria holt seine Robe heraus. Sie ist weiß, dazu legt er einen grünen Schal an. Auch die anderen legen ihre weißen Gewänder an. Nun geben sich alle die Hand, wünschen sich Glück, wie vor einem Fußballspiel. Dann ist Anpfiff. Gemessenen Schrittes geht das Trio Richtung Altar. Wir folgen ihnen, die Augen von Hunderten Gemeindemitgliedern im Rücken, und biegen an der ersten Bank vor dem Altar ab, wo wir uns zwischen die Gemeindeältesten setzen.

Ein lutherischer Gottesdienst in Tansania ist mit einem deutschen gar nicht zu vergleichen. Zu Hause ist es ein Priester, der stets einen schwarzen Talar trägt, hier sind es drei in feierlichen Roben. So sieht in Deutschland kein evangelischer Priester aus. Zu Hause spielt die Orgel getragene Lieder, hier singt der Gospelchor zur Keyboardmusik. Die Sänger wiegen sich im Takt, während zur Kollekte aufgerufen wird. Dreimal wird im Gottesdienst jeder vor den Altar gerufen, um sein Scherflein beizutragen. Es gibt keine Kirchensteuer, die Gaben sind also freiwillig, allerdings ist der soziale Druck enorm. An der Kirchenpforte steht ein Schrank mit Fächern, dort entnimmt sich jeder sein Gesangbuch und einen Umschlag für die Spenden. Darauf steht der Name des Gemeindemitglieds. Damit wird für den Priester ersichtlich, wer wie viel gegeben hat und wer unter seinen Möglichkeiten bleibt. Das möchte natürlich niemand.

Während der Kollekte singt der Chor «Baba Asante», «Danke, Vater». Die Gemeinde ist hier kein Publikum, das sich eine Predigt anhört, sondern eine echte Gemeinschaft, in der jeder seinen Platz hat, die jeder zum Überleben braucht. Wer nicht in der Kirche erscheint, wird bald Besuch bekommen, es könnte ja sein, dass man krank ist.

Auch die Liturgie erinnert eher an einen römisch-katholischen Gottesdienst. Die Gemeinde klatscht, antwortet im Chor auf Fragen des Pfarrers, man spricht zusammen Psalmen. Ich wundere mich über das Buch meiner Nachbarin, in dem die Psalmen geschrieben stehen. Erst dann fällt mir der Name des Bandes auf: «Biblia».

Und es werden Gebete gesprochen, die etwa so gehen:

Ee Baba kufa kwake twakutnagaza,
Kufufuka kwake twakukiri,
Kurudi kwake twakutazamia.
Utukufu una wewe, Bwana

Ich weiß natürlich nicht, was das bedeutet. Aber ich weiß ohnehin gar nichts vom Geistlichen. Die Menschen hier denken, ich sei ein frommer Mensch, ein wahrer Nachfahre meines Urgroßvaters. Sie hoffen, dass ich und meine Familie etwas geben können, was er den Menschen damals gegeben hat. Aber ich bin nicht fromm. Ich bin auch kein übermäßiger Sünder, ich bin eben ich. Etwas viel, viel Kleineres als die Menschen in Moschi sich vorstellen können. Ein bisschen schäme ich mich, nur ich zu sein.

Gerade eben wird im Gottesdienst applaudiert, jemand ruft «Amen, Amen», eine Frau ruft «Halleluja». Die Gemeinde kommt langsam in Stimmung. Die Wucht dieser Begeisterung, die Einheit der Menschen verunsichert mich. Bislang habe ich stets mit einer agnostischen Haltung gelebt. Wenn es Gott gibt, ist das gut, wenn es ihn nicht gibt, ist es auch okay. Gott und ich, wir haben uns beide jeweils um unsere Geschäfte gekümmert und sind uns dabei nicht in die Quere gekommen. Ich habe gegen manches Gebot verstoßen, aber ich glaube, nicht gegen die wichtigen. Grundsätzlich hätte ich wohl Chancen, in den Himmel zu kommen. Ich kenne jedenfalls eine ganze Menge Leute, die vor dem Jüngsten Gericht größere Probleme als ich haben dürften. Aber gibt es einen Himmel überhaupt? In Westeuropa gilt das als eine kitschige, naive Vorstellung. Übergroße Gottesbegeisterung wird schnell als eine psychische Störung gesehen. Überhaupt gibt es wenig Begeisterung für irgendetwas. Die deutsche Haltung ist eine von größerer oder kleinerer Zufriedenheit. Mehr oder weniger zufrieden mit der Regierung, unzufrieden mit der neuen iPhone-Software, zufrieden mit dem Tatort am Sonntag, zufrieden mit dem Partner, zufrieden mit dem Sexualleben, unzufrieden mit dem Job. Unser Leben ist eine Gemitteltheit. Frei von Begeisterung. Und dann, wenn wir das Mittelmaß eine ganze Weile gehalten haben, sterben wir und sind Geschichte, oder es bleibt eine Memorialseite auf Facebook, wo man uns jedes Jahr zum Geburtstag etwas auf die Pinnwand posten kann.

Diese Mittelmäßigkeit ist an sich schon schal genug. Aber im Sturm dieser Hingabe, die ich auf meiner Kirchenbank in Moschi erlebe, fühlt es sich an wie absolute Armut.

Saria ruft uns vor den Altar, nun stehen wir da, die Familie Prüfer, wie Ausstellungsstücke. Saria spricht davon, wie geehrt man sei, dass die Familie Gutmann, die Nachfahren des großen Bruno, ihren Weg nach Moschi gefunden hätte. Er spricht von unserer Spende – da gibt es Applaus – und davon, dass man immer gehofft habe, die Gutmanns würden einmal wiederkehren. «The Gutmanns are back home!», ruft er. Die Gemeinde klatscht, jubelt, Einzelne rufen Halleluja. Dann reicht er uns das Mikrophon. Mein Vater spricht als Erster. Eigentlich hasst er es, öffentlich zu reden. Aber hier fühlt er sich wohl. Er spricht sogar englisch. Wenn ich eine Ahnung hätte, wer der Heilige Geist ist, würde ich meinen, er sei auf meinen Vater herniedergekommen. Er bedankt sich für die Gastfreundschaft und beschreibt, welchen guten Eindruck man habe von der Lebendigkeit der Kirche. Die Gemeinde applaudiert wieder. Meine Mutter stellt sich mit Namen vor und wird beklatscht. Dann habe ich das Mikrophon in der Hand. Einen Moment bin ich wie gelähmt. Ich sehe in Hunderte Augenpaare. Alle diese Menschen wollen etwas hören, etwas Frommes. Sie meinen nicht mich. Sie meinen den Mann, der sie vor 70 Jahren verlassen hat. Der sollte wiederkommen, nicht ich. Was ich denke und glaube, ist hier nun nicht von Belang. Und dann höre ich mich sprechen. Nein, Gutmann spricht durch mich.

«Wir Gutmanns leben in Deutschland, einem regnerischen, kalten Land, weit weg von hier, aber wir sind doch nah verwandt mit euch, denn wir haben denselben Großvater, Bruno Gutmann. Bruno Gutmanns Körper ist in Deutschland begraben, aber sein Herz, das wussten wir immer, ist in Moschi beerdigt. Deswegen wollten wir immer hierher zurückkehren, auf der Suche nach unseren Wurzeln. Wir haben aber mehr gefunden, wir haben entdeckt, dass Tansania tief in unserem Herzen verwurzelt ist. Bruno

Gutmann hat vor mehr als 100 Jahren den Gospel nach Moschi gebracht. Und nun habt ihr den Gospel zu uns zurückgebracht. Mit eurer Herzlichkeit, eurer Gastfreundlichkeit, euren Liedern und Gebeten. Dafür möchten wir euch danken. Wir haben gelernt, dass wir nicht nur Brüder und Schwestern mit euch sind, sondern auch in demselben Haus wohnen, dem Haus Gottes. Morgen werden wir Moschi verlassen, wir gehen zurück nach Deutschland. Aber die Sonne werden wir im Herzen tragen. Wir werden für euch beten, und betet ihr auch bitte für uns.»

Diese Worte wären in Deutschland als schwülstig, wenn nicht peinlich aufgenommen worden, aber hier klatschen die Menschen, sie jubeln, rufen Halleluja und Amen. Hier muss ich weinen.

Saria stimmt «Geh aus, mein Herz, und suche Freud» an, das Lied von Gerhardt. Wir singen gemeinsam, jeder wie er kann, in Suaheli, Dschagga und Deutsch. Ich stehe tatsächlich vor einem Altar und singe.

Geh aus, mein Herz, und suche Freud
in dieser lieben Sommerzeit
an deines Gottes Gaben;
schau an der schönen Gärten Zier
und siehe, wie sie mir und dir
sich ausgeschmücket haben,
sich ausgeschmücket haben.

Die Bäume stehen voller Laub,
das Erdreich decket seinen Staub
mit einem grünen Kleide;
Narzissmus und die Tulipan,
die ziehen sich viel schöner an
als Salomonis Seide,
als Salomonis Seide.

Die Lerche schwingt sich in die Luft,
das Täublein fliegt aus seiner Kluft
und macht sich in die Wälder;
die hochbegabte Nachtigall
ergötzt und füllt mit ihrem Schall
Berg, Hügel, Tal und Felder,
Berg, Hügel, Tal und Felder.

Wir fallen wieder auf unsere Bänke. Ich fühle mich wie ein ausgewrungenes Handtuch. Dann folgt die Predigt von Saria. Er gibt alles, fuchtelt, zeigefingert, ballt die Faust. Er lacht, flüstert, poltert. Er ist außer sich und ganz bei sich.

Saria sagt, es gehe beim Erntedankfest nicht darum, dass man etwas von seinem Besitz hergebe und Gott spende. Gott gehöre ohnehin alles. Jeder von uns habe alles, was er habe, von Gott geliehen bekommen, damit er damit etwas Rechtes anstelle. Egal ob wir arm oder reich seien. Mit nichts kämen wir auf die Erde, mit nichts gingen wir. Alles, was dazwischen ist, sei eine Leihgabe Gottes. Zum Erntedank fordere Gott nur einen kleinen Teil dessen zurück, was er uns gegeben habe, um uns an diese große Gabe zu erinnern.

Er erzählt davon, dass er vor zehn Jahren einmal zu einem Erntedank-Gottesdienst eingeladen habe. Es ging darum, einen neuen Zaun für die Kirche zu finanzieren, und es sei ihm nach vielen Bitten des Bischofs gelungen, einen der reichsten Männer der Region, den Besitzer der hiesigen Coca-Cola-Abfüllung, in den Gottesdienst zu bekommen. Es sei ein schöner Gottesdienst gewesen, allerdings manchmal durch das Gackern eines Huhns gestört. Eine alte Frau habe es dabeigehabt, um es nach der Kirche zu spenden.

Nach dem Gottesdienst stand der reiche Mann auf und erklärte, er wolle 20 Millionen Schilling spenden. Damit war der Zaun auf einen Schlag finanziert. Die Gemeinde jubelte und feierte den

Spender. Der aber bat um Stille und sagte: «Jubelt nicht mir zu, das ist gefährlich vor Gott. Ich habe zwar viel Geld gegeben, aber ihr wisst nicht, wie viel ich noch auf der Bank habe.» Er fragte das alte Mütterchen, wie viele Hühner sie besitze. Sie sagte, es sei ihr einziges, sie habe kein Geld, Hühnerfleisch zu essen. Da sagte der Cola-Chef: «Seht ihr, die alte Frau müsst ihr bejubeln, denn sie gibt fast alles, was sie hat. Gott schaut nicht darauf, was man gibt. Sondern auf das, was man behält.»

Ob es sich wirklich so zugetragen hat, lasse ich mal dahingestellt. Es ist die Tansania-Fassung eines Gleichnisses aus dem Neuen Testament. Mit Hühnern und Coca-Cola. Sogar die Predigten werden hier von Coca-Cola gesponsert. Aber immerhin funktioniert es. Die Menschen sind begeistert, Saria hat ihre Herzen erreicht. Ich kann mich nicht erinnern, dass das einmal ein Pfarrer in den Gemeinden geschafft hätte, in denen ich zugegen war.

Es folgt das Abendmahl. Ich knie mit zwanzig anderen vor dem Altar, bekomme von Saria die Hostie gereicht. «Für die Vergebung deiner Sünden», sagt er. Ich nehme sie in den Mund, und mir fällt auf, dass ich den Geschmack nicht kenne. Ich hatte bei meiner Konfirmation die Hostie zwar genommen, aber nicht gegessen, das wollte ich irgendwie nicht. Ich glaube, ich habe sie mir damals an die Wand genagelt. Hier in Moschi erlebe ich mein erstes Abendmahl. Der Wein schmeckt süß auf meiner Zunge. «Hm – 'n guter Tropfen», flüstert mein Vater neben mir.

Der Gottesdienst ist nach mehr als zwei Stunden zu Ende. Wir ziehen singend hinaus. Der Gemeindeälteste kommt auf mich zu. Er spricht gutes Englisch und sagt, er wolle sich verabschieden, bei unserem nächsten Besuch werde er ja vermutlich nicht mehr leben. «Wir sehen uns dann im Himmel!», verabschiedet er sich fröhlich. «Ja, im Himmel», rufe ich ihm hinterher. Es ist das erste Mal, dass mir jemand sagt, er werde wohl bald nicht mehr leben.

Gedacht habe ich das schon öfter, wenn ich mich von Menschen verabschiedet habe. Aber ausgesprochen wurde es nie. Dabei kann es sich so fröhlich anhören. Alles, was Atheisten dagegen zum Tod zu sagen haben, ist seltsam trostlos.

Auf der Heimfahrt ist Saria fertig wie ein Mittelstürmer nach dem Abpfiff, nur dass es heute keine Dusche gibt, sondern noch ein Gebet. «Wir beten noch zusammen, wollt ihr mitkommen?», fragt er.

Meine Eltern wollen nicht mehr zum «großen Gebet» mitkommen, von dem Saria erzählt. Dabei ist es der Höhepunkt des Tages. «Wir beten zusammen für die Nation, gegen die Probleme unserer Zeit, gegen Krankheit.» Es sei wirklich eine schöne Veranstaltung. Sie dauere nur drei Stunden. Zum Beten nimmt man sich hier viel Zeit. Ich sage zu, ich komme mit.

Es ist nun Zeit für meine Eltern, sich von Reverend Saria zu verabschieden. Er umarmt uns nacheinander, er sagt, es sei ja kein Abschied für lange. Denn die Gutmanns würden wieder zurückkommen. Die Gutmanns seien hier zu Hause. Meine Mutter schenkt ihm zwei Weihnachtsengelchen aus Gutmanns Besitz, solche, die auf dem Engelsberg in Ehingen saßen. Eine echte Gutmann-Reliquie. Es ist Pater Saria aber nicht anzusehen, ob die Ehre ihn überwältigt oder ob er lieber ein Geschenk gehabt hätte, für das er sich etwas kaufen kann.

Nachdem wir meine Eltern im Hotel abgesetzt haben, fahren Saria und ich weiter in die Stadt. Ich frage ihn, wie viele Menschen denn da sein werden. Gemeinsam beten kenne ich ja allenfalls aus dem Konfirmationsunterricht. Ich rechne damit, dass wir uns an den Händen halten und gegenseitig vortragen, wie wir uns die Welt schöner vorstellen können. Ob ich das drei Stunden durchhalte? Wann habe ich denn das letzte Mal gebetet? Saria sagt: «Die Leute kommen gerne, wenn gesungen und getanzt wird, aber nicht wenn gebetet wird, dann sind sie lazy.» Er lacht auf. «Vielleicht kommen ein paar tausend.»

DAS ULTIMATIVE GEBET

Sarias Wagen biegt auf das Gelände der katholischen Kirche von Moschi ein. Hierher wäre Bruno Gutmann nie gekommen. Er hasste die katholischen Missionare, sie waren ihm zuwider. Er warf ihnen vor, einfach den Menschen Heiligen-Amulette umzulegen und sie damit für getauft zu erklären. Die römisch-katholische Kirche war ihm ein Graus.

Aber ich bin nun hier, und wir gehen durch Reihen von Plastikstühlen auf die Bühne zu. Es gibt tatsächlich eine Bühne. Ich möchte mich in die erste Reihe setzen, aber eine Frau im Kanga, einem zur Robe geschlungenen großen Tuch, nimmt mich an die Hand und führt mich hoch. Ich halte das für ein Missverständnis. Ich will nicht auf die Bühne, ich will nicht, will nicht, will nicht. Aber habe ich eine Chance? Nein. Also stehe ich auf der Bühne. In der Mitte befindet sich ein Altar, mit einem glänzenden weißen Tuch abgedeckt und mit Blumen geschmückt. Wir verneigen uns vor dem Kreuz, auch das ist eine Premiere für mich. Die Frau führt mich zu meinem Platz. Auf der Bühne stehen 24 Stühle, und auf allen sitzen Kirchenführer. Sie tragen weiße Gewänder, etwas zu weit geschnittene Anzüge, Käppchen auf dem Kopf. Der Einzige, der nicht liturgisch korrekt gekleidet ist, bin ich. Eine spirituelle Wurst zwischen lauter Top-Geistlichen.

Ich habe mein graues Hemd vom Morgen an, dazu eine khakifarbene Hose und sehe aus wie ein verirrter Safari-Tourist. Jetzt wäre ich dankbar, wenn ich wenigstens einen geistlich korrekten Schal hätte oder so. Was mache ich hier? Ich wage einen Blick von der Bühne herunter und erschrecke: Dort sind Zelte und Bänke aufgebaut. Und überall Menschen – Tausende. Ich dachte, vor eine Gemeinde zu treten sei schwierig. Aber nun sitze ich vor der versammelten Christenschaft der Stadt und soll vorbeten. VORBETEN!

Ein Priester tritt auf die Bühne und kündigt einen Chor an. Man singe jetzt gemeinsam einen Gospel, der alle Sorgen und Gedanken aus uns herauswaschen solle, damit der Kopf frei sei für das Gebet. Kaum geht die Musik los, geraten die Geistlichen in Verzückung. Einer breitet die Arme gen Himmel, ein anderer scheint die Noten aus der Luft greifen zu wollen, ein weiterer legt die Hand aufs Herz und streckt die andere nach oben. Beten ist hier offenbar Leistungssport. Dabei hat das richtige Gebet noch nicht einmal angefangen. Ich ernte prüfende Blicke. Die Gottesmänner auf der Bühne scheinen mit meiner Anwesenheit nichts anfangen zu können.

Ich blicke suchend zu Saria, er sitzt auf der anderen Seite der Bühne, weit weg von mir. Dann werden wir aufgefordert zu beten, ein jeder auf seine Art. Unsicher falte ich meine Hände, doch um mich herum bricht eine wahres Performance-Theater los. Zwei Geistliche der anglikanischen Kirche werfen sich sofort auf den Boden. Einer reißt die Arme hoch, so als wolle er Gott umarmen. Ein weiterer verfällt in ein intensives Selbstgespräch und schlägt mit dem Zeigefinger im Takt der Silben, als halte er Jesus gerade eine Standpauke. Es ist ein heilvolles Gezappel auf der Bühne. Alle sind hier Vollprofis darin, Ansprachen an Gott zu halten. Nur ich nicht. Ich bin unter den geschätzt 2500 Gläubigen hier wahrscheinlich der, der am allerwenigsten Erfahrung damit hat. Und ausgerechnet ich sitze hier oben, unter den Augen aller, und soll die Gutmann-Power vom Himmel holen. Ich bete, dass es vorübergehe.

Es fängt aber gerade erst an.

Ein Bischof Bukuku beschwört den Frieden in Tansania, der gefährdet sei, die Muslime hätten Kirchen angezündet. Sie haben Säureattentate auf Ausländer in Sansibar verübt. Wir beten für Frieden in Tansania, ein jeder auf seine Weise, jubelnd, zappelnd, sich auf den Boden werfend. Ich habe die Hände schüchtern gefaltet. Auf dass Gott Frieden schaffe, auf dass Gott die Muslime auf den richtigen Weg lenke. Ich überlege noch, wie Gott das anstellen möchte. Hat er auch die Vollmacht über die Anhänger anderer Religionen, die ihm feindlich gegenüberstehen? Oder gibt es eine Art Duldungsabkommen mit Allah? Oder beten die Muslime mit Allah eigentlich den Christengott an, wissen es aber nicht? Das wäre dann eine ganz schöne Überraschung beim Jüngsten Gericht.

Der katholische Bischof trifft ein. Er ist reichlich spät, deswegen setzt er sich dezent in den Hintergrund, nimmt eine Flasche Kilimanjaro-Wasser, öffnet sie und bekreuzigt sich, bevor er sie ansetzt.

Mittlerweile hat die Kollekte begonnen, unten im Publikum werden große Geldsäcke gewuchtet. Und auch auf der Bühne wird gesammelt. Ein Mädchen verneigt sich vor dem Bischof und hält den Klingelbeutel hin. Er lächelt huldvoll und möchte spenden, findet aber nichts in seinen Taschen, sein Gewand ist einfach zu weit, er rutscht auf dem Plastikstuhl umher, versucht reichlich ungelenk, einen Schein herauszufischen. Das Mädchen, von der peinlichen Situation sichtlich überfordert, ist inzwischen weitergegangen. Schließlich hilft der Sekretär dem Bischof aus. Hektisch winken sie das arme Mädchen wieder herbei und werfen einen Schein in den Klingelbeutel. Wenigstens bin ich hier nicht der Einzige, dem peinliche Dinge passieren.

Ein Vorbeter nach dem anderen tritt auf. Sie machen ihre Arbeit wie bei uns Stand-up-Comedians, treten vor die Menge, rufen: «Halleluja!» Dann tobt schon mal alles auf den Rängen. Zunächst machen sie ein paar Witze, dann lacht das Publikum, dann folgt die Botschaft, es wird plötzlich sehr ernst, sehr ergreifend, dann emotional, dann ekstatisch. Gerade spricht ein katholischer Priester, es geht um Hexerei. Der Glaube an Hexenkräfte sei in Tansania noch sehr stark, sogar der Präsident und einige seiner

Minister würden ihre eigenen Hexen-Doktoren beschäftigen. «Wir wollen kein Tansania, das von Hexenkräften regiert wird!», ruft der Pater. Er fordert alle auf, auf die Knie zu gehen. Alle folgen, auch ich. Ich merke, dass es eine wirklich unangenehme Sache ist, auf einem Bretterboden zu knien. Meine Knie schmerzen wie Hölle, aber das Gebet gegen Hexen will einfach kein Ende nehmen. Es ist wie verhext.

Kaum sind wir damit fertig, werden die Gebete regionaler. Nun beten wir für den Kilimandscharo. Ich habe es in Deutschland noch nicht erlebt, dass für Berge gebetet wird. Aber warum nicht? Schließlich war der Kilimandscharo früher selbst einmal so etwas wie ein Gott, da darf er sich auch von den Christen etwas feiern lassen.

Im nächsten Gebet geht es um die «regionale Sünde» der Moschi-Region: die Totenverehrung. Selbst Christen, so erfahre ich, gingen nachts auf den Friedhof und riefen die Toten an. Dabei sei es nur Jesus Christus, den man anrufen solle. Also bete ich, lauthals wie alle, gegen die Totenverehrung. Ich würde meine tote Oma nie um etwas bitten.

Die Gesamtsituation überfordert mich völlig. Jedes Gebet geht in einen Stimmennebel über, ich verstehe nichts mehr. Ich bete nach Kräften mit, aber bekomme die Worte kaum zusammen. Meine Gebete sind Gestammel, das zum Glück niemand mitbekommt.

Dann tritt der Bischof vor die Massen. Er sagt, dass man sich stets bewusst sein solle, dass Gott den Menschen nach seinem Ebenbild geschaffen habe. Nach seinem Ebenbild! Und dass man sich von der Sünde fernhalten solle. Der Sünde! Man entscheide immer selber, ob man ein Sünder sein wolle oder nicht. Und deswegen sei die Taufe wichtig, man solle sich taufen lassen.

Schließlich kommt das große Gebetsfinale. Die Gläubigen werden aufgerufen, mit ihren ganz persönlichen Anliegen vor die Bühne zu treten. Denn Jesus, das sei klar, werde sich um ihre

Belange kümmern, Jesus vergesse niemanden, Jesus halte sich an seine Versprechen. Die Massen strömen herbei, sie stehen direkt vor der Bühne, alle Priester und ich sind aufgestanden und halten die Hände gen Himmel, um die Gebete der Menschen aufzunehmen. Man mag allerlei Zweifel an Gott haben. Doch wenn man einer Menschenmasse gegenübersteht, die Gott lobt, obgleich die meisten von ihnen bitterarm sind – dann muss man einfach an ihn glauben. Zumindest für diesen Moment. Er muss da sein, zumindest hier in Moschi, jetzt gerade hier. Es kann nicht sein, dass all diese Menschen irren und nur ich mit meinen Zweifeln genau richtigliege. Gott muss hier sein. Ganz genau in diesem Moment bin ich bekehrt. Für einen Augenblick bin ich ein gläubiger Christ. Ich bete. Zwischen uns ist Gott.

Gerade habe ich die Hände hochgestreckt, da fängt mein Handy laut zu klingeln an. Einige Priester drehen sich zu mir um, ich drücke den Ruf schnell weg. Ich hebe die Arme wieder, das Handy klingelt erneut. Diesmal mache ich es aus und bete einfach weiter. Zusammen mit 2500 anderen Christen.

Als die Veranstaltung zu Ende ist, verabschiede ich mich benommen von Saria. Er ist schon wieder sehr geschäftig und hantiert mit seinem Handy herum. Ich erinnere mich daran, dass mein Telefon ja auch geklingelt hatte, und fische es aus meiner Hosentasche. In der Anrufliste erkenne ich, dass gerade mein Vater sehr oft angerufen hat. Ich rufe zurück. «Wo bist du denn, wir machen uns Sorgen!»

«Öh, ich war bis eben gerade beten.»

«Beten? Jetzt mach, dass du nach Hause kommst!»

«Ist denn alles gut bei euch?»

«Nein, nichts ist gut, der Geldautomat hat gerade alle unsere Kreditkarten geschluckt!»

Was meinen Eltern passiert ist: Mein Vater wollte mit der Kreditkarte die Rechnung bezahlen. Das Hotelpersonal aber sagte ihm, dass der Kreditkartenleser kaputt sei. Mein Vater meinte allerdings, das sei nicht sein Problem, wenn das Gerät kaputt sei, auf der Website hätte gestanden, dass es möglich sei, mit Kreditkarte zu zahlen. In der Vorstellungswelt meines Vaters hat etwas zu funktionieren, wenn es schon so auf der Website angegeben ist. Sollte das Gerät kaputt sein, darf man auf der Website nicht behaupten, es wäre möglich, es zu benutzen. Sie hätten entweder das Gerät reparieren müssen oder aber den Eintrag auf der Website ändern sollen. So stellt sich das mein Vater vor. Dass eine Hotelangestellte in Tansania den Webmaster anruft, wenn was kaputtgeht, damit nicht arglose Touristen im Vertrauen auf die Aktualität des Webeintrages ihr Bargeld zu Hause lassen. Aber nun steht er da und kann nicht zahlen. Im lutherischen Hotel ist man aber gelassen. Er könne ja in bar zahlen und das Geld vom Automaten holen. Mein Vater ist aber ungnädig und fühlt sich in seiner Service-Ehre gekränkt. Warum soll er Umstände haben, weil jemand anderes seine Arbeit nicht gemacht hat? Schließlich hat das Hotel ein Einsehen. Der Fahrer des Hotels bringt ihn mit dem Kleinbus des Hotels zum Geldautomaten. Die Bank hat schon zu, was daran zu sehen ist, dass niemand mit einer Kalaschnikow davor steht. Der Automat spuckt kein Geld aus, er schluckt vielmehr die Karte meines Vaters und gibt sie nicht mehr her. Meine Mutter tut im Reflex das, was meine Mutter eben so tut, was man aber eigentlich nicht machen sollte. Sie schiebt ihre eigene Kreditkarte hinterher. Erwartungsgemäß verschwindet die auch. Danach stürzt der Automat ab, meine Eltern starren noch eine Weile auf eine Sanduhr und die Aufforderung «please wait» auf dem Bildschirm. Sie warten, warten. Dann gehen sie.

Als ich im Hotel ankomme, sitzen meine Eltern auf dem Balkon. Ich schlage vor, dass wir auswärts etwas essen gehen. «Auf gar keinen Fall!», poltert mein Vater. «Erst muss unsere finanzielle Situation geklärt sein!» Das Hotel hat meinen Eltern versprochen, sie am nächsten Tag, wenn die Bank öffnet, mit einem

Fahrer dorthin zu fahren, damit man die Karten wiederbekommen könne. Sie haben offenkundig keine Sorge, dass die Kreditkarten gesperrt sein könnten. Fehlerhafte Geldautomaten sind hier wohl keine Überraschung. Ich sage meinen Eltern, dass die Situation doch gar nicht problematisch sei: Das Hotel wolle sein Geld, also werde man bestimmt eine Lösung finden.

Aber es geht eben um Geld. Wir haben keines. Wir sind Tausende Kilometer von zu Hause entfernt in Geldnot, und deswegen weigert sich mein Vater, das Hotel zu verlassen und an einem Ort zu Abend zu essen, wo das Fleisch nicht zu Leder gegart serviert wird – aber dafür trotzdem kalt ist. Ich sage, dass ich mich weigere, dass Hotel nicht zu verlassen, und einfach zum Inder nebenan gehen werde. Mein Vater antwortet barsch, dass ich nirgendwo hingehen werde. Es fehlt nur noch, dass er mir sagt, ich müsse tun, was er sagt, solange ich die Füße unter seinen Tisch strecke, und mich ohne Abendessen auf mein Zimmer schickt. Hey, ich bin 40 Jahre alt! Ich drehe mich um und rausche aus dem Hotelzimmer meiner Eltern. Ich will irgendwohin, nur weg. Nach einigen Metern stoppe ich allerdings. Ich habe eine Eingebung. Sozusagen göttlich. Ich gehe in mein Zimmer und wühle in meinem Rucksack, bis ich sie gefunden habe. Die Flasche Whiskey, die ich heimlich im Duty-Free gekauft habe, kurz bevor mein Vater die Ginflaschen zerdepperte. Damit gehe ich zurück zum Zimmer meiner Eltern. Wir finden an diesem Abend so viel Trost in einer Flasche Whiskey, wie man nur Trost im Alkohol finden kann, sitzen auf der Bettkante in meinem kargen Hotelzimmer und prosten uns mit Zahnputzbechern zu. So schön habe ich noch nie mit meiner Familie Alkohol getrunken. Es ist wie das heimliche Trinken auf einer Klassenfahrt. Und irgendwie ist das Schönste das schlechte Gewissen dabei, so als könne jeden Moment die Tür auffliegen und Bruno Gutmann vor uns stehen, mit vor Missbilligung bebendem Kinnbart.

Am nächsten Tag ist der Rausch verflogen und die Stimmung wieder angespannt. Meine Mutter sitzt am Frühstückstisch, als hätten wir gestern unser Haus verloren. Sie kann kaum sprechen, schaut nur nervös zu Boden. Ich mache ein Witzchen und sage, wenn wir nun in der Küche abwaschen müssten, um unsere Rechnung abzuarbeiten, würde es endlich mal sauberes Geschirr geben. Keiner lacht. Wir steigen in den Hotel-Bus und schweigen, als würden wir zum Haftrichter gebracht. Der Fahrer lässt uns bei der Bank raus. Der Maschinenpistolen-Mann ist schon da, die Typen scheinen Disziplin zu haben. Der Bildschirm des Geldautomaten, der meine Eltern beklaut hat, ist blind.

In der Bank allerdings ist man über den Vorfall weder besorgt, noch ist man sonderlich beschämt. In Deutschland würde man zunächst die Kreditwürdigkeit prüfen oder untersuchen, ob der Automat eine gestohlene Karte eingezogen hat. Hier aber wird nur der Name notiert und dann die Karte überreicht, eine von vielen. Der Bankangestellte sagt, es sei manchmal schwierig mit den Kreditkarten, die könnten schon mal im Schlitz stecken bleiben.

Wir hätten uns noch einige Kreditkarten mehr aussuchen können, aber meine Eltern sind sichtlich froh, wieder ihre eigenen zu haben. Die finanzielle Situation ist geklärt: Der Bankautomat wirft das benötigte Geld aus, wir sind wieder liquide.

Am Hotel wartet schon der Safari-Bus mit unserem Fahrer Hamisi. Es ist ein umgebauter Toyota Landcruiser, ein Geländewagen, auf den ein kastenförmiger Aufsatz geschweißt ist, in dem drei Sitzreihen Platz haben. Es ist Eigenbau, sieht aber vertrauenswürdig aus. Hamisi ist einer jener jungen Tansanier, die ihre Zukunft selbst in die Hand nehmen. Er hat ein kleines Safari-Unternehmen, charmante Umgangsformen und spricht perfektes Englisch. Er wohnt in Karatu, dort ist unsere Lodge, von der aus wir unsere Safari machen wollen.

Es ist ein langer Weg, den wir in diesem Bus durch die Savanne fahren. Hamisi schweigt die meiste Zeit. Es geht vorbei an trockenem Land, das seine Farbe von Rot zu Schwarz zu Weiß wechselt. Wir sehen Dust Devils, kleine Sandtornados, die über das Land jagen.

Wir passieren das Rift Valley, die Stelle, an der die afrikanische und die asiatische Platte auseinandertreiben. «Mit einem Affenzahn», sagt mein Vater. «Da geht es um Zentimeter im Jahr, wo wir gerade fahren, ist erdgeschichtlich gesehen schon gleich der Indische Ozean, der wird hier hineinfließen.» Mein Vater ist überglücklich, wenn er sich mit Gesteinen und Vulkanen beschäftigen kann. Er sagt, geologisch gesehen sei Afrika ein unglaublich hektisches Land.

Wir sehen abgemagerte Kühe, die von Massai-Hirten getrieben werden. Esel, die mit Autoreifen bereifte Karren ziehen. «Massai Express», lacht Hamisi. Er hingegen ist von einem Stamm aus Zentral-Tansania. Wir sehen unendlich viele Hütten am Straßenrand. Kleine Verschläge, aus wenigen Brettern zusammengenagelt. Das ist die Art, wie hier Geschäft beginnt. Eine Hütte kann ein Verkaufsstand für Bier oder Telefonvoucher sein oder für Bananen. Wer kleiner anfängt, legt seine Waren einfach auf die Straße. Oder baut ein altes Fahrrad zum Schleifstein um. Wer über bessere finanzielle Möglichkeiten verfügt, hat einen kleinen Laden aus Backsteinen. Er ist in Blau, Grün oder Orange gestrichen, in Farben, die in Afrika alle besser aussehen als in Europa. Und er kann alles enthalten. Eine Bar («Paris Rost», «Las Vegas Inn» …), ein Mini-Hotel, einen Laden für Hardware, so nennt man hier Haushaltswaren, nicht Computer. Die Läden siedeln sich an den Hauptstraßen an, alles beginnt hier an der Straße, das Leben, die Dörfer, und wenn man an einem dieser schrecklichen Unfälle zwischen Auto und Motorrad vorbeikommt, wird einem bewusst: auch der Tod.

Meine Schwester sagt zu Anna, dass sie sich ja nun auch taufen lassen könne. Anna sagt, sie wolle nicht. Meine Mutter fragt, ob sie das alles, die Gemeinden, die Geschichten, die Gebete, überhaupt nicht beeindruckt habe. Sie sagt: «Nein. Ich habe mit Gott nichts am Hut. Wir gehen ja auch nicht in die Kirche, warum soll ich mich dann taufen lassen?» Schwester und Mutter wollen das Thema nicht vertiefen.

Hamisi muss anhalten, eine Polizeikontrolle. Der Polizist sagt, er müsse seinen Führerschein sehen, Hamisi hat nur eine beglaubigte Kopie. Der Polizist, ein wahres Arschloch mit Sonnenbrille und Oberlippenbart sagt, das reiche nicht. Hamisi gibt ihm 10 000 Schilling. Wir fahren weiter. «Aber hat der nicht gesehen, dass Weiße im Auto sitzen?», fragt meine Mutter. Sie hat noch nicht ganz begriffen, dass wir nun keine bewunderten Gäste und Segensbringer mehr sind. Wir sind jetzt blasse Geldsäcke, die man anstechen muss. Und ein Auto, in dem Weiße sitzen, ist eines, aus dem man Geld quetschen kann.

Wir kommen in Karatu an. Heute ist Markttag, das kleine Städtchen ist von Ziegen, Schafen und Hühnern bevölkert, die dort verkauft werden. Eine Biermarke, «Safari Lager», hat eine Bühne aufgebaut, dort tanzt eine Frau und bewegt ihr Becken obszön. Männer umringen sie und johlen. Ich möchte ein Foto von einem Marktstand machen, aber der zuständige Bauer droht mir, mich mit einer Tomate zu bewerfen. Hamisi erklärt mir, manche würden noch immer böse Geister in Kameras vermuten. Wir fahren weiter, Annette lacht über die Karren, die an den Straßen stehen und Massai-Schmuck offerieren. «Barack Obama Giftshop», «Mrs. Obama Giftshop», «Mrs. Hillary Clinton Giftshop». Sie lässt anhalten und fotografiert, sofort möchte der Verkäufer einen Dollar dafür haben. Hier glaubt man jedenfalls nicht an böse Geister oder will wenigstens dafür bezahlt werden. Es scheint ein gutes Geschäftsmodell zu sein. Ich würde empfehlen, einen «Mrs. Merkel Giftshop» aufzumachen. Damit muss man bei deutschen Touristen ein Vermögen machen können.

Der Wagen biegt kurz hinter Karatu rechts in eine Einfahrt ein – und nach wenigen Metern sind wir in einer anderen Welt, in der Karatu Country Lodge. Wir sehen weiße Häuschen, gepflegten Rasen, blühende Bäume, einen Pool, weiße Menschen. Anna jubelt, hier beginnt für sie der Urlaub.

Als Willkommensdrink bekommen wir einen kalten Melonensaft serviert und werden in die sehr europäische Dinnerkarte eingeführt, man nennt uns das Wifi-Password. Auf den Zimmern gibt es Duschecken, die einem tropischen Wasserfall nachempfunden sind, und sogar einen Kamin, die Moskitonetze sind wie bei einem Himmelbett angebracht. «Das ist das Schönste, was ich je gesehen habe!», ruft Anna – fünf Minuten später ist sie im Pool.

Das Becken ist von blassen Touristen auf Badeliegen umlagert, die sich von schwarzen Angestellten neue Handtücher bringen lassen. Es ist ein seltsames Bild. Und noch seltsamer ist, dass die Touristen diesen Habitus überhaupt nicht ungewöhnlich finden. Sie haben viel Geld bezahlt, um in die Kulisse eines kolonialen Afrikas zu reisen, wo servile Schwarze den Weißen zu Diensten sind. Wo es Lodges, Sundowner und Löwenjagd gibt. Diese Touristen glauben, sie seien in Afrika. Aber sie sind nicht in Afrika. Afrika ist da draußen, hinter der vier Meter hohen Betonmauer, die auf der Mauerkrone mit Glasscherben bespickt ist. Dort, von wo der Lärm des Marktes schallt. Afrika ist der Ort, an den diese Menschen nicht gehen möchten, vor dem sie Angst haben, vor den Krankheiten, vor den Verbrechen, vor den Menschen. In Deutschland wirft man den Ausländern vor, in Paralleluniversen zu leben. Aber was ist diese Lodge anderes als ein Paralleluniversum?

Beim Abendessen sind wir seltsam bedrückt und entzückt zugleich. Ich trinke mein erstes Bier, «Kilimanjaro Lager». Es wird ein Vier-Gänge-Menü gereicht. Mein Vater sagt, jetzt beginne endlich der Urlaub und die Arbeit habe ein Ende.

Gleichzeitig finden wir all die Weißen um uns herum befremdlich. Sie sitzen da mit krummen Rücken, hängen über ihrem Essen ohne Hingabe. Niemand lacht. Ihre Haut knittert, ihre Backen hängen. Gegen die Schwarzen, die uns begegnet sind, sehen sie schlaff und hässlich aus. Sie tragen kurze Hosen und schulterfreie Tops, die mehr Haut preisgeben, als man sehen möchte. Sie tragen Sonnenbrillen auch am Abend. Wir haben in der ganzen Zeit keine kurzen Hosen, keine Tops und keine Sonnenbrillen gesehen, außer jene des Polizisten, der unseren Fahrer abkassiert hat. Wir würden gerne zur Tagesordnung übergehen, aber so ganz geht das nicht. Also sprechen wir ein Tischgebet. «Komm, Herr Jesu, sei Du unser Gast und segne, was Du uns gegeben hat, Amen.» Das Gebet meines Großvaters haben wir noch nie zuvor gemeinsam gesprochen, doch hier in dieser geleckten Lodge-Welt ist es unser Rettungsanker. Wir sind hier nun eine christliche Familie. Die Nachfahren von Bruno Gutmann. Wir sind anders als die anderen Reisegruppen. Wir sind nicht einfach ein paar Leute, die zusammen in Urlaub fahren. Wir gehören zusammen. Wir sind die Gutmanns, die nach Hause gekommen sind.

Es gibt Karotten mit Ingwer, Kürbissuppe, Gartensalat («washed with save water») und Rindfleisch mit Kartoffelbrei und Blaukraut. Mein Vater ist entzückt. Blaukraut in Tansania. Es gibt eine tansanische Weinempfehlung. «Rotwein in Tansania!» Der Abend wird immer besser. Anna schmeckt es auch, sie sagt noch einmal, das Essen bislang sei ja eher «grenzwertig» gewesen, jetzt geben wir ihr alle recht. Auch ich entspanne mich langsam. Ich trinke mein zweites Bier. Mir fällt auf, dass die Etiketten auf der Flasche von «Kilimanjaro Lager» und «Kilimanjaro Drinking Water» beide den Gipfel des Kibo zeigen, aber völlig unterschiedlich sind. Einmal ist der Berg spitz wie der Montblanc, einmal breit. Amüsiert frage ich den schwarzen Herrn, der uns gerade die Crème Caramel serviert, welcher der

Gipfel wohl der richtige sei. Er versteht nicht. Er sagt, das eine sei Bier, das andere Wasser. Ich verweise auf die Etiketten. Der Mann schüttelt den Kopf. Er könne dazu leider nichts sagen, er habe den Kilimandscharo noch nie im Leben gesehen.

Ich schäme mich. Und trolle mich in mein Bett. Mein Bett, das mir viel zu weich und viel zu groß vorkommt.

AUF SAFARI

Am nächsten Tag Safari im Ngorongoro-Krater. Safari geht so: Löwen, Elefanten, Giraffen, Klippschliefer, Nashornvogel, Gnu, Gazelle, Nilpferd, Ibis, Mungo, Zebra, Kuhantilope, Hyäne, Flamingo, Kronenkranich, Wasserbock, Prachtstar, Warzenschwein, Trappe, Milan, Honigfresser, Grüne Meerkatze, Schwarze Meerkatze, Pavian, Büffel, Dingidingi, Leguan, Pelikan – und das alles innerhalb von ein paar Stunden. Wir waren so nah an Elefanten, das wir sie hätten streicheln können. Durften wir nicht, aber wir konnten sie riechen (und sie uns). Wir standen quasi direkt neben einer vier Meter hohen Giraffe und ließen die Krümel unseres Lunchpakets von bunten Staren stehlen. Es ist wie ein Zoo, nur das wir die exotischen Wesen sind, alle anderen sind hier zu Hause.

Wir fotografieren uns gegenseitig vor Giraffen am Strand, filmen begeistert ein Löwenpaar, das sich in den Schatten eines Safari-Autos legt. Es kommt einem wie eine friedliche Szenerie vor, bis wir einen Löwen beobachten, der ein Zebra verspeist, ein Löwenrudel sehen, das Auge in Auge mit einem Büffel steht, der ihm droht, und schließlich eine Hyänenmeute beobachten, die eine Zebraherde hetzt. Man erinnert sich dann daran, dass hier einfach die Natur ist und dass all die Tiere einen selbst essen würden, wenn sie nur Lust dazu hätten. Haben sie aber nicht. Bis auf einen Elefanten vielleicht, der plötzlich im Gebüsch neben uns auftaucht. Er trompetet uns wütend an. Der sei genervt von Menschen, sagt Hamisi und gibt Gas. Er hat Angst um sein Auto. Safari in Tansania ist ein riskantes Geschäft. Man nimmt als Fahrer Tausende Dollar innerhalb von ein paar Tagen ein, aber man muss auch viel investieren. Man braucht Autos, und sie müssen die ganze Zeit unterwegs sein. Man muss Hunderte Dollar auslegen, um Karten für Nationalparks zu kaufen und Plätze in Lodges zu reservieren. Und sobald bei einem Wagen die Benzinpumpe kaputt ist, ist das Geschäft kaputt, und man muss versuchen, genervte Touristen zu beruhigen, die glauben, für all das Geld auch die Sicherheit gekauft zu haben, dass nichts schiefgehe, die meinen, man könne sich von Afrika einfach freikaufen.

Also tut Hamisi alles, um sein Auto zu schützen. Eine Motorhaube, die von einem Elefanten zertrampelt wird, wäre eine Katastrophe. Hamisi erklärt uns, dass die Elefanten nur Teilzeit im Park arbeiten. Nachts gehen sie raus und verwüsten die Felder der Bauern. Die Bauern vertreiben sie. Und deswegen hassen die Elefanten uns Menschen.

Die interessantesten Tiere im Park sind die Touristen. Sie sind überall. Immer wenn es etwas zu sehen gibt, dauert es nur fünf Minuten, bis mindestens fünf Safari-Autos am selben Ort sind. Wir sind die hungrigsten Biester hier.

Unter den Safari-Touristen gebe ich ein lächerliches Bild ab. Ich habe keinen 10×15-Feldstecher, aber vor allem habe ich kein armlanges Teleobjektiv an meiner Kamera. Mit meiner kleinen Knipse bin ich eine Schande für den Park. Einzig mein Vater mit seinem 400-mm-Tele rettet uns ein wenig.

Alle anderen sind besser ausgerüstet. Sie haben Spezial-Tropenhüte, Insektensprays gegen jeden erdenklichen Moskito, der sie hier belästigen könnte, und Hemden mit UV-Schutz. Sie unterhalten sich darüber, welche Lodges gerade den besten Service bieten, in welchen Nationalparks man Nashörner sehen kann oder Leoparden. Nichts hier erstaunt sie noch. Die Löwen aus dem Ngorongoro-Krater sind gut, aber nicht so gut wie die aus der Serengeti. Da muss man hin, die muss man gesehen haben. Sie kennen Tansania wie ihre Survival-Westentasche. Ihr Tansania wohlgemerkt. Ein Land, das von Löwen, Zebras und Gnus bewohnt wird – und von ihnen. Ich stelle mir vor, wie es wäre, wenn Deutschland von schwarzen Touristen besucht würde, deren einziges Interesse es wäre, im Bayerischen Wald Wildschweine zu fotografieren, oder die in der Sächsischen Schweiz auf Rotwild-Safari gingen, ohne von alldem, was es sonst noch in Deutschland gibt, auch nur Notiz zu nehmen. Nicht von den Bauwerken, nicht von der Kultur. Und schon gar nicht von den Menschen, abgesehen vom Hotelpersonal. Empfänden wir das als Beleidigung?

Hamisi sagt, der Großteil seiner Kunden seien Deutsche. Mindestens ein Drittel. Irgendwann möchte der Deutsche offenbar einmal nach Afrika gekommen sein. Er will nicht mit dem Bus von Daressalam nach Mombasa fahren, er möchte Drinks unter Akazien nehmen. Wir Deutschen haben tiefe Gefühle für Afrika. In diesem Sinne bin ich wie alle anderen auch. Wir sitzen in unseren Lodges und glauben, wir gehörten dorthin. Die Bundesrepublik hat nie eine Kolonie gehabt, aber in den Herzen der Deutschen ist Deutsch-Ostafrika noch präsent.

Die Touristen in Tansania sind keine Hippies. Es sind keine Multikulti-Freunde, die glauben, den Rhythmus des schwarzen Kontinents in sich suchen zu müssen. Es sind keine Zivilisationsflüchtlinge und Backpacker. Die Tansania-Touristen kommen aus Stuttgart und Umgebung. Sie wollen raus aus ihrer Beengung und Kälte in die Wärme und die Weite des schönen Afrika. Und sobald sie dort angekommen sind, beginnen sie Afrika vorzuwerfen, dass es nicht so ist wie sie.

Ich höre sie beim Essen in der Lodge meckern. Sie regen sich darüber auf, dass die Straßen schlecht sind, dass man bei den Banken lange anstehen muss. Dass die Leute hier so wenig Englisch können und noch weniger Deutsch. Sie ärgern sich darüber, dass die Menschen in Tansania so schlecht damit umgegangen sind, was wir ihnen hinterlassen haben. Damals, als wir in ihrem Land Eisenbahnen und Kommunalverwaltungen gestiftet haben. Und Menschen gehängt haben. Und sie mit unseren Maschinengewehren umgemäht haben.

Am letzten Abend in Tansania trinke ich einen Tee in der Bar der Lodge. Ich bemerke, dass ich von lauter Landsleuten umgeben bin. Ein junges Paar hat hier auch seinen letzten Abend. Sie sitzen mit einem anderen deutschen Paar beisammen und reden davon, dass es im Nationalpark heute keine Löwen gab. Es wurden Löwen versprochen, aber es gab keine. Der junge Mann hat eine selbstbewusste Frisur und trägt ein blaues Hemd mit hochgekrempelten Ärmeln, wie es in Deutschland Unternehmensberater bevorzugen, die gerade kein Poloshirt zur Hand haben. Seine Freundin rekapituliert, dass sie im Hotel in Daressalam das Wasser aufgedreht habe – und es sei nichts aus der Leitung gekommen. An der Rezeption habe sie nur erfahren, dass sie einfach länger warten müsse, bis Wasser käme. «In Afrika braucht man echt Geduld», sagt ihr Freund. Dann erinnert er sich, dass er von dem Wasser, das in seinem Hotelzimmer zur Begrüßung stand, getrunken habe – und es habe ganz komisch gerochen. Er habe nur einen Schluck getrunken, daraufhin sei ihm die ganze Nacht so komisch gewesen. Die junge Frau sagt, dass man im Nationalpark schon einen Teil im Voraus bezahlt habe – und dann wollten die tatsächlich an der Kasse den vollen Preis haben. «Die hatten das nicht im System! Hätten wir nicht offen gedroht, das bei dem Reisebüro zu melden, wir hätten wohl voll zahlen müssen», sagt sie. Dann erwähnt ihr Freund noch, dass es wirklich ein Problem sei, dass die Leute hier nicht einmal das Notwendigste verstünden. Einem Taxifahrer habe er doch an dem Abend, als es ihm so komisch ging, gesagt, dass er zu einer «pharmacy» wolle, einer Apotheke. Der Mann habe gesagt, das sei sehr weit. Er habe geantwortet, es sei egal, er brauche eine pharmacy. Die Apotheke sei dann nur um die Ecke gewesen, er habe «STOPP! STOPP!» rufen müssen. Der Fahrer habe keine Ahnung gehabt, was eine Apotheke sei. Es scheint eine super Geschichte zu sein, alle am Tisch lachen herzlich. Der junge Mann gegenüber sagt, man müsse mal mit der Eisenbahn in Tansania fahren, dann wisse man die Pünktlichkeit der Deutschen Bahn wieder zu schätzen. Wieder Gelächter. Seine Partnerin pflichtet ihm bei: «Weißt du noch, als wir so glücklich waren, endlich in einem Restaurant Spaghetti mit Tomatensoße zu bekommen, und sie dir dann diesen Riesenberg Nudeln präsentiert haben, mit diesem Riesenberg Käse darauf?» Alle lachen noch einmal.

«Ach», sagt ihr Freund, «in Tansania braucht man Humor, vor allem als Deutscher!» Und der Unternehmensberater-Lookalike bestätigt: «Also wir haben hier echt ALLES erlebt!» Es sind wirkliche Abenteurer. Ich nippe an meinem Tee und denke: Absolut gar nichts erlebt habt ihr. Ihr hättet zu Hause bleiben sollen, dort, wo die sauberen Hotels und die guten Italiener sind. Ihr wollet euren eigenen Grenzen entfliehen und findet überall doch nur eure eigenen Grenzen. Jeder Afrikaner ist freier als ihr. Aber ich sage es nicht. Ich bin feige.

Das Licht geht aus. Stromausfall. «Das ist jetzt nicht wahr!», ruft die Unternehmensberater-Freundin.

Der nächste Tag beginnt um 4 Uhr mit Aufregung. Meine Mutter ist aufgeregt, weil wir fliegen. Weil etwas schiefgehen könnte, weil wir zum Flughafen müssen – und so weiter. Weil es dort Prozedere gibt, Passkontrolle, Sicherheitskontrolle. Wenn meine Mutter aufgeregt ist, wird sie hektisch. Dadurch gehen die Dinge leider nicht schneller, sondern immer langsamer. Wenn Mutter hektisch wird, vergisst sie Dinge. Wenn sie hektisch wird, muss man alles dreimal sagen, bis sie sicher ist, es zu verstehen. Wenn sie hektisch wird, muss sie auf die Toilette. Das alles kostet Zeit. Wenn Mutter hektisch wird, fange ich an zu grollen und bemerke, wie ich einen aggressiven Unterton bekomme. Der macht Mutter noch hektischer. Dann brauchen die Dinge noch mehr

Zeit, dann grolle ich noch mehr. Wenn die anderen Familienmitglieder nicht wären, würden ich und meine Mutter uns gegenseitig so aufschaukeln, dass wir kein Flugzeug besteigen könnten. Wegen Explosionsgefahr.

Der Kleinbus, den wir bestellt haben, holt uns bei unserer Lodge ab und fährt uns zum Flughafen. «Wir sind bestens im Zeitplan», sage ich zu meiner Mutter.

Am Flughafen finde ich allerdings unseren Flug nicht auf der Abflugtafel. Es geht nur eine Maschine um 6 Uhr nach Nairobi, nicht um 7 Uhr, wie ich notiert hatte. Die Sechs-Uhr-Maschine wird gerade aufgerufen. Ich lasse mir die Flugbestätigung reichen und sehe, dass wir tatsächlich eine Stunde früher fliegen. Ich habe die Ankunftszeit in Nairobi mit der Abflugzeit verwechselt. Meine Mutter hat also allen Grund gehabt, aufgeregt zu sein, schließlich sind wir erst kurz vor dem Schließen des Gates am Schalter. Das ist in einem Land wie Tansania, wo Flughäfen schwer berechenbar sind, kompletter Wahnsinn. Allerdings bin ich der Einzige, der nun hektisch wird. Am Check-in-Schalter tippt der Mitarbeiter seelenruhig unsere Namen mit einem Finger in seinen Computer. Offenbar ist es kein Problem, kurz vor Schluss zu kommen. Nachdem er uns die Bordkarten gegeben hat, gehen wir weiter zur Passkontrolle. Direkt hinter uns kommt ein Geschäftsmann angerannt, wuchtet sein Gepäck auf die Kofferwaage. «Sorry, the check-in is closed», bekommt er zu hören. Er bettelt: «Please, please, I have to catch this flight.» Es ist überhaupt nichts zu machen. Wir sind also gerade noch in die Maschine gerutscht. Oder vielleicht auch gerade nicht: Gerade habe ich bei der Immigration Control meine Fingerabdrücke am Fingerabdruckscanner hinterlassen (Fingerabdrücke bei der Ausreise, das gibt es nicht einmal in den USA!), da kommt ein Sicherheitsbeamter auf mich zu. Es gebe ein Problem mit meinem Gepäck. Ein Sicherheitsproblem. Ich werde in ein kleines Büro geführt, der Koffer, der da liegt, ist aber nicht meiner, sondern der von Annette. Ich packe ihn unter der Aufsicht der Beamten langsam aus – und halte dann die Tüte in der Hand, die die Beamten aufgeschreckt hat. Es ist der Beutel mit roter Erde vom Kilimandscharo, die Annette gesammelt hatte. Ich erkläre, das sei Erde. «Erde?» Der Beamte kann es nicht fassen. «Was wollen Sie mit Erde?»

«Sachen pflanzen. Mein Urgroßvater hat hier vor hundert Jahren gelebt, es ist Erde aus seinem Garten.» Der Beamte holt seinen Vorgesetzten, sie krümeln die Substanz in ihren Fingern, riechen daran: «Zweifellos Erde vom Kilimandscharo.» Sie beraten. Offenbar gibt es keine Bestimmung, die den Transport von Erde regelt. Sie entscheiden: Die Erde darf ausreisen. Ich eile zum Flugsteig, vorbei an dem jetzt wütend polternden Geschäftsmann.

Bald sitze ich in der Maschine, eine Propellermaschine von Kenya Airways. Als sie abhebt, sehe ich aus dem Fenster und entdecke den Kilimandscharo. Die Sonne geht hinter ihm auf. Ich winke ihm zu. Hinter uns versinkt der Berg im Morgenlicht.

Anna quiekt verärgert. Sie hat gerade entdeckt, dass Kenya Airways nicht eben über das Filmprogramm verfügt, das KLM auf dem Hinflug geboten hat. Dabei hatte sie sich so auf das Bordkino gefreut! Eigentlich gibt es nur eine amerikanische Komödie zu sehen und einen Mitschnitt der Pressekonferenz von Kenya Airways zur Eröffnung der neuen Fluglinie nach Livingstone. Ich wusste nicht, dass es eine solche Verbindung gibt. Bei der Pressekonferenz halten nacheinander der Marketing Director von Kenya Airways, der Chief Organisation Director und der Chief Executive Director eine Rede. Außerdem bekommen der Botschafter von Sambia und der Tourismus-Minister von Tansania Geschenke. Sie sind in einem Koffer. Was es ist, ist leider nicht genau zu erkennen. Dann wird die feierliche Erstbesteigung der Maschine gezeigt. Es gibt Tänze, Trommeln und Folklore. Am Zielort in Livingstone hält die Tourismus-Ministerin von Sambia, Sylvia Masambo, eine Rede. Sie sagt, in Sambia lobe man das Baby erst, wenn es geboren werde. Und es habe doch ein paar technische Schwierigkeiten gegeben, aber schließlich sei die Maschine aus Nairobi dann doch gelandet und sie freue sich sehr, bei diesem Event dabei sein zu dürfen. Anna sagt, das interessiere sie alles nicht. Aber ich finde, Frau Masambo macht ihre Sache wirklich gut.

SCHUHPLATTLER AM KILIMANDSCHARO

Zu Hause erwartet uns schon Bruno Gutmann in Form einer wissenschaftlichen Anfrage. Herr Krüger aus Leipzig hat sie per E-Mail an uns weitergeleitet. Sie kommt aus dem bayerischen Marktredwitz: «Was wissen Sie über den Verbleib der Gutmann-Krippen?», fragt der Kurator des Egerlandmuseums in der Kleinstadt. Er arbeitet an einer Ausstellung über die heimatliche Krippenproduktion. «Bitte unterstützen Sie uns bei unserem Forschungsvorhaben», heißt es in der Mail. Und weiter: «... der Missionar Bruno Gutmann bezog seit ca. 1930 bis 1947 Krippenfiguren aus Marktredwitz. Die Dammhofner Töpfer Wilhelm Meyer und sein Sohn Karl Meyer belieferten Bruno Gutmann mit Krippenfiguren. Natürlich stand das ‹orientalische› Geschehen von Maria Empfängnis bis Jesu Kreuzigung im Zentrum. Die meisten Figuren trugen aber oberbayerische Gebirgstrachten!»

Die Figuren soll mein Urgroßvater im großen Stil für die Ausschmückung der Krippe in Kidia bestellt haben. Das erstaunt nun auch mich. Mein Urgroßvater war ein Freund des Fränkischen. Er liebte das karge Land mit seinen redlichen protestantischen Bauern. Die Oberbayern sind aber sämtlich Katholiken, und Katholiken mit ihren Marienbildchen, ihrem Weihrauch und ihren Ritualen waren ihm nicht nur suspekt, sie waren für einen protestantischen Missionar das Allerschlimmste.

Es heißt weiter: «Wesentlich für Marktredwitzer Landschaftskrippen und damit auch die Figuren ist eben ein ‹alpiner› Hintergrund und die Menge an weltlichem Geschehen, wie Volkstanz, Schuhplattlern, Jagd, Handwerk, Forstwesen, Wilderei, Prozessionswesen, Beten vor Wegkreuzen. Wieso war das nun für Gutmann attraktiv, sodass er immer wieder Figuren bestellte?»

Der Krippenforscher zitiert aus einem Brief, den mein Urgroßvater an den Töpfermeister Wilhelm Meyer geschrieben habe. Gutmann lobe, dass die Tonfiguren «im höchsten Gebirge Afrikas die Weihnachtsgeschichte den Mohrenländern verkündigen helfen». Schuhplattler am Kilimandscharo? Der Krippenforscher mutmaßt: «Katholische Bräuche zeigen eben auch das Überleben alter außerkirchlicher oder heidnischer Traditionen in einer Volkskirche.» Der Volkstanz hätte also dazu dienen können, den Menschen zu zeigen, dass auch in einer Gesellschaft, die der Industrialisierung entgegenstrebt, Volksbräuche und Folklore bestehen können. Tatsächlich wären dafür die Oberbayern das beste Beispiel. «Abgesehen davon, welchen Wiedererkennungswert Trachten in Leder, Pfauenfederkielstickerei und reicher Federschmuck haben mochten ...»

Ich rufe meine Mutter an. Sie meint, dass ihr Großvater öfters von «fränkischen Figuren» gesprochen habe, die zur Ausrüstung der Krippen am Kilimandscharo gedient hätten. Hat mein Urgroßvater den Menschen in Alt Moschi tönerne katholische Oberbayern als protestantische Franken verkauft? In der Sache des Glaubens waren ihm offenbar alle Mittel recht.

Mein Urgroßvater arbeitet bis 1938 in Moschi. Er veröffentlicht ein weiteres Monumentalwerk, «Die Stammeslehren der Dschagga». Es umfasst drei Bände und liefert eine umfassende Beschreibung aller Riten und Bräuche des Stammes. Die meisten davon werden schon gar nicht mehr praktiziert. Den Kampf gegen den Verfall der Traditionen hat Gutmann verloren. Es bleibt ihm nur die Rolle des Dokumentars. Ein letztes Werk, welches er den Dschagga hinterlässt, ist die Übersetzung des Neuen Testaments in Dschagga-Sprache. Damit ist er endgültig zum Sahuye geworden: zum Altvater. Er hat in den 36 Jahren seiner Missionsarbeit die Dichtung der Dschagga niedergeschrieben, hat ihre Märchen erfasst und das Rechtssystem dokumentiert und spricht zum Ende hin besser Kidschagga als die meisten Eingeborenen. Und niemand nimmt die Sprache ernster als er.

1938 reist Bruno nach Deutschland zu einem Genesungsaufenthalt. Seine Rückreise hat er für den Oktober 1939 geplant. Der Mission hat er schon eine Liste von benötigten Medikamenten geschickt, er will homöopathische Tropfen, Permesin gegen Seekrankheit, Chinin und Mückenschutzcreme. Doch zu dieser Reise kommt es nicht mehr. Im September beginnt der Zweite Weltkrieg, das große Gemetzel, das nichts von den Vorstellungen übrig lassen wird, die man von dem positiven Wirken der Weißen haben kann.

Bruno Gutmann ist 62 Jahre alt und hatte nie vor, seinen Lebensabend in Deutschland zu verbringen. Als seine Heimat hat er das Dschagga-Land erkoren. Sogar sein Grab hat er schon bestimmt, er will im Schatten seiner Kirche begraben werden, mit Blick ins Tal.

Den Zweiten Weltkrieg erlebt er in Ehingen. Während des Krieges schreibt er nur elf Aufsätze, die meisten veröffentlicht er in der Zeitschrift «Die Dorfkirche». Es ist das Zentralorgan der Bauernchristentum-Romantiker. Einmal allerdings hat Gutmann einen großen Auftritt, als er im Mai 1942 auf der Brandenburgischen Missionskonferenz in Berlin auftritt. Der Französische Dom ist vollständig gefüllt. Die Tagesordnung ist nicht sonderlich beeinflusst von den Kriegsereignissen. Zu dieser Zeit stehen die deutschen Truppen in Russland, vom Kessel von Stalingrad ahnt man noch nichts. Und auch noch nichts vom Vernichtungslager Auschwitz. Die zermürbenden Luftangriffe stehen Berlin noch bevor. Die Sorgen auf der Konferenz sind eher, dass sich durch den Krieg die Veröffentlichung missionarischer Schriften verzögern könnte. Und man hofft, bald das Taschengeld für die Priesteramtskandidaten auszahlen zu können, die jetzt noch wegen des länger dauernden Krieges «im Felde stünden». Es wird auch diskutiert, dass das Reichsministerium für kirchliche

Angelegenheiten im April ein Tagungsverbot verordnet hat, deshalb muss leider der Missionslehrgang für Pastoren «bis auf weiteres» abgesagt werden. Es steht auch ein einstündiger Vortrag des «bekannten Seniorien» Bruno Gutmann auf dem Programm. Zum Thema «Die Gottesfrage zwischen Schwarz und Weiß». Unter höflichem Applaus tritt Bruno Gutmann nach vorne. Was er den Zuhörern in der nächsten Stunde zumutet, ist allerhand. Er liest leise vom Blatt ab, in verschachtelten Sätzen und Begriffen, die noch niemand gehört hat. Er spricht davon, dass jede Rasse sich als die eigentlich menschliche sehe – und alle anderen als Barbaren bezeichne, sogar die Eskimos im Norden, dass man sich erst in der Begegnung mit andern Rassen der eigenen Identität bewusst werde. Er mahnt: «Der Afrikaner besitzt aus seiner grundständigen Verfassung heraus das Verständnis für die entscheidenden Voraussetzungen für das Wirken des Himmlischen auf Erden.» Und: «Es leuchtet ein, dass so vom Afrikaner hergesehen, der Europäer als Handlungsträger Gottes nur anerkannt bleiben kann, wenn er ihrem Gottgefühl nicht entgegen handelt.» Es ist ein gnadenloser akademischer Vortrag, dem quasi nicht zu folgen ist. Dazu ist er in den hinteren Reihen kaum zu hören. Und das ist vielleicht auch gut so. Denn Gutmann spricht vom Ansehen, welches der weißen Rasse in Afrika abhandenkommt. Vom vergessenen Gottesauftrag und der unmoralischen Aneignungen der Europäer in den Kolonialgebieten. Er spricht von einer friedvollen Partnerschaft von schwarzen und weißen Menschen, vom Neben- und Miteinander der Rassen. Die Nationalsozialisten und Hitler erwähnt er dabei mit keinem Wort.

Das Lob der Schwarzen und der Tadel am verspielten Respekt der Europäer könnte ihm zu diesem Zeitpunkt zum Verhängnis werden. Denn obgleich Schwarze und Afroamerikaner im Dritten Reich zunächst nicht systematisch verfolgt werden, ist der Standpunkt der Partei doch klar: Schwarze werden als Angehörige einer «minderwertigen» Rasse diskriminiert. Afrikanische und afroamerikanische Kultur wird in der offiziellen Propaganda des Regimes verspottet, ihr bedeutender Einfluss auf die moderne europäische Kunst und Musik bekämpft. Man spricht verächtlich von «Negerkunst» und «Negermusik». Es gilt die Warnung «Hinter jedem Schwarzen steht ein Jude». Bereits 1937 kommt es zu Zwangssterilisierungen von «Bastarden». Seit die Nazis die Rückgewinnung der Kolonialgebiete in Afrika zurückgestellt haben, gibt es keinen Grund mehr, rücksichtsvoll zu sein. In vielen Teilen des Reichs und den von der Wehrmacht besetzten Gebieten werden Schwarze wegen unbedeutender Bagatelldelikte in Konzentrationslager eingewiesen. Vermutlich schützt Gutmann, dass an diesem Tag im Dom niemand seinen Ausführungen so recht folgen kann.

Die Politik interessiert ihn nicht mehr. In seinen Briefen aus Moschi hatte Gutmann noch über politische Themen geschrieben. Er hatte über den «Verrat» von US-Präsident Jefferson an den Deutschen gewettert, weil die Amerikaner in den Ersten Weltkrieg eingetreten waren. Er hatte das gepeinigte, gedemütigte deutsche Volk beklagt. Und die Zeitungen getadelt, die der Verweichlichung der deutschen Jugend zujubelten. «Werdet keine Zeitungshalunken», hatte er seine Söhne gemahnt. Sie sollten sich auch fernhalten von den Parteien.

Sein Sohn Gottfried allerdings tritt als Student der NSDAP bei und ist im Nationalsozialistischen Studentenbund aktiv, wird aber von Hitler persönlich aus der Organisation geworfen, weil er sich bei einer Audienz über das unehrenhafte Verhalten des Studentenführers beklagt. So wird der frühe Nationalsozialist schon amtlich entnazifiziert, bevor es mit dem faschistischen Regime in Deutschland überhaupt losgeht. Hermann hingegen studiert Theologie und ist Mitglied der bekennenden Kirche, die sich gegen die Unterwerfung der Kirche unter den Nazi-Apparat wendet. Er stirbt 1943 beim Russland-Feldzug unter ungeklärten Umständen.

Im Krieg mangelt es an allem, aber Gutmann ist auf Mangel eingestellt. Im Mangel findet er zu seiner wahren Stärke. Was er zum Leben braucht, findet er im Wald. Er sammelt Bucheckern, um daraus einen Kaffeeersatz zu brauen. Der ist für seine Frau Elisabeth besonders schwer zu ertragen, denn sie ist den guten Kaffee vom Kilimandscharo gewohnt. Der Tee wird bei Gutmanns aus Brennnesseln gekocht. Bruno ist gewissermaßen für den Krieg gemacht. Sogar das entsetzliche Dünnbier mundet ihm vorzüglich. Es ist das erste Mal, dass er überhaupt regelmäßig Bier trinkt.

Gutmann hält sich von den Nazis fern, obgleich der Hesselberg geradezu eine Bühne für nationalsozialistische Operetten ist; er gehört zum «Gau Franken», und Gauleiter Julius Streicher lässt dort «Frankentage» abhalten. Das Denkmal für den Schwedenkönig Gustav Adolf, der einst am Hesselberg ruhte, ist 1934 als «undeutsch» gesprengt worden. An derselben Stelle will Streicher sein eigenes Mausoleum errichten. Er ist heute besser bekannt als Herausgeber des «Stürmer», einer antisemitischen Wochenzeitung. Streicher ist fanatischer Antisemit. Seine Hetzschrift vermischt Lügen über eine jüdische Weltverschwörung mit schmierigen pornographischen Geschichten über arische Frauen, die jüdische Männer zwecks Rassenschande bedrängen. Dazu kommen direkte Verleumdungen jüdischer Mitbürger.

Streicher hat den Hesselberg als «heiligen Berg der Franken» betitelt und plant dort eine Ordensburg, die Adolf-Hitler-Schule, die als Elite-Zentrum der SS dienen soll. Es werden nur eine Garage, ein Verwaltungsgebäude und ein Arbeitslager errichtet. Nach dem Krieg wohnen dort Flüchtlinge.

Für Gutmann spielt die Nationalsozialistische Partei keine Rolle. War er in seinen Jahren in Moschi mit dem Herzen in Deutschland, so ist er nun mit dem Herzen in Afrika. So geht es auch in den Jahren nach dem Krieg.

Dass er nie wieder nach Afrika zurückkehren wird, ist schon bald nach dem Krieg klar. Der Direktor der Mission lässt ihn in einem Schreiben wissen, man habe natürlich erwogen, Gutmann wieder nach Moschi zu schicken, «es wurde allerdings geltend gemacht, dass Ihr Alter doch ein Hindernis bedeuten würde, ja schließlich wurde gesagt, dass ich um der Sache willen den Vorschlag fallen lassen möge, weil eben englische und amerikanische Stellen einen 70-Jährigen auf keinen Fall für diese Aufgaben senden würden.»

Es ist für die Leipziger nur logisch, dass sie den alten Mann nicht in Moschi belassen wollen, bis er dort begraben wird. Gutmann gilt als einer der Konservativen, einer, der gegen den Fortschritt ist und in Afrika die Segnungen der Zivilisation nicht sehen möchte. Und natürlich will die Mission auch keine Alleinherrscher am Kilimandscharo gewähren lassen. Gutmann hat das Gebiet um Moschi herum in Nachbarschaften geordnet, hat Bezirksbevollmächtigte und Landwirtschaftsbeauftragte eingesetzt, die darauf achten, dass die Äcker bestellt werden. Er hat Festtage eingeführt und Denkmäler gebaut, hat Zauberer besiegt. Der Ältestenrat hört auf ihn. Seine Autorität ist längst nicht mehr nur geistiger Natur. Die Engländer werden ganz bestimmt keinen deutschen Regionalherrscher akzeptieren.

Und man denkt auch an seine Gesundheit. Gutmanns Kollege Johannes Raum, der stets einen pragmatischeren Ansatz verfolgt hat, starb 1936 an einem Schlaganfall. Wer in Afrika krank wird, dem ist häufig nicht mehr zu helfen. Es ist ein hartes Leben, und die meisten Missionare haben wenig Zeit für gesunde Ernährung. Auch der energische Fritze soll nicht alt werden, er stirbt mit nur 55 Jahren auf einer Jerusalem-Reise an einem Herzschlag. Mit der Abberufung von Missionaren möchte man auch ihr vorzeitiges Ableben verhindern. Damit ist gewiss, dass Bruno Gutmann in Ehingen bleiben würde. «Dann soll der Hesselberg mein Kilimandscharo sein», hat er dazu gesagt.

Die Jahre werden stiller für Bruno Gutmann. Die Mission hat ihren Zauber, ihre Wucht verloren. Die Kolonialmächte sind diskreditiert, die Welt liegt in Trümmern. Überhaupt gibt es keinerlei positive Idee mehr von irgendeiner Mission. Es gibt keine Sehnsucht nach dem deutschen Wald mehr. Keine völkische Romantik. Es ist alles dahin. Im Dorf setzt er sich für gesunde Ernährung ein, keiner kennt sich besser an den Hängen des Hesselberges aus als er, im Wald findet er Bucheckern, und am Schlössleinsbuck, im Osten des Berges, pflückt er Bärlauch.

Seine Schwester Frieda und sein Freund Rother sind nun im Osten, in Leipzig. Rother schreibt ihm, er berichtet ihm von «Rückfällen», die es am Kilimandscharo geben soll. Gestandene Christen nehmen sich plötzlich eine zweite Ehefrau. Das würde nicht passieren, wären dort noch die Missionare vor Ort. Rother fragt auch, ob Bruno Gutmann möglicherweise einige Bände der «Missionsharfe» auftreiben könnte. Das sind Lieder zur Harmoniumbegleitung. Sie sind in Leipzig leider vergriffen, die Verlage haben keine Druckerlaubnis. Das Harmonium ist die Orgel der Missionskirchen. Aber an der Mission hat niemand mehr großes Interesse.

Aber die Gedanken bewegen Bruno Gutmann weiter, er kann nicht aufhören zu schreiben und schreibt auf alles, was ihm in die Finger kommt. Das Papier ist ja knapp. Er findet alte Pappen des örtlichen Schützenvereins, gebrauchte Schießscheiben. Auf die Rückseite notiert er seine Texte, aber niemand möchte sie mehr drucken. In den dreißiger Jahren hat er regelmäßig in der christlichen Zeitschrift «Zeitwende» publiziert. Doch nun will der Herausgeber Otto Gründler von seinen Manuskripten nicht mehr viel wissen. Er bedankt sich artig für den Aufsatz «Der windige Baum» und lobt dessen inhaltliche Tiefe. «Aber Ihre eigenwüchsige und eigenwillige Sprache macht ihn nun einmal zu einer nicht ganz einfachen Lektüre, und es ist erschreckend – wir sehen das aus einem umfangreichen Briefwechsel mit den

Lesern – wie wenig man dem heutigen Durchschnittsleser noch zumuten darf.» Das Niveau sei leider noch einmal abgesunken und auf diesem Niveau habe man leider keinen rechten Zugang zu der Sprache eines Bruno Gutmann. Auch sein Freund Paul Rother klagt, er finde keinen Verleger für seine afrikanischen Tiergeschichten. Tiergeschichten. Dafür hätte man in früheren Zeiten ohne Probleme einen Verlag gefunden.

Doch je stiller es um Gutmann wird, desto lauter werden die Geschichten in seinem Kopf. Wenn der Wind scharf von Westen her weht und der lehmig-satte Boden beim Spazierengehen unter seinen Füßen schmatzt, kommen die Zeilen wie von alleine. Sie trösten ihn, wenn er an seinen gefallenen Sohn Hermann denkt, wenn er spürt, wie die Kälte in seine Knochen kriecht, und er an die unerreichbare Ferne Afrikas denkt. Es sind Bäume, Bäume, Bäume in seinem Kopf.

> Erfüllt ist nun der alte süße Traum
> Und Frühlingsknospen trägt der Menschheit Baum.
> Das Edelreis, der Herre Christ
> Nun eine volle Krone worden ist.
> Drin löst der Sturm nur Lieder aus
> Voll Friedensklang und Kampfgebraus,
> sie schattet jedem müden Leib,
> Dass Kraft und Mut ihm dennoch bleib.
> Ein Strahlnspiel voll Himmelssinn
> Wirft sie auf Leidensdunkel hin
> Und spannt die Äste weltenweit
> Zu einem Haus der Ewigkeit.

Und da ist noch ein Gefühl in ihm: dass er Gott näher kommt, wenn er in den Wäldern ist. Dass der Baum die eigentliche Verbindung zwischen Himmel und Erde ist. Und sich dann ein besonderes Gefühl in ihm ausbreitet. Es ist das Gefühl von Weihnachten. Ein Weihnachten, das nicht nur an einem Tag im Jahr, sondern ein Grundklang des Lebens ist. Eine Botschaft des Baumes. Und je höher er den Berg hinaufsteigt, je näher er zum Himmel strebt, desto klarer wird ihm, dass er ein Buch noch schreiben muss. Ein letztes. Das Weihnachtsbuch.

MONSTER UND LUTHER

Es vergeht Zeit nach unserer Rückkehr. Ich habe das Gefühl, dass ich Abstand brauche. Ich muss irgendwie wieder in Europa ankommen. Es ist so einfach, in einer europäischen Blase nach Tansania zu reisen. Man kann in klimatisieren Fahrzeugen von Lodge zu Lodge reisen, kann sich so bewegen, dass man nur Menschen trifft, die perfektes Englisch sprechen und im Tourismus arbeiten. Man trinkt Bier, das nur für Touristen gebraut wurde, und sogar Wein, der für Touristen angebaut wird. Man reist in dieser Blase ein, und man kann in dieser Blase ausreisen. Wenn man allerdings diese Blase einmal verlässt, wenn man einmal aus dieser Komfortzone heraustritt, dann ist man wirklich in Afrika. Und von diesem Moment an reist Afrika mit. Wenn man ins Flugzeug steigt, checkt Afrika mit ein. Es steigt mit ins Taxi, wenn man aus dem Terminal kommt. Es ist immer da.

«Du kannst Afrika nicht europäisieren, es wird dich afrikanisieren», hat mein Urgroßvater einmal gesagt. Jetzt weiß ich, was er meinte. Mein Afrika ist nun in einer weißen Plastiktüte. Es sind mehrere Kilo Kilimandscharo-Kaffee, ein Beutel Blüten, aus denen man diesen seltsamen roten Saft herstellt. Ich werde mich nie trauen, ihn zu kochen. Wer wird ihn probieren wollen? Wem würde er schmecken? Würde er mir schmecken? Kann man diesen Saft außerhalb von Tansania trinken? Ich habe eine Salatschüssel aus Holz gekauft, geschnitztes Besteck, das mit Antilopenköpfen geschmückt ist. Ich habe Holztiere für die Kinder gekauft. Saria hatte mir gesagt, dass die Dschagga selbst diese Schnitzereien lieben – aber selten genug Geld haben, sie zu kaufen. Nur deswegen habe ich sie erworben, weil ich das Gefühl hatte, es sei nicht nur ein Touristenartikel. Und dann ist da das

Tuch, das mir die Massai geschenkt haben. Und der Schmuck, das große Kreuz, welches mir der Häuptling umhängen ließ. Und die Tunika, die man mir nach dem Gottesdienst umgehängt hat, ein Altartuch, dass ich für einen aberwitzigen Betrag ersteigert habe. Und die Samen, die ich gesammelt habe, in der blöden Hoffnung, man könne die Schönheit der violett blühenden Bäume nach Berlin holen.

Ich kann nun verstehen, dass Bruno Gutmann im Hesselberg nur den Kilimandscharo sehen konnte. Afrika ist nie aus seinen Knochen gewichen.

Der Plastikbeutel mit Afrika drin steht lange zugeknotet neben meinem Schreibtisch. Er ist wie eine Kapsel. Als ob darin der Geist eines Landes steckt, der entfliehen könnte, wenn ich sie öffnete. Ich mache mich lächerlich; als ob ich so etwas festhalten könnte.

Wie golden das Licht in Tansania ist, versteht man erst, wenn man wieder nach Berlin kommt. Wir leben tatsächlich in einem grauen Land. Das habe ich vorher nie so gesehen, doch das Licht in Deutschland ist gedämpft. Es ist so, als würde hier nur das Restlicht, das Afrika übrig gelassen hat, verstreut. Angeblich entstand die weiße Hautfarbe der Menschen im Norden dadurch, dass ihre Haut durchlässiger werden musste, um Vitamin D produzieren zu können. Wenn man aus Tansania in den deutschen Herbst zurückkehrt, kann man das bestens verstehen. Deutschland ist ein Land, in dem man mehr hat – aber man braucht auch mehr.

Von Saria höre ich länger nichts mehr. Ich habe ihm geschrieben und mich für die Gastfreundschaft bedankt. Aber es kam keine Mail zurück. Saria scheint niemand zu sein, der dem Glauben anhängt, dass man Freundschaften auf Tausende Kilometer Entfernung halten kann. Wenn man einander nicht gegenübersteht, gibt es nichts zu sagen. Ich habe 1500 Facebook-Freunde, ich kenne Menschen in Dubai und Kambodscha und New York. Und ich habe natürlich die Illusion, dass es trotzdem Freundschaften sind. Man hat doch alle Möglichkeiten zur Kommunikation, man kann Worte, Bilder und auch Musik rund um die Welt schicken. Aber eben keine Taten. Wer nicht da ist, ist für Saria nicht da. Es ist leicht, in Europa zu sein und an Afrika zu denken. Es ist nicht viel schwerer, Geld zu spenden. Aber Geld bleibt schnell an den vielen Händen kleben, durch die es geht. Geld allein hilft nicht, es helfen die Menschen, die vor Ort sind. Das hat Saria immer wieder gesagt. Wir sollten nach Afrika ziehen, in Afrika könnten wir Wunder bewirken. Nun bin ich abgeflogen, habe spielend eine enorme Distanz überwunden. Ein paar Stunden hat mich das gekostet. Aber kein einziger der Menschen, die ich getroffen habe, könnte mir folgen. Für mich existierte die Entfernung nur in einem abstrakten Sinne. Für die Menschen vor Ort ist es ganz konkret eine unüberwindliche Landmasse. Ein Kontinent, in dem junge Leute aus allen Gegenden nach Norden streben, an die Küste. Das Meer, das sie dann vor sich sehen, ist für sie eine tödliche Gefahr. Es ist dasselbe Wasser, in dem Sardinien-Urlauber ihre Füße baden. Aber je nachdem, aus welcher Perspektive man es betrachtet, ändert es seine Bedeutung. Und je nachdem, aus welcher Perspektive man Afrika betrachtet, ändert es seine Bedeutung.

Ich bin nun wieder auf der Seite, in der man wohlig die Füße in Wohltätigkeit badet. Und Saria scheint das genauso zu sehen.

Eines Tages kommt dann doch eine Mail von ihm.

Es schreibt, er sei in London, habe leider all sein Geld verloren und bittet, man möge ihm welches schicken. Er brauche wirklich Hilfe.

Ich melde mich bei meinen Eltern, sie haben die Mail auch bekommen und wollen bei der Leipziger Mission fragen, ob Saria wirklich in London sei.

Einen Tag später kommt eine weitere Mail von ihm, eine Rundmail. Er schreibt, dass sein Account von Betrügern gehackt wurde, entschuldigt sich bei allen, die beunruhigt waren.

Ich will in die Kirche. Ich kann mich an die Kirchgänge meines Lebens gut erinnern. Da war zum einen Weihnachten. Vor allem Weihnachten. Ich erinnere mich an kein Weihnachten, an dem ich keine Kirche von innen gesehen habe. Allerdings auch an keines, an dem ich mir hätte vorstellen können, öfter in die Kirche zu gehen. Die Weihnachtspredigt handelte immer zunächst von allen Katastrophen, die auf der Welt so geschehen waren. Es waren stets eine ganze Menge, und ich war als Kind erstaunt, was die Welt für ein unbarmherziger Ort war. Nach einer halbstündigen Weihnachtspredigt kam mir unser Örtchen Eberstadt wie der einzige Fleck auf Erden vor, auf dem es sich halbwegs aushalten ließe. Die Gemeindemitglieder allerdings bekamen kräftig die Leviten gelesen. Die Bürger der Gemeinde Eberstadt nämlich erkannten die Gnade Gottes nicht und gingen nicht oft genug in die Kirche. Und die Kinder Eberstadts freuten sich an Weihnachten nur über die Geschenke, vergaßen aber die Geburt Christi. Es wurde in der Predigt ziemlich klar: Wäre Eberstadt ein Ort im Alten Testament gewesen, hätte Gott mal kurz auf die Erde getippt, damit sie sich öffnete und diesen Hort der Undankbarkeit vertilgte. Letztlich hatten die Eberstädter nur Glück, dass die Bibel schon fertig geschrieben war, sonst hätte sich Gott diese Episode nicht entgehen lassen. Zum Schluss wurde «Oh du Fröhliche» gesungen, das stimmten die Eberstädter mit sichtlicher Erleichterung an. Sie hatten es mal wieder geschafft. Man wünschte sich vor der Kirche gegenseitig frohe Weihnachten – dann sah man sich erst im nächsten Jahr wieder.

So hätte ich es weiter halten können, mein ganzes Leben lang. Allerdings höre ich die Glocken. Sie läuten mir ins Schlafzimmer. Jeden Sonntagmorgen höre ich sie, sie rufen mich. Die Kirche ist nur drei Minuten zu Fuß entfernt. Ich wohne praktisch in derselben Straße. Die St.-Thomas-Kirche hat ein tonnenförmiges Backsteingewölbe, zwei kleine Türme. Und sie ist MEINE Kirche. Ich zahle Steuern dafür. Ich sollte zumindest mal vorbeischauen, ich sollte die Pfarrerin kennen. Allerdings ist es immer Sonntag, wenn die Glocken läuten. Gott ist da wahnsinnig unflexibel. Sonntag ist der Tag, an dem ich ausschlafen kann. Ich kann mir einen Kaffee machen und im Bett Zeitung lesen. Deswegen kommen Gott und ich da nie zusammen.

Das erste Mal, dass ich nach meiner Reise in der Kirche bin, ist an Halloween. Ich bin einer der wenigen Männer meines Alters, für die Halloween ein Feiertag ist, den sie aus ihrer Kindheit kennen. Ich habe mir nie Gedanken gemacht, woher es eigentlich kam. Es war einfach da. Ich wohnte nämlich in Eberstadt am Fuße des Frankensteins. Der Frankenstein ist ein Berg, der von einer Burg gekrönt wird. Und dort findet schon seit den 70er Jahren ein Halloween-Fest statt. Es wurde von den Amerikanern gefeiert, die zu der Zeit in Darmstadt stationiert waren. Die fanden den Namen Frankenstein großartig, weil es sich ja wie das Monster anhörte. Dementsprechend war der Frankenstein Ende Oktober auch stets von Monstern bewohnt. Es tummelten sich dort allerlei Horrorclowns, Vampire und Zombies. Meine Eltern gingen einmal mit uns auf das Kinder-Halloween-Fest, da waren auch viele Werwölfe unterwegs, die warfen mit Bonbons. Nachts heulte von der Burg Geistergeschrei und Kettenrasseln ins Tal hinab. Außerhalb von Eberstadt wurde nirgends Halloween gefeiert. In den 90er Jahren wurde es dann für ganz Deutschland entdeckt. Jedenfalls fing ich irgendwann an, wie selbstverständlich den Kindern einen Halloween-Kürbis zu schneiden, mit ihnen Hexenkostüme zu basteln sie mit Kunstblut zu beschmieren.

Ich dachte mir nichts weiter dabei, bis meine Mutter mir sagte, dass Halloween am Reformationstag stattfinde. Und das an sich sei schon eine Sünde. Vom Reformationstag hatte ich noch nie etwas gehört. Ich überlegte, ob der auch von der Karnevalsindustrie erfunden sein könnte, bis ich erkannte, das es der wichtigste

Festtag des protestantischen Glaubens ist. Am 31.10.1517 soll Martin Luther seine 95 Thesen an das Portal der Kirche in Wittenberg genagelt haben. Mich wundert das ein wenig. Sind nicht die Amerikaner großenteils Protestanten? Verkleiden die sich am höchsten Feiertag als Monster und Hexen?

Am Reformationstag sind die Kinder und wir als Eltern zu einer Halloween-Party eingeladen. Ich aber entschließe mich, in den Reformationsgottesdienst zu gehen. Vielleicht ist es ja auch eine Ausrede, nicht Würstchen in Fingerform essen zu müssen. Jedenfalls fühle ich mich gut, als ich am Abend die Kirche ansteuere. Im Abenddunkel leuchten die Fenster einladend, und drinnen wird schon gesungen. Es ist ein seltsames Gefühl: Ich gehe erstmals in Berlin nicht nur in eine Kirche, ich gehe in MEINE Kirche zu MEINER Gemeinde. Das ist mehr Heimeligkeit, als ich innerlich zulassen möchte. Ich habe mich ja wohl ein Leben lang von Gott losgesagt, bin teils als glühender Atheist und dann zumindest als gleichgültiger Agnostiker durch das Leben gegangen, ich habe wohl jedes logische Argument gegen die Existenz Gottes ins Feld geführt, dass es gibt. Und jetzt gehe ich mit einem Wohlgefühl in die Kirche. Ich muss völlig retardiert sein, denke ich. Ich bin doch wohl links. Linke haben nichts mit Gott zu tun. Hoffentlich sieht mich niemand.

In der Kirche singt der Chor, die Orgel spielt Bach, von meiner Gemeinde kenne ich glücklicherweise niemanden. Die Thomas-Gemeinde in Berlin war einmal eine der größten protestantischen Gemeinden der Welt. 1887 zählte sie 150000 Mitglieder. Der Tonnenbau, in dem jetzt vielleicht noch 150 Stühle stehen, bot 3000 Gläubigen Platz. Es war zu der Zeit, als sie erbaut wurde, die größte Kirche Berlins. Davon kann man sich anhand der vielleicht 60 Leute, die hier heute den Gottesdienst feiern, keinen Begriff mehr machen. Der Zustand der Gemeinde ist so schlecht – sie bräuchte dringend einen Missionar.

Dann erst erkenne ich den Prediger. Es ist tatsächlich Bodo Ramelow. Der von den Linken. So einer, der sich auf Marx beruft, ist Christ und darf hier reden? Ramelow redet. Er redet vom Wiederaufbau Jerusalems bei Jesaia und kommt davon auf die aktuellen Probleme im Nahen Osten zu sprechen. Er redet vom Krieg in Syrien, dann kommt er auf das Flüchtlingsdrama vor Lampedusa. Er spricht von Investmentfonds, die massenhaft Land in Afrika aufkaufen und dort Monokulturen für unseren Biodiesel pflegen. Er redet von Fischern, die zu Schleppern werden, weil ihre Fischgründe leergefischt sind, von Familien, die in den Westen fliehen, weil der Westen ihre Heimat unbewohnbar gemacht hat. Und davon, dass jeder etwas gegen Globalisierung tun müsse, indem er regionale Produkte kaufen möge und dass man Flüchtlinge im Sinne des Apostels Paulus behandeln solle: Zum Wohl des anderen. Ramelow hat in zwanzig Minuten alles Unheil der Welt vor unsere Füße geschüttet. Das ist das Gefühl, das ich kenne, von früher, aus dem Konfirmationsunterricht. Demut, Demut, Demut. Als ich aus der Kirche komme, bin ich niedergeschlagen. Bodo Ramelow hat mir einen tüchtigen Haken verpasst. Da hätte ich ja gleich zu den Zombies gehen können, denke ich. Da hätte es wenigstens Tomatensuppe mit darin schwimmenden Augen gegeben. Ich werde mich wohl damit abfinden müssen. Kreuzberg liegt nicht am Kilimandscharo.

Meine Eltern haben sich von der Reise schnell wieder erholt. Ich hätte erwartet, dass sie lange müde und niedergeschlagen sein würden, aber sie kommen förmlich erquickt vom Kilimandscharo zurück. Dass hätte ich nicht für möglich gehalten. Mein Vater hat all seine Fotos sortiert. Früher veranstaltete er nach einem Urlaub immer einen Diaabend. Dann schaute man den ganzen Urlaub noch einmal an, von der Abreise bis zur Rückkehr, eingerahmt von vielen Sonnenuntergängen. Es war ein meditatives Erlebnis, ein solcher Abend. Heute gibt es so etwas nicht mehr.

Aber dafür hat mein Vater nun sein iPad, und darauf funktionieren die Diashows ganz genauso gut. Er hat aus den Tagen in Tansania eine Bilderschau gemacht. Viele Bilder von Pater Saria, Bilder, auf denen er bedeutend den Arm hebt, auf denen er predigt, auf denen er durch seine Felder stapft. Und natürlich der Kilimandscharo bei Sonnenaufgang. Sonnenuntergänge gibt es nicht zu sehen. Und dann sind da Bilder von Tieren, mein Vater hat sie alle fotografiert, vom Elefanten bis zum Dingidingi. Es sind mehr als dreißig Vögel und Säugetiere. Ich weiß nicht, ob mir dreißig wildlebende Tiere in Deutschland einfallen würden.

Meine Schwester hat für uns ein Fotobuch zusammengestellt mit all den Fotos, die sie gemacht hat. Und noch mehr: Sie hat manche Bilder mit Photoshop bearbeitet. In einem Baum lungert nun ein Leopard herum, sie hat ihn hineinmontiert. Sie meint, so hätte man spektakulärere Urlaubserinnerungen, und hat auch Giraffen, die Löwen angreifen, in die Landschaft montiert und sprintende Elefanten. Ich wünschte, meine Schwester hätte schon damals die Diavorträge meines Vaters frisiert.

Anna hat ein Bild gemalt, darauf sind Elefanten mit mächtigen Hintern. Und mein Vater, der wild mit den Armen fuchtelt, weil sich im Nationalpark ein dicker Käfer auf sein frischgestärktes Safari-Hemd gesetzt hatte. Mein Vater hat panische Angst vor Insekten. Für Anna war das der Höhepunkt des Urlaubs. Sie hat ihre Haare jetzt dunkel gefärbt und zieht nur noch schwarze T-Shirts an. Außerdem schminkt sie sich bleich und redet wenig. Dafür hört sie umso lautere Musik. Sie ist nun Metaller, sagt sie und hört Metalcore und Death Metal. Es sind Bands wie «Bullet For My Valentine», die mit ihren Gitarren eine Klangwand aus Stahl bauen. Dieser Sound brüllt nun tagein, tagaus aus Annas Zimmer und stellt Annettes Nerven auf die Probe. Ihre Tochter war ein Kind, als sie nach Afrika fuhr, nun ist sie ein Teenager.

Eines Tages telefoniere ich mit meinen Eltern, ich habe schon länger nichts mehr von ihnen gehört. Meine Mutter ist beschwingt. Sie sagt, dass sie mit ihrem Mann ein Wochenende in Leipzig verbracht habe. Sie sei von der Leipziger Mission zu einem Suaheli-Kurs eingeladen worden, die Grundlage der afrikanischen Sprache. Meine Eltern sind begeistert von den Leuten, die sie bei dem Seminar getroffen haben, das seien alles junge Menschen, schwärmt Mutter, sehr interessiert. Und natürlich auch sehr interessiert an dem, was meine Eltern zu berichten haben. Denn damit, dass sie von Pater Saria herumgeführt wurden, konnten sie durchaus beeindrucken. Eine Audienz bei Pater Saria ist nämlich etwas Besonderes. Dass er sich eine ganze Woche Zeit nimmt, kommt so gut wie nicht vor. Natürlich haben meine Eltern auch von dem Essen mit dem Bischof erzählt und waren damit endgültig der Mittepunkt des Kurses. Es war ein großartiges Wochenende in Leipzig.

Ich bin so beeindruckt, dass ich fast vergesse zu fragen, warum sie eigentlich Suaheli lernen wollen.

«Weil wir nach Afrika zurückwollen», sagt meine Mutter.

WIEDER WEIHNACHT

«Der Weihnachtsschimmel» heißt die erste Geschichte, die Bruno Gutmann als Eröffnung seines Weihnachtsbuches schreibt. Es soll ein Buch werden, das die allumfassende, tröstende Kraft des Weihnachtsfestes umschreibt. Für Bruno ist Weihnachten die Begegnung des Menschen mit Gott. Weihnachten strahlt über das ganze Jahr hinaus. In seinen Augen ist die Welt längst eine Weihnachtswelt geworden, der Fichtenwald ein mystischer Weihnachtswald. Dort hält man Zwiesprache mit dem Allerhöchsten. So wie die Dschagga ihre Geister einst in den Hainen vermuteten, so ist auch für Gutmann Gott in den Wald gezogen. Die Nadelbäume sind die Brücken in den Himmel, das Moos ist Gottes Bett. Hier, wo man auch am Tage den Himmel nicht sieht, weil die dichten Kronen sich über dem Wanderer schließen, dort ist die Schöpfung noch so, wie Gott sie gedacht hat. Es ist gewissermaßen die originale Wohnzimmereinrichtung des Schöpfers. Ein Zimmer voller Christbäume.

Der «Weihnachtsschimmel» ist das kleine Pfefferkuchenpferd, das Gutmann als Kind Weihnachten geschenkt bekommen hatte – und das schließlich von den Mäusen gefressen worden war. So ein Pfefferkuchenpferd, schreibt er, sei ein typisches Geschenk der Paten an ihre Patenkinder. Das Pferd nämlich – der Schimmel insbesondere – werde schon von alters her als göttliches Symbol verehrt. Die Dorfsippen hätten früher einen prächtigen Schimmel gehalten, dem als Reittier Gottes gehuldigt worden sei. Ja, noch im 19. Jahrhundert habe es Weihnachtsumritte mit Schimmeln in den Dörfern gegeben. Auf Pfarrhöfen im Allgäu sei traditionell der Priesterschimmel gehalten worden. Und es sei wohl kein Zufall, dass Jesus im Matthäus-Evangelium 21,

Vers 1 bis 9, vor dem Einzug nach Jerusalem ein Reittier verlangt habe. Das sei dann zwar ein Esel gewesen, nur dürfe man den arabischen Esel nicht mit dem europäischen verwechseln. Letzterer sei vielleicht ein «kleines Grautier», der stolze Maskatesel mit seinem schneeweißen Fell stehe einem Pferd aber in nichts nach. Und schließlich endet sein Aufsatz mit den Apokalyptischen Reitern in der Offenbarung des Johannes, von denen der erste mit einer Krone hoch auf einem weißem Ross reitet, gefolgt von den Reitern mit blutverschmierten Gewändern. «Mit Weihnachten ist Gott uns so nahe gekommen, dass wir ihm nicht mehr ausweichen können.» Der weiße und der rote Reiter zwingen uns zur Entscheidung zwischen dem Himmelreich und dem Blutvergießen. So lautet Gutmanns Weihnachtsbotschaft. Sie beginnt mit einem Lebkuchenpferd und endet mit der Apokalypse.

Bruno nimmt allerlei Weihnachtsverse hinzu, dazu auch Lieder, die er für die Blockflöte geschrieben hat. Er entwirft ein Inhaltsverzeichnis, lässt alles fein säuberlich von Elisabeth abtippen und schickt es an den Zeitwende-Verlag. Die Absage an den «Lieben Herrn Doktor» kommt prompt: «Leider aber ist es uns jetzt ganz unmöglich, zur *Zeitwende* hinzu noch etwas in den Verlag aufzunehmen.» Der Münchner Beck Verlag, der zuletzt die «Stammeslehren der Dschagga» verlegt hat, antwortet, von den Gedichten habe einen vieles angesprochen, «aber wir sehen nun ganz deutlich, dass dieses Buch bei uns nicht am richtigen Platz wäre».

Auch der fromme Ehrenfried-Klotz-Verlag in Stuttgart meint, leider könne man keine neuen Autorenbindungen eingehen. Die Evangelische Verlagsanstalt in Ost-Berlin schreibt schließlich: «Betrachtungen über Weihnachtsbräuche, eine so starke Betonung des Weihnachtsbaumes, sind in dem einen evangelischen Verlag für den Osten nicht ganz am richtigen Platz, zumal wir durch ein schmales Papierkontingent uns nicht die Herausgabe einer größeren Anzahl von Weihnachtsbüchern erlauben können.» Jeder Verlag gibt das Manuskript zurück mit den zuversichtlichen Wünschen, man werde es ganz bestimmt woanders unterbringen können. Fünf Jahre sucht Bruno Gutmann nach einem Verleger. Dann gibt er auf.

Fortan schreibt er keine Bücher mehr, er verfasst noch Beiträge im Missionsblatt «In alle Welt», sein letztes Organ ist der «Evangelische Lutherische Familienbote», ein mit einer Heftklammer zusammengehaltener Rundbrief für «Tetschen-Bodenbacher Glaubensbrüder und Schwestern in Nördlingen, Umgebung, Südbayern und in der Zerstreuung». Mal erklärt er darin die Bedeutung des Tischgebetes, mal das «Geheimnis um die Kindschaft Gottes».

Jedes Jahr im Advent baut er seine Krippe mit dem gigantischen Engelberg auf. Und mit Benedikt, dem Hirten mit seinem treuen Schafbock und seinem treuen Hund. Und der Missionssparbüchse. Stets verschickt er einen Weihnachtsbrief an die Mission. Mit selbstgedichteten Liedern. Sie sind inbrünstig und traurig.

Wieder Weihnacht! Wieder Weihnacht!
Freue dich du Menschenkind.
Der im Krippelein dir zulacht
Er auch dir das Reich gewinnt.

Wieder Weihnacht! Wieder Weihnacht!
Gott der Vater – Kinder wir:
Christ, der Bruder hält in Obacht
Alle das sich keins verlier.

Wieder Weihnacht! Wieder Weihnacht!
Schau, wie glänzt der Krippe Stroh,
spiegelt uns der Liebe Trostmacht
Und das Aug' wird hell und froh.

Wieder Weihnacht! Wieder Weichnacht!
Gottes Wunder neu geschieht:
Aus der wirren wilden Weltmacht
Uns das ew'ge Licht erblüht

Er dichtet auch einen neuen Text für die Melodie von «O Tannenbaum». Nun heißt es «O Palmenbaum»:

O Palmenbaum, o Palmenbaum!
Wie strack und stolz du stehest!
Du beugst dich keinem Windesstoß
Nie schwankest du im Sturmgetoß!
O Palmenbaum, o Palmenbaum!
Wie strack und stolz du stehest!

In seinen letzten Jahren am Hesselberg predigte Bruno Gutmann in der Dorfkirche. Seine Predigten sind manchen nicht recht einsichtig. Aber im Dorf ist man stets beeindruckt von der Inbrunst, mit der Bruno Gutmann betet. Wie er mit Gott ringt. Und mit der Politik. Gutmann wettert gegen Pläne, das Dorf Ehingen an das Eisenbahnnetz anzuschließen, denn mit der Eisenbahn kommt seiner Meinung nach alles Schlechte in die bäuerliche Gemeinschaft. Er will es nicht noch einmal erleben, dass eine Eisenbahn seine Welt über den Haufen fährt. Er wird es nicht noch einmal erleben. Bis heute führt nur eine Landstraße in den Ort.

Regelmäßig empfängt er Besuch aus Afrika. Für neue Häuptlinge der Dschagga und für neue Bischöfe ist es eine Art Pilgerfahrt, den Altvater, den Gottgesandten in Ehingen zu besuchen. Es entstehen dann Bilder von einem jungen Mann mit Leopardenfell und einem alten Mann mit weißem Kinnbart. Zu seinem 90. Geburtstag gibt es einen stattlichen Festakt. Es erscheint noch ein letztes Werk, «Afrikaner – Europäer in nächstenschaftlicher Entsprechung», eine Aufsatzsammlung, die sein Nachfolger Ernst Jäschke zusammengestellt hat. Bruno Gutmann feiert, schon erblindet, in den Räumen der Evangelischen Volkshochschule auf dem Hesselberg. Es kommen viele Gäste. Jäschke, nun schon Generalsekretär der Leipziger Mission, lobt in seiner Rede: «Was Dr. Gutmann in Afrika geleistet hat, das wird wahrscheinlich erst in der Zukunft deutlich zutage treten.»

Es wird ein Brief des afrikanischen Predigers Anaeli Macha verlesen. Er schließt mit den Worten: «Du bist unser Altvater geworden, Gesandter Gottes, lass Dich bekränzen!» Dann legen zwei Frauen aus Tansania, die anderthalb Jahre als Dorfhelferinnen in Bayern ausgebildet worden sind, einen geflochtenen Blumenkranz um den welken Mann. Es erscheint ein Foto davon auf Seite 11 der Regionalzeitung. Nur der Botschafter Tansanias ist nicht gekommen, er hat einen Termin mit seinem Wirtschaftsminister.

Ein halbes Jahr später wird es wieder Advent. Gutmann baut die Krippe nicht mehr auf. Er lässt sich ein Bäumchen in sein Zimmer stellen, neben sein Bett. Er kann nicht mehr aufstehen. Er wartet. Eine Woche vor Heiligabend, am 17. Dezember 1966, hebt Bruno Gutmann noch einmal die Hand. Er legt sie auf die Zweige des Fichtenbäumchens und spricht: «Heim, heim.»

Sein Grab ist auf dem kleinen Friedhof im Schatten der Pfarrkirche St. Jakobus. Dorthin kommen immer wieder Menschen vom Kilimandscharo, um den Ort, an dem ihr Altvater begraben liegt, zu besuchen. Sie kommen vom Flughafen mit dem Auto. Bei Neustädtlein von der A 7 runter Richtung Dinkelsbühl, sie passieren Illenschwang, Wittelshofen, dann sind sie in Ehingen. Dort verweilen sie vor dem Grabstein, auf dem «Zwischen uns ist Gott» steht. Und beten für Bruno Gutmann. Bis heute.

DER ABSCHIED

«Wie lange wollt ihr denn nun nach Afrika ziehen?», frage ich meine Mutter.

«Das wissen wir noch nicht, vielleicht ein halbes Jahr, ein Jahr?»

«Ein Jahr am Kilimandscharo? Was wollt ihr ein Jahr am Kilimandscharo machen?»

«Saria hat uns geschrieben, dass in Kidia gerade ein kleines Wohnhaus gebaut wird, in das ein Arzt einziehen soll, ich könnte mir gut vorstellen, dass wir dort leben.»

«Leben?», schnaufe ich. «Da oben könnt ihr mal nicht eben in den Supermarkt fahren, da gibt es im Zweifelsfall nicht einmal Strom, und wenn was passiert …»

Meine Mutter ignoriert meine Kurzatmigkeit. «… was soll denn da passieren, das sind doch alles freundliche Menschen.»

«Aber es gibt bestimmt auch andere Menschen, welche, die nicht freundlich, sondern vielleicht kriminell sind!»

«Ach, da wird man schon auf uns aufpassen, du solltest da nicht so ängstlich sein.»

«Ich … ich bin nicht ängstlich!»

Ich melde Bedenken an, weil meine Eltern nach Tansania auswandern – und ich soll nun der Ängstliche sein? Ich kann nicht glauben, dass meine Mutter einfach so alle Gewohnheiten, die sie in ihrem Haus in Darmstadt pflegt, einfach aufgeben möchte, um am Kilimandscharo die Bäume rascheln zu hören. Meine Eltern haben doch Katzen, die versorgt werden müssen, mein Vater spielt jeden Tag Gitarre. Meine Mutter hängt dauernd vor dem Computer, um neue Bücher zu bestellen und ihre alten zu verkaufen.

«Da unten liefert Amazon nicht, Mama.»

«Tillmann, du musst verstehen, es ist nicht so einfach, alt zu werden. Vorher war man in die Gesellschaft integriert, und nun sitzt man zu Hause herum. Man steht morgens um acht auf wie jeden Tag, aber man könnte auch bis zehn schlafen, es ist ja allen egal.»

«Aber deswegen musst du doch nicht nach Afrika auswandern.»

«Da gibt es eine Aufgabe. Volker kann im Ärztezentrum in Neu Moschi aushelfen, die können dort immer gut Zahnärzte gebrauchen. Und ich kann bestimmt in der Schule etwas helfen.»

Meine Eltern hatten schon öfters davon gesprochen, dass mit der Rente auch eine gewisse Schwermut kommt. Dass man zwar jeden Tag ein Programm hat und versucht, alles darin unterzubekommen, was einen interessiert. Aber trotzdem sei es ein komisches Gefühl, dass man nun diese Freiheit hat, weil man in der Gesellschaft einfach nicht mehr gebraucht wird.

«Und was ist mit uns?»

«Wie, mit euch?»

«Na mit uns, ihr könnt doch nicht eben so abhauen, hier werdet ihr doch auch gebraucht. Wir brauchen euch, eure Enkel brauchen euch, die müssen doch eine Oma haben.»

«Der Kilimandscharo ist ja nicht am Ende der Welt, oder? Wir kommen schon zurück, keine Sorge.»

Ich höre im Hintergrund das Knattern von Vaters neuem Motorrad. Er hat eine alte NSU Fox gekauft. So eine kleine Maschine hatte er auch als junger Mann, als er meine Mutter kennenlernte. Das Motorrad hat er bei einem Sammler in Rodgau entdeckt. Sie röhrt wie ein Rasenmäher, der Methamphetamin geschluckt hat. Andere Männer kaufen sich in dem Alter einen Porsche, mein Vater schafft sich ein Kleinmotorrad an. Nun bin ich der Spießer, der Bedenkenträger, der Zuhausebleiber. Und meine Eltern fahren alleine in den Busch, ohne mich. Als ob sie das einfach so könnten. Ich merke, wie lächerlich meine Besorgnis ist. Meine Eltern haben mir und meinen Geschwistern und der Gesellschaft alles gegeben. Es ist ihr gutes Recht, sich aus dem Staub zu machen und ihre Zeit genau so zu verbringen, wie es ihnen gefällt. Ich gebe auf.

«Weißt du, dass Saria jetzt stellvertretender Bischof geworden ist?»

«Nein, das wusste ich nicht.»

«Alle Gutmanns sind herzlich zu seiner Amtseinführung eingeladen. Er hat es uns geschrieben.»

«Richtet ihr ihm bitte schöne Grüße aus, wenn ihr ihn seht?»

«Klar, ja, machen wir, schöne Grüße.»

«Und … Mama?»

«Ja?»

«Schreibst du mir mal einen Brief aus Afrika?»

Ich lege auf. Meine Eltern in Afrika. Ohne mich. Eine Weile sitze ich noch so da und tue nichts. Dann gehe ich zum Briefkasten und finde die Einladung zur Krippenausstellung in Marktredwitz. Der Kurator hatte uns um Fotos von Bruno Gutmann gebeten, um zu dokumentieren, dass die bayerische Krippenbaukunst es bis nach Afrika geschafft hat. Nun gibt es also einen Anlass für mich, mal wieder das Frankenland zu besuchen.

Es ist auch eine E-Mail von Freddy Macha gekommen. Er wird Weihnachten in Berlin sein. Dann werde ich ihn zum Essen einladen und einen Rotwein-Cranberry-Shake mit ihm trinken – allerdings muss ich bis dahin ein paar anständige Kochbananen in Berlin auftreiben. Das wird nicht leicht.

Mir fällt ein, dass ja der erste Dezember naht. Ich krame und finde den Adventskalender-Bastelbogen wieder, den Tobias Krüger mir mitgegeben hat. Die Kirche von Kidia als Adventskalender, das hätte meinem Urgroßvater gefallen. Es ist ein Bastelbogen zum Ausschneiden und Ausmalen. Das wird bestimmt hübsch. Ich lese mir die Anleitung durch. Da steht, dass man als Behältnisse für die Adventsgeschenke die Papphülsen von Klopapierrollen nehmen soll. Man benötigt 24 Klopapierrollen. Einfach so. Ich frage mich, wo man die Hülsen von 24 Klopapierrollen hernehmen soll.

Ich ahne, dass es wohl eine anspruchsvolle Aufgabe wird.

DANKE!

Ich danke vor allem meiner Mutter Ruth, die mir die Inspiration für dieses Buch gab und mit unermüdlichem Fleiß Briefe meines Urgroßvaters entzifferte und abtippte. Ich danke meinem Vater Volker, meiner Schwester Annette, meiner Nichte Anna, meiner Tochter Liza und Freddy Macha, dass sie es erduldeten, sich von mir in diesem Buch beschreiben zu lassen. Ich danke meiner Frau Ileana, dass sie die Familie hütete, während ich mich in Tansania herumtrieb. Ich danke Reverend E. A. Saria, Tansania-Referent Tobias Krüger und Missionar Klaus Fiedler für ihre geduldige Unterstützung. Ich danke Michael Rother für die wertvollen Einblicke in den Nachlass seines Großvaters. Ich danke Professor Niels-Peter Moritzen, Brigitte Hagelhauer vom Archiv der Eine-Welt-Mission Neuendettelsau und dem Archiv der Franckeschen Stiftungen in Halle für die Hilfe bei der Erschließung des Nachlasses von Bruno Gutmann. Ich danke meiner Oma, dass sie es mir im Himmel verzeihen wird, dass ich mich über ihre salzigen Plätzchen lustig gemacht habe. Und ich danke auch, so er das hier liest, dem lieben Gott.

Das für dieses Buch verwendete FSC®-zertifizierte Papier
Lux Cream liefert Stora Enso, Finnland.